JOHAN VALKHOFF

Recht, Mensch und Gesellschaft

Schriftenreihe zur
Rechtssoziologie und Rechtstatsachenforschung

Herausgegeben von Ernst E. Hirsch und Manfred Rehbinder

Band 27

Recht, Mensch und Gesellschaft

Zur Transformation gesellschaftlicher Kräfte in Rechtsnormen

Von

Prof. Dr. Johan Valkhoff

Aus dem Niederländischen und Französischen
übertragen von Dr. Frank R. Hausmann

DUNCKER & HUMBLOT / BERLIN

Gedruckt 1972 bei Alb. Sayffaerth, Berlin 61
Printed in Germany

ISBN 3 428 02770 1

VORWORT DES HERAUSGEBERS

Jeder im Laufe der Zeit selbständig gewordene Wissenschaftszweig hat seine Wegbereiter und Vorgänger. Auch die Rechtssoziologie. Wie das Verhältnis zwischen Recht, Staat und Gesellschaft sein solle oder zu denken sei, bildet ein sehr altes Thema, mit dem sich vor allem Philosophen, Staatswissenschaftler und Politiker beschäftigt haben. Wie aber dieses Verhältnis tatsächlich ist und ob hinsichtlich der feststellbaren Beziehungen wissenschaftliche Gesetzmäßigkeiten erkennbar und nachweisbar sind: diese Frage konnte sich erst stellen, als man „Gesellschaft" ebenso aus sich selbst heraus zu klären versuchte wie die Vorgänge in der „Natur", nämlich unter dem Gesichtspunkt einer Verknüpfung von Ursachen und Wirkungen.

Deshalb ist es verdienstlich, auf Wegbereiter und Vorgänger der Rechtssoziologie im 18. und 19. Jahrhundert, insbesondere auf Montesquieu, Dankwardt, Arnold, Leist u. a. m. und insbesondere auf die wissenschaftliche Bedeutung dieser Männer für ihre Zeitgenossen und Nachfahren aufmerksam zu machen. In diesem Zusammenhang weist der Autor mit Recht auf zwei Bedingungen hin, ohne deren Erfüllung die Rechtssoziologie in Forschung und Lehre notwendig auf Abwege geraten muß: Die *eine* Bedingung besteht darin, daß nur ein ausgebildeter Volljurist in der Lage ist, auf diesem Grenzgebiet wissenschaftlich zu arbeiten. Es ist somit kein Zufall, wenn Eugen Ehrlich, Max Weber, Theodor Geiger, um nur einige Rechtssoziologen deutscher Zunge zu nennen, von Haus aus Juristen gewesen sind. Die *andere* Bedingung ist, daß Rechtssoziologie ohne Rechtsgeschichte nicht auskommen kann, ja eine breite Kenntnis der Universalgeschichte des Rechtes voraussetzt. Sind doch im Laufe der Geschichte so zahllose „Experimente" in dem Spannungsbereich von Sozialleben und Recht gemacht worden, daß man ohne Übertreibung die vergleichende Rechtsgeschichte als das Laboratorium der empirischen Rechtssoziologie bezeichnen kann.

Von besonderer Aktualität dürften auch unter diesem Gesichtspunkt diejenigen Aufsätze und Abhandlungen des niederländischen Gelehrten sein, welche um das Thema der marxistischen Auffassungen des Verhältnisses von Recht, Wirtschaft und Staat kreisen. Die diesbezüglichen Lehren von Karl Marx basieren bekanntlich auf dem französischen Code Civil von 1804. Dieser bildete nicht nur in Baden („Badisches

Landrecht") und in den linksrheinischen Gebieten des Deutschen Reiches bis zum Inkrafttreten des deutschen Bürgerlichen Gesetzbuchs am 1. 1. 1900 die Grundlage des Privatrechts einer „bürgerlichen Gesellschaft", sondern gilt sogar noch heute in den Niederlanden in der Form des im Jahre 1838 erlassenen Bürgerlichen Gesetzbuchs. So ist gerade ein niederländischer Jurist, welcher die Soziologie des Rechts als einen Zweig der gesamten Rechtswissenschaft betrachtet, besonders qualifiziert, unter rechtssoziologischen Gesichtspunkten die Gedanken von Marx und Engels über das bürgerliche Recht anhand einer mehr als hundertjährigen Entwicklung des niederländischen Privatrechts kritisch zu untersuchen.

Besonders aufschlußreich ist ein Vergleich mit der deutschen Entwicklung während desselben Zeitraums angesichts der Parallelitäten und Abweichungen im gesetzlich-rechtlichen nicht weniger als im wirtschaftlich-sozialen Bereich. In diesen Zusammenhang gehört die Würdigung, die das in Deutschland fast vergessene wissenschaftliche Werk Hugo Sinzheimers findet. Als Bahnbrecher des Arbeitsrechts während der Weimarer Republik international bekannt und anerkannt, mußte er 1933 Deutschland verlassen, fand aber in Holland Asyl und erhielt dank großzügiger privater Hilfsbereitschaft und staatlicher Mitwirkung die Möglichkeit, in Amsterdam und Leiden im Rahmen der dortigen Juristischen Fakultäten die Rechtssoziologie in Forschung und Lehre zu vertreten.

Aus den vorstehenden Andeutungen dürfte ersichtlich sein, daß diese Sammlung von Abhandlungen eines holländischen Rechtssoziologen eine notwendige und deshalb willkommene Ergänzung zu denjenigen in dieser Reihe bereits erschienenen Arbeiten bildet, welche die meist ahistorisch eingestellte heutige Wissenschaftsgeneration auf die auch noch heute tragfähigen Ansätze der Rechtssoziologie in der ersten Hälfte dieses Jahrhunderts in Mittel- und Westeuropa hinweisen wollen.

Der Autor gehört sozusagen der Pioniergeneration der Rechtssoziologen an: Johan Valkhoff, geb. am 8. März 1897, fühlte sich schon als Student zur Rechtssoziologie hingezogen. Im Jahre 1928 promovierte er als Jurist mit einer Dissertation „De Marxistiese opvattingen over recht en staat" bei Prof. W. A. Bonger, dem ersten Professor für Soziologie in den Niederlanden. Im Jahr 1933 erschien seine rechtssoziologische Untersuchung: „Abortus provocatus en Strafwet", außerdem noch eine kleinere Arbeit über das gleiche Thema. Valkhoff war von 1945—1967 als Ordinarius für Rechtswissenschaft in der Wirtschaftswissenschaftlichen Fakultät zu Amsterdam tätig. Er las hier vor allem über Einführung in die Rechtswissenschaft, Privatrecht und Sozialökonomisches Recht. An rechtssoziologischen Arbeiten hat er weiterhin veröffentlicht:

einen Artikel über Eisenbahn und Privatrecht („Spoorwegen en privaatrecht", 1939), ein Büchlein über Telegraf und Privatrecht („Telegraaf en privaatrecht", 1952), 1955 ein Buch „Rechtssociologische elementen in de Nederlandse Rechtswetenschap van de XIX^{de} eeuw", außerdem zahlreiche rechtssoziologische Artikel in Zeitschriften und Sammelbänden, von denen 12 für dieses Buch ausgewählt und somit einem größeren Leserkreis zugänglich gemacht werden; davon waren bereits zwei in französischer, zwei in deutscher Sprache erschienen.

Der Dank der Herausgeber gilt sowohl dem Autor für die Genehmigung der Übersetzung als auch dem Übersetzer für seine gelungene Leistung.

Juli 1972

Ernst E. Hirsch

INHALT

I.

MONTESQUIEU UND DIE RECHTSSOZIOLOGIE „DE L'ESPRIT DES LOIS" 1748—1948*

> „Die Wissenschaftler stützten sich vielleicht noch mehr als die Künstler auf die Leistungen ihrer Vorgänger. Die Männer der Wissenschaft bauen zusammen an einem großen Gebäude; jeder fügt eine Kleinigkeit hinzu, und jedesmal wird auch wieder ein Teil davon abgebrochen."
>
> *W. A. Bonger*

Wenn man versucht, die Bedeutung von Montesquieus berühmtem Buch „de l'Esprit des Lois", das gerade vor 200 Jahren in Genf erschien, für die Rechtssoziologie festzustellen, muß man vorausschicken, daß es in der Zeit der Entstehung und Niederschrift dieses Werkes eine allgemeine Soziologie als eigenständige Wissenschaft, geschweige denn eine Rechtssoziologie, noch nicht gab. Mehr als einmal nennt sich Montesquieu in „de l'Esprit des Lois" „écrivain politique"[1]. Es ist bekannt, welch große staatsrechtliche und staatswissenschaftliche Bedeutung das Werk — besonders das berühmte sechste Kapitel des elften Buches über die Englische Verfassung — gehabt hat, obschon es „alles andere als ein Buch über Staatsrecht" ist (Van Vollenhoven). Staat und Gesellschaft wurden in der ersten Hälfte des 18. Jhdts. noch nicht unterschieden. Man darf dann auch das Wort „politique" hier nicht im rein staatswissenschaftlichen Sinn begrenzt auffassen; es enthält hier — sogar in hohem Maße, wie sich noch zeigen wird — zugleich auch die Bedeutung „gesellschaftlich", „soziologisch"; denn Montesquieu spricht wiederholt von Gesellschaftsordnungen, wo er Staaten meint. Obendrein war Montesquieu ein begabter Jurist („jurisconsulte"), der in jungen Jahren schon ein hohes Richteramt bekleidete, das er jedoch aufgab, um studieren und reisen zu können. Er selber nennt sein Buch ein „livre de droit"[2]. Dadurch, daß er jedoch die Rechtsentwicklung und die bestehen-

---

* Montesquieu en de Rechtssociologie. „De l'Esprit des Lois" 1748—1948, in: Mens en Maatschappij, 23. Jg., Nr. 6, 1948, S. 330—342.

[1] Livre XXIV, Ch. I; Livre XXV, Ch. IX; „Défense de l'Esprit des Lois", Première partie, I („ouvrage de pure politique . . .").

[2] „Défense de l'Esprit des Lois", Seconde partie sub: Célibat. Auch Première partie („de pure jurisprudence").

den Rechtsregelungen und Rechtsinstitute nicht für sich, sondern in Verbindung mit dem gesellschaftlichen Milieu betrachtet, enthält sein Werk wichtige rechtssoziologische Elemente, die wir hier betrachten wollen. Bevor wir aber dazu übergehen, wollen wir zuerst den Einfluß von Vorgängern auf Montesquieu und andererseits den Einfluß, den Montesquieu selber mit seinem Werk auf spätere Denker ausübte, die man sozusagen als „prärechtssoziologische" Autoren betrachten kann, untersuchen, damit die Stellung und die Bedeutung Montesquieus mit seinem „Esprit des Lois" als Wendepunkt in der Entwicklung der Rechtssoziologie deutlich werden.

Die alten Griechen kannten, weil sich damals die Gesellschaft nur äußerst langsam veränderte, mit einer einzigen Ausnahme noch keinen Entwicklungsgedanken. Aristoteles mit seinem zoon politikon hat zweifellos die Denkweise Montesquieus in hohem Maß beeinflußt: der Mensch als Gemeinschaftswesen, das stets im gesellschaftlichen Verband lebt, wobei dieser noch nicht genau vom Verband im staatswissenschaftlichen Sinne geschieden wird. Schon im 2. Kap. von Buch I weist Montesquieu, gegen Hobbes polemisierend, „le désir de vivre en société" als Naturgesetz nach. Aristoteles wird mehrfach von Montesquieu in seinem Buch erwähnt und zitiert[3]. Montesquieu war in den antiken griechischen und römischen Autoren sehr bewandert. Außer aus Historikern wie Polybios, Herodot, Xenophon, Tacitus, Livius, Nepos und anderen schöpfte er vor allem aus dem für die spätere Soziologie wichtigen Strabo, den er wegen seiner „exactitude"[4] lobt und (besonders in Buch XI) oft erwähnt, außerdem aus Hippokrates, die beide das Augenmerk auf den Einfluß des physikalischen Milieus — vor allem des Klimas — auf den Menschen und auch auf das Recht lenkten.

Im 16. Jhdt. war Jean Bodin mit seinen analytischen Betrachtungen über die Beziehung zwischen Volkscharakter und Klima und dem Einfluß von Klima und geographischem Milieu auf den Charakter des Menschen und das Recht seiner Zeit voraus. Montesquieu kannte Bodins Werk. Cunow stellte später Bodins Werk über das von Montesquieu[5]. Was das Klima angeht, so haben Gelehrte wie Bern. Le Bovier J. de Fontenelle (1657—1751), J. Chardin (1643—1713) mit seinem auch in holländischer Übersetzung erschienenen Werk „Asiatische Reisebe-

[3] Livre IV, Ch. VIII; Livre V, Ch. VI; Livre VIII, Ch. XI; Livre XI, Ch. X und XI; Livre XII, Ch. II; Livre XIV, Ch. X; Livre XV, Ch. VII; Livre XXI, Ch. XXI; Livre XXIII, Ch. XVII. R. Houwens Post: Montesquieu en de Westersche geest, S. 26 und 55 (1941). G. Gurvitch: La sociologie juridique de Montesquieu, in Revue de métaphysique et de morale 1939, S. 613, 614, 619, 621, 622.

[4] Livre XXI, Ch. X.

[5] H. Cunow: Die Marxsche Geschichts-, Gesellschafts- und Staatstheorie, Band I, S. 68 (1923).

schreibungen", die wie andere Reisebeschreibungen im 18. Jhdt. viel zur Erweiterung der Kenntnisse in der damaligen Zeit beitrugen, und auch J. B. Dubos (1670—1742) Montesquieu beeinflußt[6].

Das Werk G. B. Vicos — W. A. Bonger nannte ihn in seinen Kollegs gewöhnlich den Großvater der Soziologie — war Montesquieu nur dem Namen nach bekannt. Die „Scienza Nuova" (1725) war zu dieser Zeit, selbst in Italien, wo Montesquieu ebenfalls reiste, kaum bekannt und offensichtlich schwierig zu bekommen. Montesquieu nennt sie nirgends in seinem „Esprit des Lois", obwohl er doch sonst in zahlreichen Fußnoten seine Quelle anzugeben pflegt. Vico wandte sich gegen das Naturrecht und die Lehre vom Staatsvertrag. Er wollte induktiv vorgehen, doch die Faktenkenntnis ist noch gering. Montesquieus historische Methode stimmt mit der Vicos überein. Eindeutig kam Montesquieu jedoch unabhängig von ihm zu diesem Ergebnis.

Besondere Erwähnung verdient der Einfluß der Naturwissenschaften auf Montesquieu. Diese Wissenschaften waren — mehr als die Sozialwissenschaften — im 17. Jhdt. (Mathematik, Physik, Astronomie) und erst recht im 18. Jhdt. (Mathematik, Physik, Chemie, Medizin und Biologie) vorangeschritten. Kraft spricht von dem „konsequenten... Naturalismus Montesquieus"[7]. Hubert nennt die Anschauungen von Enzyklopädisten wie de Jaucourt, Boucher d'Argis u. a., die er zu Recht als Nachfolger von Montesquieu betrachtet, eine „théorie naturaliste"[8]. Zwischen 1716 und 1728 hatte Montesquieu naturwissenschaftliche Artikel publiziert. Er hatte in dieser Zeit auch Vorträge über naturwissenschaftliche Gegenstände gehalten. Überdies war Montesquieu — hierauf wies Houwens Post hin[9] — ein Mann vom Lande. Unbestritten ist der enorme Einfluß, welchen die Naturwissenschaften im 19. Jhdt. — begreiflicherweise — auf Autoren ausgeübt haben, von denen wir eine Anzahl unter den durch Montesquieu beeinflußten Vorläufern der Rechtssoziologie antreffen, u. a. Hugo, ein Zeitgenosse von Lavoisier, Lagrange und Laplace, die Häupter der historisch-ökonomischen Schule (Roscher mit seinen Parteigängern), Dankwardt, Leist, von Jhering, Post, Stricker mit seiner „Physiologie des Rechts" (1884); in den Niederlanden u. a. De Bosch Kemper, Drucker, Tellegen, Cort van der Linden,

[6] Schon 1780 wies Gaetano Filangieri hierauf hin (La science de la législation, 2. Aufl. 1784, S. 198 ff.). Über Dubos — Montesquieu s. auch Fr. Meinecke: Montesquieu, Boulainvilliers, Dubos, in Historische Zeitschrift 145 (1932), S. 61, und R. Hubert: Les sciences sociales dans l'Encyclopédie, S. 112 und 121 (1923).

[7] J. Kraft: Vorfragen der Rechtssoziologie, in Zeitschrift für vergleichende Rechtswissenschaft 1930, S. 54.

[8] R. Hubert: Les sciences sociales dans l'Encyclopédie, S. 359 (1923).

[9] R. Houwens Post: Montesquieu en de Westersche geest, S. 80 (1941).

Hamaker. Jetzt aber zum Einfluß Montesquieus auf spätere Präsoziologen:

R. Hubert betrachtet Montesquieu in mehrfacher Hinsicht mit Recht als gemeinsamen Lehrer von Enzyklopädisten[10] wie de Jaucourt und Boucher d'Argis, vor allem was die Lehre vom Klima angeht. S. N. Linguet, der i. ü. mehrfach heftige, nicht immer berechtigte Kritik an „l'Esprit des Lois" übt, ist mit Sicherheit in hohem Maße durch dieses Werk beeinflußt. Marx ergriff später in „Das Kapital", Band I, S. 580, n. 73 (Ausgabe von 1919) Partei für Linguet[11] und gegen Montesquieu: „Linguet warf Montesquieus' illusorischen ‚Esprit des Lois' mit dem einen Wort über den Haufen: ‚L'esprit des lois c'est la propriété'." Tatsächlich bezeichneten Linguets Anschauungen genau wie die des weniger bekannt gewordenen A. Y. Goguet — von Maurier „un sociologue oublié" genannt[12] — und die von G. T. F. Raynal, beide, wie aus ihren Werken deutlich wird, durch Montesquieu beeinflußt, gegenüber Montesquieu einen Fortschritt, denn sie erklärten die Entstehung von Recht und Staat konsequenter von der ökonomischen Seite her[13]. Montesquieus Betrachtung der Faktoren, die zusammen „den Geist der Gesetze bestimmen", ist jedoch universeller als die der anderen genannten französischen Autoren. „C'est dans toutes ces vues, qu'il faut les considérer" (Buch I, Kap. 11). Die Formel „L'esprit des lois c'est la propriété" bedeutet gegenüber seiner Auffassung eine Vereinseitigung und Einengung auf das ökonomische Element. Allerdings sprach Montesquieu selber von „la loi civile qui est le palladium de la propriété" (Buch XXVI, Kap. 15). Außerdem darf das Eigentum nicht abstrakt betrachtet werden. Der heutige Eigentumsbegriff (1948) ist ein ganz anderer (vergesellschafteter) als noch vor hundert Jahren. Kritischer als sein älterer Zeitgenosse Montesquieu, auf den er mehrmals verweist, stand auch Turgot, der ebenfalls an der Enzyklopädie mitarbeitete, der Lehre vom physikalischen Milieu gegenüber; die wirtschaftlichen Faktoren (die Produktionsweise) werden von ihm mehr hervorgehoben und in einen genetischen Zusammenhang zu Gesellschaft und Recht (hier besonders die Regierungsform) gestellt. In Italien betrachtete G. Filangieri in der zweiten Hälfte des 18. Jhdts., gestützt auf Hippokrates, Bodin und vor allem auf Montesquieu, wie er selber angibt, das Recht

---

[10] Montesquieu schrieb auch einen, übrigens nicht sehr wichtigen Beitrag für die Encyclopédie.

[11] In einem Brief vom 24. Januar 1865 hatte Marx Linguets Buch „Théorie des Lois Civiles" „ein sehr geniales Buch" genannt.

[12] R. Maurier: L'économie politique et la sociologie, S. 54 (1910). Vgl. auch W. Sulzbach: Die Anfänge der materialistischen Geschichtsauffassung, S. 19 (1911).

[13] J. Valkhoff: De Marxistiese opvattingen over recht en staat, S. 28 ff. (1928).

in Verbindung mit u. a. dem Klima und der Lage, der Ausdehnung und Fruchtbarkeit eines Landes.

In der ersten Hälfte des 18. Jhdts. bestand schon ein enger wissenschaftlicher Kontakt zwischen England und Frankreich, wofür Montesquieu selber einen Beweis liefert. England war das wirtschaftlich und politisch fortschrittlichste Land mit einer ruhigen und ausgeglichenen Entwicklung, geeignet für induktive Betrachtungsweisen. Der Einfluß Montesquieus auf Denker wie A. Ferguson, der schon über für die damalige Zeit umfangreiche ethnologische Kenntnisse verfügte, J. Millar mit seiner Lehre vom wirtschaftlichen Milieu und andere ist unverkennbar. Millar seinerseits warnte wiederum vor einer Überschätzung der Bedeutung des klimatischen Einflusses.

In Deutschland war J. Möser — früher (1768) und in größerem Umfang als Herder — dem Einfluß Montesquieus unterworfen[14]. Möser, Vorläufer der späteren Romantiker und der historischen Rechtsschule, nennt Montesquieus Werk bedeutend und ausgezeichnet, ist aber der Meinung, daß Einzelheiten nicht mit gebührender Sorgfalt und Zuverlässigkeit behandelt seien. Bei J. G. Herder, der seinerseits von Savigny beeinflußte[15], findet man eine mehr genetische und weniger schematische Erklärung des Rechts als bei Montesquieu. Tatsächlich ist auch er durch die Ideen Montesquieus, den er zuerst begeistert verehrte, doch dann in seinem Werk „Auch eine Philosophie der Geschichte zur Bildung der Menschheit" (1774) stets kritischer sah, beeinflußt[16].

Ein Vorläufer — nicht das Oberhaupt — der historischen Rechtsschule, G. Hugo, lebte und wirkte an der Wende vom 18. zum 19. Jhdt. Im allgemeinen muß man in ihm eher einen Mann des 18. Jhdts. sehen, wobei man u. a. die starke Beeinflussung durch Montesquieu im Auge behalten muß. Sie ist genauso unverkennbar wie diejenige Hugos auf von Savigny („Das Recht des Besitzes" 1803). In seinem „Lehrbuch des Naturrechts" (1798) nennt er neben Bodin und Filangieri u. a. Montesquieu, dessen Werk er 1782 gelesen und bei dem er am ehesten den Eindruck hatte, er habe eine brauchbare Philosophie des positiven Rechts, des Staatsrechts und der Politik (weniger des Privatrechts) geliefert. Hugo widmete Montesquieus Werk viel Aufmerksamkeit, doch folgte er ihm nicht kritiklos[17]. Er war mehr Relativist als Montesquieu. Der Gedanke von der mystischen Volksseele als Quelle des

---

[14] V. Ehrenberg: Herders Bedeutung für die Rechtswissenschaft, S. 17 (1903).

[15] W. Modderman: Friedrich Carl von Savigny, S. 12 (1879).

[16] L. Woltmann spricht von Herders „geographisch historischem Materialismus" (Der Historische Materialismus, Ausgabe 1900, S. 17).

[17] G. Hugo: Lehrbuch des Naturrechts (Ausgabe 1819), S. 27. Vgl. auch F. Eichengrün: Die Rechtsphilosophie Gustav Hugos (1934 und 1935), S. 20.

Rechts, dem man bei der historischen Rechtsschule begegnet, ist bei Hugo nicht zu finden. Insoweit sind die Auffassungen der historischen Rechtsschule für die Entwicklung der Rechtssoziologie ein Rückschritt, verglichen mit den realistischeren Auffassungen des 18. Jhdts. über Entstehung und Entwicklung des Rechts, z. B. eines Montesquieu (oder Hugo), so sehr sie i. ü. auch für die Rechtssoziologie wertvolle Elemente beinhalteten.

Die Autoren, die man manchmal unter der Bezeichnung „posthistorische Schule" zusammenfaßt, sind weniger von Montesquieu beeinflußt. Dies ist jedoch noch bei dem Fries-Schüler Reinhold Schmid der Fall, der in seiner „Theorie und Methodik des bürgerlichen Rechts" (1848) darauf verweist, wie viel man den englischen und französischen Empirikern und ihren Darlegungen zur Erkenntnis der Bestandteile des Rechts und der Bewegkräfte der Rechtsentwicklung zu danken habe (S. 42; auch S. 168, wo er auf „l'Esprit des Lois" hinweist). Bei W. Arnold und B. W. Leist, die sich Schmid folgend gegen den Gedanken von der Volksseele wenden, spürt man den Einfluß Montesquieus kaum. Die statischen Faktoren wie klimatische und geographische Umstände spielen bei ihnen eine viel untergeordnetere Rolle als bei Montesquieu, wohingegen die wirtschaftlichen Umstände mehr in den Vordergrund gerückt werden. Doch erinnern Arnold und Leist mehrfach an den Einfluß des natürlichen Milieus (Klima, Bodenbeschaffenheit usw.) auf das Recht[18].

Marx und Engels, die, obschon keine Juristen, wichtige Beiträge für die Rechtssoziologie geliefert haben[19], sind stark von den französischen Autoren des 18. Jhdts. (wie Montesquieu) beeinflußt. Im Sommer 1843, als Marx sich auf seine Parisreise vorbereitete und an der Kritik der Hegel'schen Rechtsphilosophie arbeitete, studierte er, wie aus seinen Aufzeichnungen hervorgeht, u. a. Montesquieu[20]. Sowohl in „Zur Kritik der Politischen Ökonomie" (1859) als auch in „Das Kapital" (1867) verweist Marx einige Male auf Montesquieu.

Zum Schluß noch einige Gelehrte, die in den Niederlanden Beiträge zur Entwicklung der Rechtssoziologie geliefert haben. 1830 hielt Jonas Daniel Meyer vor dem Königlichen Niederländischen Institut der Wissenschaften, Literatur und Schönen Künste einen Vortrag über die Beziehung zwischen der Beschaffenheit des Bodens und der Regie-

---

[18] U. a. W. Arnold: Recht und Wirtschaft nach geschichtlicher Ansicht, 1863, S. 20, und Cultur und Rechtsleben, 1865, S. 153 und 338; B. W. Leist: Die realen Grundlagen und die Stoffe des Rechts, S. 175 (1877).

[19] Ebenso W. Sombart in Brauns Archiv XXVI (1908), S. 429—450. Abweichend: R. Maurier in L'économie politique et la sociologie, S. 36 n. 1 (1910).

[20] Marx-Engels Archiv, Bd. I, S. 212 und K. Vorländer: Karl Marx, S. 70 (1929).

rungsform in den Niederlanden. Er folgte ganz Montesquieus Lehre, derzufolge „die Gesetze eines Landes in unmittelbarer Beziehung zu der Beschaffenheit des Bodens stehen“[21]. Wenn man in de Bosch Kempers „Handleiding tot de kennis van de wetenschap der zamenleving“ (1863) (etwa: Leitfaden zum Studium der Gesellschaftswissenschaft) auf S. 269 liest: „Die positive Gesetzgebung hat hierdurch einerseits eine Tendenz, sich bei neu auftretenden Bedürfnissen, bei neu sich ergebenden Lebensbedingungen und neuen Einsichten, die sich in der Gesetzgebung durchzusetzen beginnen, jeweils auszudehnen“, denkt man unwillkürlich an Montesquieu, der ebenso darauf hingewiesen hatte, daß die Quantität der Gesetze von der Art der wirtschaftlichen Umstände, von der Produktionsweise, abhängt. „C'est le partage des terres, qui grossit principalement le code civil“, schrieb Montesquieu z. B. im 13. Kapitel von Buch XVIII von „L'Esprit des Lois“[22]. De Bosch Kemper zitiert Montesquieu übrigens wiederholt in seinem oben genannten Buch. Gegen Ende des 19. Jhdts. schreibt P. W. A. Cort van der Linden: „Die Sozialwissenschaft muß deshalb der wichtigen Hypothese der Evolution Rechnung tragen. Die Vererbungslehre, sowohl auf physischem wie psychischem Gebiet, darf ihr genausowenig fremd sein wie der Einfluß, den das Klima, die natürliche Beschaffenheit des Bodens, Flora und Fauna auf die Entwicklung einer Rasse ausüben[23].“

Welche rechtssoziologischen Elemente enthält nun Montesquieus „l'Esprit des Lois“? Während die Antike den Entwicklungsgedanken fast nicht kannte, und auch das 18. Jhdt. noch überwiegend statisch, wenig genetisch dachte, ist bei Montesquieu eine evolutionäre Betrachtungsweise in Ansätzen erkennbar. Wiewohl Hubert etwas übertreibt, wenn er Montesquieu einen „admirable historien soucieux et respectueux des faits“[24] nennt, so ist doch die Auffassung von Fortgang und Kontinuität in der Rechtsgeschichte bei Montesquieu im Anschluß an

---

[21] Verhandelingen in Geleerde Genootschapen van Jonas Daniël Meyer, Zweite und letzte Lieferung, 1846, S. 333 ff. Van Vollenhoven nimmt Einfluß Montesquieus auf Meyer's „Esprit, origine et progrès des institutions judiciaires des principaux pays de l'Europe“ (1818—1823) an. Vgl. Nationale staatsrechtstudie in Nederland, S. 9 (1930).

[22] Auch Goguet, De Jaucourt, Millar und Adelung wiesen im 18. Jhdt. auf diese Erscheinung der Ausbreitung der Privatrechtsgesetze in Zusammenhang mit der Weiterentwicklung der Produktionsweise hin. Siehe auch „Esprit des Lois“, Buch XVIII, Chap. VIII, dessen Wortlaut de Jaucourt fast wörtlich — die Encyclopädisten taten das öfter — in seinem Artikel „Loi“ in der Encyclopédie übernahm; desgl. „Esprit des Lois“, Livre XX, Chap. XVIII: „Platon dit que dans une ville, où il n'y a point de commerce maritime, il faut la moitié moins de lois civiles; et cela est très vrai.“

[23] P. W. A. Cort van der Linden: De staatshuishoudkunde als sociale wetenschap, S. 16 (1891).

[24] R. Hubert: Les sciences sociales dans l'Encyclopédie, S. 111 (1923).

Dubos deutlich zu verfolgen. Montesquieu hatte umfassende historische Kenntnisse, wie aus den 1941 herausgegebenen Cahiers hervorgeht[25]. Seine Faktenkenntnis war jedoch oft schwach, und seine Schlüsse waren häufig zu einfach und zu kritiklos. Außerdem war seine Entwicklungslehre noch nicht konsequent durchdacht.

Wichtig ist, daß Montesquieu es für nötig hielt, Ursprung und Ursachen der Rechtseinrichtungen nachzuspüren: „qu'il en cherche l'origine; qu'il en découvre les causes physiques et morales"[26]. Seine Suche nach der Kausalität in der Rechtsentwicklung ist ein wichtiger Beitrag zur Rechtssoziologie. Die Rechtsentwicklung vollzieht sich nach „des lois invariables", nach „des règles constantes"[27]. Hier findet man, genau wie bei Vico auch, den Gedanken der Gesetzmäßigkeit in der Entwicklung. „Le mouvement nécessaire des choses"[28] bewirkt, daß es keinen Stillstand gibt. Ausdrücklich widerspricht er aber gleich zu Anfang von Buch I der Vermutung, daß er etwa Fatalist sei. Für die erste Hälfte des 18. Jhdts. waren diese Vorstellungen von Kausalität[29], Eigenbewegung und Gesetzmäßigkeit im gesellschaftlichen Entwicklungsprozeß sehr selten, vor allem bei den Juristen. Montesquieu war dann auch noch kein konsequenter Evolutionist; er dachte an einen gesellschaftlichen Fortschritt mit einem bestimmten Endziel. Eine konsequent evolutionistische Auffassung konnte erst später entstehen.

Da, wo Montesquieu einen Zusammenhang zwischen Rechtsvorschriften und Rechtseinrichtungen und anderen Faktoren herstellen will — in seinem Buch will er nicht die „lois" selber, sondern „l'esprit des lois" behandeln, den allgemeinen Geist der Gesetze, der „consiste dans les divers rapports que les lois peuvent avoir avec diverses choses" — ist seine Milieulehre zu einseitig physikalisch. Die konstanten Faktoren von Klima und geographischen Gegebenheiten haben bei ihm eine zu große Bedeutung. „L'empire du climat est le premier de tous les empires", schreibt Montesquieu im 16. Kapitel des 19. Buches. Dies geht auch aus der Anordnung der zahlreichen Bücher, in die sein Werk untergliedert ist, hervor sowie aus der Zusammenfassung im 3. Kapitel des 1. Buches: „Elles (sc. die Gesetze) doivent être relatives au physique du pays, au climat glacé, brûlant ou tempéré, au genre de vie des peuples laboureurs, chasseurs ou pasteurs: elles doivent se rapporter au degré de liberté que la constitution peut souffrir, à la religion des habitants, à leurs inclinations, à leurs richesses, à leur nombre, à leur

---

[25] J. Barents: De Cahiers van Montesquieu, in De Gids, März 1943, S. 155/6.

[26] Défense de l'Esprit des Lois, Seconde partie (Idée générale).

[27] De l'Esprit des Lois, Livre I, Ch. I.

[28] De l'Esprit des Lois, Livre XI, Ch. VI (in Verbindung mit der Trias-Lehre).

[29] Défense de l'Esprit des Lois zum Klima: „le climat et les autres *causes* physiques produisent un nombre indéfini d'*effets*."

commerce, à leurs moeurs, à leurs manières. Enfin, elles ont des rapports entre elles; elles en ont avec leur origine, avec l'object du législateur, avec l'ordre des choses sur lesquelles elles sont établies. C'est dans toutes ces vues qu'il faut les considérer[30]." Die Bücher XIV, XV, XVI und XVIII sind ausschließlich dem Zusammenhang zwischen den Gesetzen und dem Klima gewidmet. Auch aus Montesquieus Cahiers geht hervor, welch großen Einfluß er dem Klima zuerkannte.

Im 18. Jhdt. wird die Geographie zu einer Hilfswissenschaft der Rechtswissenschaft. Montesquieu hatte für seine Zeit zweifellos umfassende geographische Kenntnisse. Das 18. Buch von „l'Esprit des Lois" handelt vom Zusammenhang zwischen „les lois" und „la nature du terrain" (Bodenbeschaffenheit, Wasserreichtum, Küstenformation, Lage, Art und Größe des Landes usw.).

Zu Montesquieus Zeit war die Produktionsweise noch primitiv. Die Naturkräfte (Boden, Wasser, Wind etc.) spielten als Produktionskräfte noch eine ziemlich wichtige Rolle, während die menschlichen technischen Produktionskräfte (Werkzeuge, Maschinen) sich noch nicht so gewaltig verbreitet hatten und noch keinen so eingreifenden Einfluß ausübten wie später, als der gesellschaftliche Arbeitsprozeß eine viel höhere Entfaltung erreicht hatte, und der Mensch sich in höherem Maße von der ihn umgebenden Natur unabhängig gemacht hatte. So ist es zu erklären, daß Montesquieu die (fast) statischen physikalischen Faktoren zu hastig und viel zu generalisierend hervorhob. „Un illustre moderne (Montesquieu) semble accorder au climat une influence trop grande sur les institutions humaines" schrieb schon Baron d'Holbach[31]. In einer Anmerkung zum letzten Kapitel des 14. Buches sagte Montesquieu freilich selber: „On a peut-être attribué trop d'influence au climat." Montesquieu will auch den Zusammenhang mit anderen Faktoren wie Lebensweise eines Volkes, Religion, Gebräuche, Zahl, Handel, Wohlstand der Bewohner usw. nicht aus den Augen verlieren. „C'est dans toutes ces vues, qu'il faut les considérer[32]."

Montesquieu erkennt und berücksichtigt den Einfluß der wirtschaftlichen Zustände auf das Recht, ohne die die Veränderung, die Entwicklung des Rechts nicht zu erklären sind. Das geht schon aus den Stellen hervor, wo er entweder den Klimafaktor[33] oder die geographischen Zustände[34] in Zusammenhang mit ökonomischen Zuständen betrachtet.

---

[30] Auch in der Aufstellung im 4. Kapitel von Buch XIX steht das Klima an erster Stelle.

[31] D'Holbach: Système social, ou principes naturels de la Morale et de la Politique, avec un examen de l'influence du gouvernement sur les moeurs, Ausgabe 1822, II, S. 184.

[32] De l'Esprit des Lois, Livre I, Chap. III (polygamie).

[33] De l'Esprit des Lois, Livre XVI, Chap. III.

[34] De l'Esprit des Lois, Livre XIX, Chap. XX.

Das 20. Buch handelt von den „lois, dans le rapport qu'elles ont avec le commerce". An mehreren Stellen erinnert Montesquieu an den Zusammenhang zwischen dem Recht und ökonomischen und technischen Umständen an Hand von allerlei Beispielen (Eigentum, Ehe, Handel, Banken, Gesellschaften, Schuldhaft, Schuldverschreibungen, Münzsystem, Strafrecht, Erbrecht, Prozeßrecht). Sulzbach nennt Montesquieu in seiner Dissertation den ersten Verkünder der Lehre vom Einfluß des wirtschaftlichen Lebens[35]. Auch Friedrich Muckle nennt Montesquieu in seinem Buch über Henri de Saint-Simon (1908, S. 158) einen Vorläufer des historischen Materialismus[36]. Später im 18. Jhdt. vollziehen sich allmählich große wirtschaftliche Veränderungen. Die Wirtschaft wird Gegenstand einer eigenen Wissenschaft (Adam Smith, 1776)[37]. Das wirtschaftliche Element tritt mehr in den Vordergrund. Die Welt wird weniger statisch als zu Montesquieus Zeit. Es ist nicht ganz abwegig, in Zusammenhang mit den heutigen wirtschaftlichen Bestrebungen der Regierungen darauf hinzuweisen, daß Montesquieu feststellt, wie die Landwirtschaft in China im Hinblick auf die große Bevölkerungszunahme „demande une grande attention de la part du gouvernement". (Buch VIII, Kap. 21). Maßnahmen zur Steigerung der Arbeitsproduktivität in der Landwirtschaft (bei den Chinesen und den Persern) und auch in der Industrie (Irland), wie sie Montesquieu erwähnt (Buch XIV, Kap. 8 und 9), lassen an Stachanow, Prämiensystem, Stücklohn und ganz allgemein an aktive Landwirtschafts- und Wirtschaftspolitik denken. „Ces institutions sont admirables pour encourager l'agriculture." „Cette pratique réussira même par tous pays", fügt Montesquieu auf seine Weise verallgemeinernd hinzu.

Daß Montesquieu, der empirisch zu Werk geht, zwischen dem Recht und verschiedenen Faktoren, darunter auch den wirtschaftlichen, einen Zusammenhang herstellt, verleiht seinem Werk für die Rechtssoziologie solche Wichtigkeit. Dem tut keinen Abbruch, daß seine Beispiele und Erläuterungen, infolge der unzureichenden und mangelhaften Unterlagen in seiner Zeit (Reisebeschreibungen), aber auch wegen seines wenig kritischen Urteils bei der Bewertung der vorhandenen Fakten, nicht immer genau sind. Montesquieu sieht den Zusammenhang oft zu einfach, zu einseitig, zu direkt und zu mechanisch. Heute ist die Wirkung und die Bedeutung der Technik als gesellschaftlicher Faktor viel deutlicher und offenkundiger als zu seiner Zeit, der ersten Hälfte

---

[35] W. Sulzbach: Die Anfänge der materialistischen Geschichtsauffassung, S. 19 (1911).

[36] Vgl. auch G. von Below: Die deutsche Geschichtsschreibung von den Befreiungskriegen bis zu unseren Tagen, S. 139 (1916).

[37] Vorher gab es nur vereinzelte Abhandlungen wie die von Dupré de Saint Maur (1746) u. a.

des 18. Jhdts[38]. Zu einer genaueren Erkenntnis des Urkommunismus ist man erst in unseren Tagen (Fahrenfort u. a.) gelangt[39]. Montesquieu verliert den Zusammenhang zwischen den verschiedenen Faktoren und die Wechselwirkung dieser Faktoren untereinander nicht ganz aus den Augen, doch vernachlässigt er sie im allgemeinen. Im 4. Kapitel von Buch XIX heißt es: „A mesure que, dans chaque nation, une de ces causes (sc. Klima, Kultus, Lebensweise usw., aus denen der „esprit général" besteht) agit avec plus de force, les autres lui cèdent d'autant." Im 23. Kapitel des 24. Buches stellt Montesquieu einen Zusammenhang zwischen dem Kultus (Feiertage) und den Ansprüchen des Wirtschaftslebens (Handel) und des Klimas her. Der Gesetzgeber muß dem „esprit de la nation" folgen. Hier sieht man die praktische Bedeutung der Rechtssoziologie für die Gesetzgebung, die Ursachen für das Entstehen neuer kodifizierter Rechtsvorschriften. In den Kapiteln 21 ff. des 19. Buches beschreibt Montesquieu, wie die Gesetze den Bräuchen und Gewohnheiten und umgekehrt die Bräuche und Gewohnheiten den Gesetzen entsprechen. Schon 1845 wiesen Marx und Engels auf die „Wechselwirkung dieser verschiedenen Seiten aufeinander"[40] hin. „Dann erklären sich die Rechtsinstitute aus den Zuständen und Verhältnissen des Lebens und die letzteren wieder aus den ersten", schrieb Wilhelm Arnold[41] 1865. Das Recht ist keineswegs, wie Dietzgen es nannte, eine „Nebensache"[42]. Über den bewußtseinsmäßigen Transformationsprozeß, die Umsetzung der faktischen, materiellen und gesellschaftlichen Lebensumstände in Rechtsauffassungen und Rechtsnormen, findet man bei Montesquieu noch nichts. Später wird dieses rechtssoziologische Problem bei Marx, Engels, Arnold, Van Welderen Rengers, Leist angedeutet („Umsetzung", „Übersetzung", „Anerkennung", „Ansetzung", „Einkleidung", „Ausprägung", „Formulierung", „Normierung"). Erst in unseren Tagen schenkte Sinzheimer diesem Problem mehr Aufmerksamkeit[43].

---

[38] Vgl. z. B. seine Anmerkungen über die damalige Tiefe der Häfen in Holland und Zeeland (Buch XXI, Kap. VI), Gegenden, die er aus eigener Anschauung kannte.

[39] Livre XXVI, Chap. XV (la communauté naturelle des biens).

[40] Vgl. Marx und Engels über Feuerbach, in Marx-Engels Archiv I, S. 259. Des weiteren J. Valkhoff: De Marxistiese opvattingen over recht en staat, Kap. XVII (1928).

[41] W. Arnold: Cultur und Rechtsleben, S. 114 und 115 (1865).

[42] Josef Dietzgens Sämtliche Schriften, Band III, S. 149 (Ausgabe 1911).

[43] H. Sinzheimer: Das Transformationsproblem in der Soziologie des Rechts, in dem Sammelband Strijdenskracht door wetensmacht, S. 45 ff. (1938), und De jonge Marx en de sociologie van het recht, in De Socialistische Gids XXII (1937), S. 1 ff. und S. 117 f. Ein Manuskript aus dem Nachlaß Sinzheimers über „Theorie der Gesetzgebung" erscheint (in deutscher Sprache) (siehe unten den Beitrag XI.) bei Tjeenk Willink in Haarlem.

Montesquieus „l'Esprit des Lois" ist in verschiedener Hinsicht für die Rechtsgeschichte wichtig[44], die erst in seiner Zeit, u. a. mit dem Abbé Dubos, den Montesquieu einen „auteur célèbre" nannte (Buch XXVIII), ihren Anfang nahm; wichtiger aber noch für die spätere Rechtssoziologie, die natürlich rechtshistorische Kenntnisse voraussetzt. Mit diesem Werk war Montesquieu — worauf R. Kranenburg in seiner Abschiedsrede hingewiesen hat — gleichzeitig ein Vorgänger der Rechtsvergleichung, die später von Maine, Morgan, Post, Letourneau und anderen weiterentwickelt und zur Blüte geführt wurde. Nach Gurvitch verknüpft Montesquieu jedoch Rechtssoziologie und Rechtsvergleichung zu eng miteinander[45]. Rechtssoziologie und Rechtsphilosophie sind bei Montesquieu nicht völlig geschieden, aber das sind sie heute oft auch noch nicht. Kraft schreibt über „l'Esprit des Lois": „Dieses geistvolle Werk hat den Gedanken einer theoretisch-soziologischen Untersuchung von Rechtseinrichtungen klar erfaßt und enthält bereits so ungefähr alle Gesichtspunkte, die für eine solche Untersuchung in Frage kommen. Allerdings ist Montesquieu bei allem Gedankenreichtum durchaus kein strenger Theoretiker. Philosophische, soziologische und politische Betrachtungen sind bei ihm wenig geschieden . . .[46]."

Kraft rechnet Montesquieus Werk zu den rechtssoziologischen Untersuchungen des Naturrechts. Das 18. Jhdt. war ein Jahrhundert des dogmatischen, rationalistischen und individualistischen Naturrechts, das, wie Bonger zu sagen pflegte, „ein Unglück für die Soziologie" war. Montesquieu, der hauptsächlich induktiv vorging und, wie schon vor ihm Vico, die logisch-abstrakte Konstruktion des Kontraktstaates verwarf, konnte dem nicht entrinnen. Wenn er die verschiedenen Arten des Rechts, unter dem die Menschen leben, aufzählt, nennt er zuerst das Naturrecht[47]. Mehrfach stellt er fest, daß man ein Rechtsinstitut auch nach seiner Natur („sur sa nature", „par elle même")[48] beurteilen kann. Montesquieu konnte sich dem Bann seiner Zeit nicht entziehen. So machte er zwischen Recht (bei Montesquieu als Legist und Positivist gleich Gesetzesrecht) und Bräuchen einen zu großen Unterschied.

Doch mehr als andere Zeitgenossen ist Montesquieu Realist. Hearnshaw nennt ihn „the supreme realist of the age"[49]. L'Esprit des Lois ist

---

[44] Vor allem die Bücher XXVII bis XXXI über das römische, französische und das Feudalrecht.

[45] G. Gurvitch: La sociologie juridique de Montesquieu, in Revue de Métaphysique et de morale 1939, S. 622.

[46] J. Kraft: Vorfragen der Rechtssoziologie, in Zeitschrift für vergleichende Rechtswissenschaft 1930, S. 54.

[47] Livre XXVI, Chap. I.

[48] Défense de l'Esprit des Lois: de la polygamie.

[49] F. J. C. Hearnshaw: The Social and Political Ideas of Some Great French Thinkers of the Age of Reason, S. 26 (1929).

nicht das Ergebnis von metaphysisch-finalistischen, sondern von empirischen Untersuchungen. „Toute son oeuvre montre que l'observation empirique de la réalité sociale du droit exige l'étude des ‚ressorts', des ‚principes', c'est à dire des significations internes inspirant les conduites effectives[50]." Montesquieu war für seine Zeit in ungewohntem Maß Relativist. Mit seiner Lehre von der Eigenbewegung, der Gesetzmäßigkeit und der Kausalität in der Entwicklung des Rechts und seinen Anschauungen über den Zusammenhang zwischen dem vielgestaltigen Recht und seinem gesellschaftlichen Substrat, hat Montesquieu, eigenständig auf einigen früheren Denkern aufbauend, mit seinem bedeutendsten Werk „l'Esprit des Lois" neue wertvolle Beiträge für die Entwicklung der Rechtssoziologie (vor allem der „genetischen"[51] Rechtssoziologie) geliefert, die erst viel später als eigene Wissenschaft entstehen konnte. Gurvitch hat recht, wenn er sagt, daß die Rechtssoziologie nicht mit „l'Esprit des Lois" entstanden ist, aber ganz gewiß bedeutet dieses nun schon 200 Jahre alte, noch immer fesselnde Werk einen einschneidenden Wendepunkt in der Entwicklung der heutigen modernen Rechtssoziologie.

---

[50] G. Gurvitch: La sociologie juridique de Montesquieu, in Revue de Métaphysique et de Morale 1939, S. 614.

[51] H. Sinzheimer: De taak der rechtssoziologie, Zweiter Teil, (1935) und G. Gurvitch: La sociologie juridique de Montesquieu, in Revue de Métaphysique et de Morale, 1939, S. 613 sub c. Barna Horváth spricht in seiner Rechtssoziologie, worin er Montesquieu nur einmal beiläufig erwähnt, mit Kraft (Vorfragen der Rechtssoziologie, S. 8) von „dynamischer Rechtssoziologie".

II.

EINIGE WEGBEREITER DER RECHTSSOZIOLOGIE IN DER MITTE DES 19. JAHRHUNDERTS: DANKWARDT, ARNOLD, LEIST*

Nach 1840 etwa begann in Deutschland der Einfluß der historischen Rechtsschule, die zwar immer noch die vorherrschende war, abzunehmen. Diese Schule mit von Savigny als Stifter an der Spitze[1] hatte in mancherlei Hinsicht zur Entwicklung der späteren Rechtssoziologie beigetragen, da auch sie das Recht und besonders die Gesetzgebung in Zusammenhang mit dem gesellschaftlichen Leben untersuchte[2]. In der Lehre der historischen Schule können für die Methode der Rechtssoziologie vor allem folgende brauchbare Elemente genannt werden: die historisch-genetische, die (wenngleich nicht konsequent) relativistisch-evolutionistische und die mehr oder minder gesellschaftlich-deterministische Betrachtungsweise des Rechts. Hierbei konnte sie aus den Werken einiger Vorläufer schöpfen, denn diese Betrachtungsweisen des Entstehens und der Entwicklung des Rechts wurden auch schon früher von Deutschen vertreten: an der Wende vom 18. zum 19. Jhdt. von Hugo und im 18. Jhdt. von Möser und Herder, Deutschen, die hierbei positiv von Franzosen wie Montesquieu und anderen beeinflußt worden waren und in verschiedener Hinsicht „soziologischer" als die historische Schule vorgegangen waren[3]. Die historische Rechtsschule

* Enkele wegbereiders van de rechtssociologie in het midden van de XIXde eeuw (Dankwardt, Arnold, Leist), in Mens en Maatschappij 24, 1949, S. 65—88.

1 R. von Stintzing: Wendungen und Wandlungen der Deutschen Rechtswissenschaft, S. 30 (1879) und A. F. Schnitzer: Vergleichende Rechtslehre, S. 144 (Basel 1945). Van Brakel nennt Hugo zu Unrecht das „Oberhaupt der Schule, zu der Savigny gehörte" (S. van Brakel: De geschiedenis van de tot standkoming van het Burgerlijk Wetboek van 1820 tot 1838, in Gedenkboek Burgerlijk Wetboek 1838—1938, S. 312). Da sich Hugo viel mehr auf eine detaillierte Untersuchung der Fakten und Zustände beschränkte und der (romantische) Gedanke vom Volksgeist bei ihm nicht zu finden ist, steht er m. E. dem 18. Jhdt. (Montesquieu, Linguet) näher als dem 19. Jhdt. (der historischen Rechtsschule). Hugo war ihr *Vorläufer*, von Savigny ihr Begründer.

2 J. J. von Schmid: Rechtsphilosophie, S. 24 (1937) und J. C. Coebergh: Moderne rechtsvormingstheorieën, S. 43 und 53 (1932).

3 J. Valkhoff: De Marxistiese opvattingen over recht en staat, Teil I, Kapitel IV, V und VI (1928).

hatte sich gegen den einseitigen Rationalismus, das Naturrecht, den Legismus und die Lehre vom Staatsvertrag gewandt, Gedanken, die zu Anfang des 19. Jhdts., vor allem unter dem Einfluß der Französischen Revolution, von einigen Juristen vertreten wurden. Folglich sind auch die Auffassung vom Entstehen des Rechts als Gewohnheitsrecht (verglichen z. B. mit Montesquieus Überschätzung des Gesetzesrechts) und vor allem der Gedanke, daß sich das Recht nicht selbständig entwickelt, sondern nur ein bestimmter Aspekt des menschlichen Lebens ist, als Fortschritt im rechtssoziologischen Denken zu betrachten. Indem das Recht jetzt nicht als „willkürlich" oder „geschaffen", sondern genau wie die Sprache aus dem Leben des Volkes gewachsen und sich damit nach bestimmten Gesetzen weiterentwickelnd und verändernd betrachtet wurde, wobei dann das Volk als ein Ganzes („Naturganzes") gesehen wurde, trug die historische Rechtsschule dazu bei, die verschiedenen Elemente der Rechtsbildung und -entwicklung weniger einmalig, mehr in ihrem Zusammenhang untereinander zu sehen und zu einer allgemeineren und universalistischen Rechtslehre vorzustoßen, in der das Recht als (organisches) Produkt des historischen Lebens in seiner Gesamtheit betrachtet wurde.

Diesen, für die Entwicklung der Rechtssoziologie günstigen Elementen in der Lehre der historischen Rechtsschule steht jedoch ein erhebliches Debet gegenüber, nämlich die (besonders von Puchta ausgearbeitete) Lehre vom „Volksgeist" als ursprünglichem Schöpfer des Rechts. Dieser Gedanke, der als Reaktion auf die Naturrechtslehre zu verstehen ist, bei der das Recht zu sehr als bewußte, willkürliche Schöpfung der Menschen betrachtet wird, war durch und durch mystisch und hatte — auch wieder in dieser Zeit verständlich — einen ausgesprochen romantischen Charakter[4]. Er stellte zweifellos gegenüber den viel realistischeren Auffassungen, die im Jahrhundert zuvor von Franzosen wie Montesquieu und Linguet und Engländern wie Ferguson, Millar und einigen anderen verkündet worden waren, einen Rückschritt dar. Diese Denker stellten — wenngleich noch zufällig und zu fragmentarisch — eine Beziehung zwischen dem Recht und anderen realen Faktoren wie geographischen, klimatischen und auch bisweilen ökonomischen Gegebenheiten her, wobei sie jedoch diese Beziehung oft zu einfach, zu direkt und zu mechanisch sahen.

Die historische Rechtsschule blieb beim „Volksgeist" als dem eigentlichen wahren Schöpfer des Rechts stehen. Ihre Lehre von der Entstehung des Rechts war dadurch sehr angreifbar, Kritik daran konnte

---

[4] Vgl. u. a. R. Schmid: Theorie und Methodik des bürgerlichen Rechts, S. 52 (1848) und R. von Jhering: Der Kampf ums Recht, S. 32 (1873). Desgleichen P. Scholten: De codificatiegedachte vóór honderd jaar en thans, in Gedenkboek Burgerlijk Wetboek 1838—1939, S. 7 f.

nicht ausbleiben. Sie erhob sich auch unter dem Einfluß verschiedener Faktoren. Zu allererst schon, wie Kuntze schrieb, „aus dem Bedürfniß der unmittelbarsten Gegenwart“[5]. Einschneidende und weitreichende wirtschaftliche und gesellschaftliche Veränderungen fanden statt. Das Jahr 1848 brachte obendrein politische Umwälzungen. In der Rechtsordnung entstand ein Streben nach Veränderungen, in der Rechtslehre der Wunsch nach Erneuerung. Die historische Rechtsschule war im allgemeinen konservativ ausgerichtet[6]. Statt mit „den Ideen, Bedürfnissen und Zuständen der Gegenwart“[7], befaßte sie sich vorwiegend mit der Vergangenheit, und ihre Anschauungen waren in gewisser Hinsicht ein Hindernis für die notwendige wesentliche Erneuerung. Genau wie seinerzeit die historische Schule in Deutschland als Reaktion und Kritik auf die radikalen, abstrakten, unhistorischen, aprioristischen, rationalistischen, naturrechtlichen und legistischen Ideen der Französischen Revolution entstanden war, bildete sich nun unter den deutschen Juristen eine neue Strömung, die in gewisser Hinsicht gegenüber der Methode und der Denkweise der historischen Rechtsschule kritisch Stellung bezog.

Reinhold Schmid war 1848 mit seiner *„Theorie und Methodik des bürgerlichen Rechts“* der erste. Er wies der Kritik an der historischen Rechtsschule den Weg. Dieser Kritik schlossen sich, wie wir noch sehen werden, einige Jahre später selbst Anhänger dieser Schule an. Schmid, ein Schüler von J. Fries, wandte sich auf Grund ihrer philosophischen Mängel gegen die historische Rechtsschule. Dieser damals wie heute in den Niederlanden, bestimmt bei den Juristen, kaum bekannte Kantianer ging empirisch vor, gestützt auf eine naturwissenschaftliche Psychologie; er hatte in gewissem Umfang schon rechtssoziologische Fragestellungen erkannt[8]. Wir wollen seine auf Kant und Fries gestützte philosophische Kritik, die mehr als die Hälfte seines Buches ausmacht, nicht aufgreifen, sondern seine Kritik nur insoweit behandeln, als sie für die Entwicklung der Rechtssoziologie wichtig ist.

Bei aller Anerkennung der Verdienste von Savignys und seiner Anhänger (Puchta, Eichhorn u. a.) wendet sich Schmid in seinem obengenannten Buch entschieden gegen sie und will sich in höherem Maße

[5] J. E. Kuntze: Der Wendepunkt der Rechtswissenschaft, S. 10 (1856).

[6] Es ist bekannt, daß Revolutionäre wie Marx, Heine u. a. sie deshalb verhöhnten. Vgl. meine Dissertation: De Marxistiese opvattingen over recht en staat, S. 56 (1928). Desgl. W. Modderman: Friedrich Carl von Savigny, S. 19 (1879).

[7] Paul Müller: Die Elemente der Rechtsbildung und des Rechts zur Grundlegung für die realistische Begründung des Rechts, S. 2 (1877).

[8] Z. B. durch seine realistischen, ursächlichen Erklärungen der Entstehung der Klassen und seine Betrachtungen über die Entstehungsfaktoren der Staatsformen. Vgl. J. Kraft: Vorfragen der Rechtssoziologie, in Zeitschrift für vergleichende Rechtswissenschaft 44 (1930), S. 58—60.

als sie einer analytischen Methode bedienen, damit die Rechtswissenschaft seiner Zeit den Forderungen nach Erneuerung der Rechtswissenschaft und auch der Rechtsvorschriften, genügen könne, Forderungen, die den veränderten „Lebensverhältnissen“ entsprangen[9]. Genau wie Fries[10] war Schmid von Hugo beeinflußt, bei dem — er war ein ausgemachter Positivist und Empiriker auf der Basis der Physiologie und Anthropologie — der mystische, romantische Gedanke vom „Volksgeist“ nicht vorkam, und der selber seinerseits, vom Standpunkt der Rechtssoziologie aus gesehen, günstige Beeinflussungen durch französische und englische Autoren (vor allem Montesquieu) des 18. Jhdts. erfahren hatte. Auch Schmid lobt jetzt die empirischen Untersuchungen der Franzosen (Montesquieu!) und Engländer jener Zeit, doch lehnt er mehrfach einen reinen Positivismus und einen reinen Empirismus ab. Trotz ihrer philosophischen Mängel haben sie, so schreibt er, „durch ihre auf Erfahrung gegründeten Untersuchungen viel zu einer besseren Erkenntnis der physischen und anthropologischen Gesetze, unter welchen das Leben der Völker steht, beigetragen“[11]. Und weiter: „Durch sie wurde der Grund zu unsern heutigen politischen und volkswirtschaftlichen Studien gelegt, die nothwendig eine bedeutende Rückwirkung auf das Rechtsstudium haben mußten und in der Zukunft mehr und mehr erhalten werden.“

Bald sollte deutlich werden, inwieweit sich die letzte Prophezeiung Schmids vom zunehmenden Einfluß der Wirtschaftswissenschaft auf die Rechtswissenschaft in den folgenden Jahren bewahrheitete. In jedem Fall haben wir es hier mit der Erkenntnis der Bedeutung der Wirtschaftswissenschaft für das Studium des Rechts zu tun. Schmid stellte sich entschieden gegen den „mystischen Charakter“ der Lehre der historischen Rechtsschule (die Lehre vom geheimnisvollen, personalisierten Volksgeist als Schöpfer des positiven Rechts) und wandte sich den „thatsächlichen Lebensverhältnissen des Menschen“ als den „natürlichen Grundlagen der bürgerlichen Rechtsordnung“ zu[12]. Er warf von Savigny vor, daß er nicht zu den „tiefen Wurzeln der Rechtsbildung“ zurückgegangen, sondern auf halbem Wege stehengeblieben sei, „indem

[9] Auf S. 17 spricht er von Rechtsinstituten, „die im Fortschritt der Zeiten *mit den veränderten Bedürfnissen* in Widerspruch gekommen waren und hemmend auf die soziale Bildung einwirkten“. Auf S. 19 kann man lesen: „Ein Bedürfnis zu Reformen wird also nur eintreten, wo *entweder die Lebensverhältnisse selbst sich geändert haben*, oder wo man von anderen politischen und national-ökonomischen Grundsätzen glaubt ausgehen zu müssen.“

[10] F. Eichengrün: Die Rechtsphilosophie Gustav Hugos. Ein geistesgeschichtlicher Beitrag zum Problem von Naturrecht und Rechtspositivismus, S. 109 (1934).

[11] R. Schmid: Theorie und Methodik des bürgerlichen Rechts, S. 42 (1848).

[12] Ebd. S. 137.

er nur bis zu dem Moment zurückgeht, wo die nationale Rechtsüberzeugung im Volke zur Erscheinung kommt, ohne weiter zu untersuchen, *wie überhaupt rechtliche Überzeugungen sich ausbilden* ..."[13]. Hier wird das Problem des Transformationsprozesses, das auch heute noch keineswegs vollständig untersucht ist, in der genetischen Rechtssoziologie[14] deutlich. Er beendet sein Werk mit folgendem Ratschlag: „Gehen wir aber von einer *Analyse unserer heutigen Rechtszustände* aus und suchen wir uns vor Allem durch ein besonnenes *induktorisches* Verfahren klar zu machen, wie sie bei uns bestehen, von selbst gegeben sind und in welcher Weise die verschiedenen Gesetzgebungen, die gemeinrechtlich neben einander zur Anwendung kommen, entweder bloß ergänzend oder auch ordnend und leitend in jene Rechtsverhältnisse eingreifen, so muß sich die ganze Lehre leicht in einem organischen Ganzen abschließen lassen, da die innere Einheit *mit dem Organismus der Lebensverhältnisse* gegeben ist." Muß man auch Hingst[15] Recht geben, daß Schmids Buch als Ganzes wegen der Verbindung von Philosophie und positivem Recht kaum gelungen ist, so hat doch auch Kraft recht, wenn er schreibt: „Fries' Schüler Schmid hat die rechtssoziologische Problemstellung dahingehend angegeben, die Gesetze der Bildung des Rechts nachzuweisen, die Savignysche Theorie zutreffend kritisiert und die rechtspsychologischen Voraussetzungen der Rechtssoziologie prinzipiell richtig erkannt[16]."

Inzwischen war in der noch jungen Wirtschaftswissenschaft eine neue Schule aufgekommen: die historische. Im Gefolge von Wilhelm Roscher, dessen kleiner „Grundriß zu Vorlesungen über die Staatswirtschaft nach geschichtlicher Methode" 1843 erschien, wandte sich eine Anzahl von Wirtschaftswissenschaftlern (von denen Karl Knies und Bruno Hildebrand die bekanntesten sind) gegen die Fiktionen, Abstraktionen, Deduktionen und ihrer Meinung nach wirklichkeitsfremden Konstruktionen der überwiegend individualistischen, im Naturrecht wurzelnden klassischen Wirtschaftswissenschaftler (den Nachfolgern von Smith, Say, Ricardo u. a.), wenn auch unter Beibehaltung der von ihnen gewonnenen Ergebnisse. Diese neue ökonomische Schule wurde nach mehrfachen Selbstzeugnissen ihrer Anhänger stark von der historischen Rechtsschule beeinflußt, die sich ja auch gegen das abstrakte dogma-

[13] Ebd. S. 170, auch S. 138. Sch. will untersuchen, „welchen Ursprung die bestehenden Rechtsnormen haben, durch welche die Wechselbeziehungen der Menschen ihre rechtliche Form erhalten". Vgl. auch S. 178—179.

[14] Siehe H. Sinzheimer: De taak der rechtssociologie, S. 100 f. (1935), Das Transformationsproblem in der Soziologie des Rechts, in Strijdenskracht door Wetensmacht, S. 45 f. (1938), und Theorie der Gesetzgebung (1948).

[15] S. J. Hingst: Proeve eener geschiedenis der historische school op het gebied van het privaatrecht in Duitschland, S. 135 und 67 (1859).

[16] J. Kraft: Vorfragen der Rechtssoziologie, in Zeitschrift für vergleichende Rechtswissenschaft 44 (1930).

tische Naturrecht gewandt hatte. „Die scharfe Reaktion gegen das Naturrecht am Beginn des 19. Jahrhunderts, die sich an die Namen Savigny's und Eichhorns knüpft, führte zur Herrschaft einer historischen Richtung, auf die die ökonomischen Historiker stets als Vorbild hingewiesen haben[17].“

Gegenüber der klassischen Wirtschaftswissenschaft strebten die Anhänger der ökonomischen historischen Schule nach einer mehr historischen und damit relativistischeren Betrachtungsweise der Wirklichkeit. Sie versuchten, die Gesetzmäßigkeit der Volkswirtschaft aufzuspüren. Mit Recht schrieb Bordewijk in seiner „Theoretisch-historische Inleiding tot de Economie“: „Rechtswissenschaft und Wirtschaftswissenschaft zeigen in diesem Stadium ihrer Entwicklung einen auffallenden Parallelismus[18].“ Schon im Vorwort seines obengenannten „Grundriß zu Vorlesungen über die Staatswirtschaft nach geschichtlicher Methode“ (1843) plädierte Wilhelm Roscher, Professor in Leipzig, für einen Kontakt der Wirtschaftswissenschaft mit u. a. der Rechtsgeschichte (S. IV) und Übernahme der historischen Methode von Savigny's und Eichhorns für die Wirtschaftswissenschaft, weil sie in der Rechtswissenschaft offenkundig so erfolgreich gewesen sei (S. V).

Es ging den Anhängern dieser historischen ökonomischen Schule vor allem um eine genaue, empirische, detaillierte Untersuchung der Fakten in ihrem geographischen, sozialen, politischen und religiösen Gesamtzusammenhang. Ihrerseits beeinflußten sie auch die Juristen, die sich mehr und mehr mit der irrealen und vagen Lehre der historischen Rechtsschule (vom über und außerhalb der Individuen stehenden eigengesetzlichen „Volksgeist“) unzufrieden, von solchen Anschauungen angezogen fühlten. So veröffentlichte der Rostocker Anwalt *H. Dankwardt* 1857 — nachdem die beiden wichtigsten Werke Roschers schon erschienen waren — den ersten Teil seiner *„Nationalökonomie und Jurisprudenz“*. Er nennt dies Buch vorerst noch den „Versuch eines Fortschritts in die Behandlung des Römischen Rechts“; fünf Jahre später unternimmt er diesen Versuch — nämlich die Verteidigung eines neuen Elements in der Rechtstheorie — in seinem Werk *„Nationalökonomisch-civilistische Studien“* für den Gesamtbereich des Rechts. Dies neue Element sucht er jetzt in der „Nationalökonomie“.

Genau wie schon früher Roscher, der zu Dankwardts „Nationalökonomisch-civilistische Studien“ (1862) ein Vorwort schrieb, in dem er den

---

[17] Grundriß der Sozialökonomik, I. Abt., I. Teil (Wirtschaft und Wirtschaftswissenschaft), 1924, S. 109 („Die historische Schule und die Grenznutzentheorie“ im Beitrag von J. Schumpeter über „Epochen der Dogmen und Methodengeschichte“).

[18] H. W. C. Bordewijk: Theoretisch-historische Inleiding tot de Economie, S. 549 (1931).

Verfasser und sein Werk sehr lobte, weist auch Dankwardt auf den Zusammenhang zwischen Wirtschafts- und Rechtswissenschaft und den Nutzen der ersten als Hilfswissenschaft für die zweite, vor allem für die Rechtsgeschichte, hin. Wirtschaftliche Kenntnisse sind seiner Meinung nach nötig, um einen guten Einblick in die Rechtsinstitute zu erhalten. Beide Wissenschaften müssen sich der gleichen Methode bedienen, und zwar vor allem der historischen Methode, denn Dankwardt will auf der historischen Rechtsschule aufbauen. Doch diese erreichte ihr Ziel nicht ganz, und Dankwardt weist darauf hin, „daß wir trotz der angebeteten Schule, welche sich die historische nennt, noch gar keine *innere* Geschichte des Civilrechts haben“[19]. Mit Hilfe der neuen Wirtschaftswissenschaft will Dankwardt „von jedem Rechtsinstitut eine wirkliche innere, d. h. nach dem Gesetz der Causalität bearbeitete Geschichte“ zustande bringen[20].

Dankwardt weist zwar vor allem auf den Zusammenhang zwischen Wirtschafts- und Rechtswissenschaft hin, aber auch auf den Zusammenhang zwischen den wirtschaftlichen und rechtlichen Verhältnissen im allgemeinen. Auch Roscher hatte das schon getan, doch Dankwardt geht weiter als Roscher. Während dieser beim Wandel des Rechts nur einen gewissen Parallelismus[21] zwischen den Rechtsnormen, den menschlichen Bedürfnissen und ihrer Befriedigung feststellte, sieht Dankwardt einen Kausalzusammenhang zwischen beiden. Dankwardt erklärt den Wandel im Recht kausal und „diese Ursache lehrt die Nationalökonomik, welche man füglich als Physiologie des gesellschaftlichen Organismus bezeichnen kann“[22]. Er betrachtet die Gesellschaft als einen lebendigen Organismus, der sich gesetzmäßig entwickelt. Diese Entwicklung verlangt nach der Schöpfung, Änderung und dem Aufheben von Rechtsvorschriften, ja, sie gebietet dies. Der Gesetzgeber wird dazu „genöthigt“. Da der Gesetzgeber derart dazu gezwungen wird, ist der Wandel des Rechts, genau wie in der anorganischen Natur, „eine objektiv gewordene Erscheinung“, ist notwendig determiniert durch die faktischen Lebensverhältnisse, und deshalb muß man ihn

---

[19] Nationalökonomisch-civilistische Studien, S. 19.

[20] Ebd. S. 32.

[21] U. a. im Vorwort von Dankwardts Nationalökonomisch-civilistische Studien, S. IX.

[22] Nationalökonomisch-civilistische Studien, S. 2. „Physiologisch“ heißt bei Dankwardt „nationalökonomisch“. Roscher hatte die Wirtschaftswissenschaft eine „Anatomie und Physiologie der Volkswirtschaft“ und die Methode der historisch-ökonomischen Schule „physiologisch“ genannt. Vgl. H. J. Hamaker: De historische school in de staathuishoudkunde, S. 3 (1870). Dankwardt vergleicht die von ihm angewandte Methode mit der des Physiologen. Da die Physiologie zu dieser Zeit materialistisch war, ist es nicht verwunderlich, daß ein Kritiker (Kuntze) Dankwardt Materialismus vorwarf, ein Vorwurf, den Dankwardt selber zurückwies.

auf seine Ursache zurückführen. Indem man die gleiche Methode wie die Wirtschaftswissenschaft anwendet, d. h. die Rechtsinstitute nicht nur historisch, sondern auch induktiv und exakt untersucht, kann man zu ihrem Kern vorstoßen. Die Wirtschaftswissenschaft versetzt in die Lage, sowohl die Ursachen der Rechtsvorschriften und Rechtszustände als auch die Motive des Gesetzgebers aufzuspüren. Die Wirtschaftswissenschaft ist deshalb eine wertvolle Hilfswissenschaft für den Juristen.

Der Kausalzusammenhang ist bei dem ein oder anderen Institut des bürgerlichen Rechts mehr oder weniger direkt nachweisbar. Die gesellschaftliche Arbeitsteilung ist ein sehr wichtiger Faktor der Rechtsentwicklung. So erklärt Dankwardt die Tatsache, daß die Rezeption des römischen Rechts möglich war, ökonomisch, wie schon vor ihm Adelung in seinem „Versuch einer Geschichte der Kultur des menschlichen Geschlechts“ (1782) und Hugo in seinem „Lehrbuch der juristischen Encyclopädie“ (1792)[23]. Dort weist er auch auf die Arbeitsteilung, die die Rechtsinstitute („Rechtszustand“) verändert, als die notwendige Folge der Veränderung der faktischen gesellschaftlichen Verhältnisse („gesellschaftlicher Zustand“) hin[24]. Auch der Wandel im alten römischen Recht ist aus den veränderten wirtschaftlichen Bedürfnissen (Abnahme der Landwirtschaft, Aufkommen von Industrie, Handel, Arbeitsteilung, Kommunikationsmittel, Städtegründung und dergleichen) zu erklären[25]. Wenn Dankwardt schreibt: „Der nutzlose oder gar nachtheilige Rechtssatz kann ein historisches Überbleibsel sein, und sein Fortbestand auf Gewöhnung, Schlendrian, legislatorischer Trägheit beruhen“[26], erkennt er die Nachwirkung der Tradition in der Rechtsentwicklung an. Ein einziges Mal streift er auch den Transformationsprozeß, indem er darauf hinweist, daß die Motive des Gesetzgebers (Beförderung des Wohlstandes einer Gesellschaft) durch das Medium des Verstandes umgesetzt werden[27]. Da alles Recht ein Produkt der tatsächlichen gesellschaftlichen Verhältnisse ist, muß man diese zuerst kennen, um das Recht zu verstehen und erklären zu können. Wirtschaftswissenschaftliches Studium ist dazu notwendig. Dankwardt geht aber weder auf die Beschaffenheit des Kausalzusammenhangs noch auf die Art und Weise, wie der Transformationsprozeß abläuft, näher ein.

Dankwardt wandte diese Methode der Rechtsbetrachtung auf verschiedene Rechtsinstitute des römischen Rechts an, wobei er sich durch-

---

[23] S. 35/36 (erste Ausgabe 1792).

[24] Nationalökonomisch-civilistische Studien, S. 2/3, siehe auch S. 28/29.

[25] Nationalökonomie und Jurisprudenz I, S. 54; V, S. 16, 22.

[26] Nationalökonomisch-civilistische Studien, S. 8.

[27] Ebd., S. 10.

aus darüber im klaren war, daß seine Arbeit erst ein Anfang war und nur Stückwerk bleiben konnte. „Unsere Aufgabe ist nicht, einzelne Rechtsmaterien mit tiefer Gründlichkeit zu behandeln, sondern an möglichst vielen Rechtsmaterien zu zeigen, von welcher Wichtigkeit die Nationalökonomik für das Studium der Jurisprudenz ist[28]." Andere sollten durch genaue detaillierte Untersuchungen der Fakten gewisse Rechtsinstitute minuziös erforschen, eine Aufgabe, die für einen einzelnen Menschen zu groß ist.

Zwei Jahre nach dem Erscheinen von Dankwardts „Nationalökonomie und Jurisprudenz" hielt *B. D. Tellegen* seine Antrittsvorlesung als Professor an der juristischen Fakultät in Groningen. Er hatte gleichzeitig den Auftrag, Ökonomie („Volkswirtschaftslehre") — als Fach in der juristischen Fakultät untergebracht — zu lehren. In dieser Rede mit dem Titel *„Volkswirtschaftslehre und Rechtswissenschaft"* („Volkshuishoudkunde en Regtswetenschap", Ausgabe von 1861) zeigt Tellegen — im Gefolge Dankwardts, wie er selber auf S. 30 sagt — an Hand verschiedener Beispiele den Nutzen der Wirtschaftswissenschaft als Hilfswissenschaft der Rechtswissenschaft auf. Er will sein Auditorium davon überzeugen, daß zwischen beiden Wissenschaften ein enger Zusammenhang besteht und lehnt sich an Roscher an, der verkündete, daß die Rechtswissenschaft in vielen Fällen nur das *Wie* lehre, und erst die Volkswirtschaftslehre die Frage nach dem *Warum* beantworten könne. Empirisch vorgehend betrachtet Tellegen Rechtsinstitute wie das Eigentum von ihrer ökonomischen Seite und erklärt sie vom ökonomischen Standpunkt. Man muß sich fragen, ob hier nicht der Einfluß von Hugo, Schmid[29] u. a. eine gewisse Rolle spielt.

Auch *W. J. van Welderen Rengers* wies in seiner 1861 erschienenen Dissertation *„Betrachtungen über den Zusammenhang zwischen dem Bürgerlichen Recht und der Volkswirtschaftslehre"* (Beschouwingen over het verband tusschen het Burgerlijk Regt en de Staatshuishoudkunde) auf die zu einseitige[30] Ausrichtung der historischen Rechtsschule — deren große Verdienste er übrigens anerkennt — für die Erklärung des bestehenden Rechts hin: weder die Geschichte noch das Bewußtsein des Volkes („der Volksgeist")[31] reichten dafür aus. Nachdem

---

[28] Nationalökonomie und Jurisprudenz VII, S. 3.

[29] Obgleich man Hingst recht geben muß, daß im allgemeinen Schmids Einfluß nicht sehr groß gewesen sein dürfte (S. J. Hingst: Proeve eener geschiedenis der historische school op het gebied van het privaatrecht in Duitschland, S. 135; 1859).

[30] S. 2. Auch Schmid (Theorie und Methodik des bürgerlichen Rechts, 1848) hatte sich gegen die *„einseitige* historische Rechtsansicht" seiner Zeit gewandt.

[31] Siehe auch Tellegen in: Stahl. Eene Toespraak (1862): „Aber demgegenüber gibt es, wenn ich mich nicht irre, wenige, die v. Savignys Hauptverdienst noch in der von ihm vertretenen philosophischen Theorie suchen, die

er darauf hingewiesen hat, daß es für ein richtiges Verständnis der Rechtsentwicklung nötig sei, die tatsächlichen Lebensverhältnisse der Menschen, besonders die wirtschaftlichen (in ihrem Zusammenhang mit dem Recht) — hierauf kommen wir gleich zurück — zu untersuchen, fragt Van Welderen Rengers, ob es nicht „eine unverzeihliche, doch leider nicht seltene juristische Überheblichkeit ist", die Hilfe einer Wissenschaft zu verwerfen, „die zur Erklärung und Entwicklung des Rechts unschätzbare Dienste leisten kann[32]?" Mehrfach nennt er Roscher und zustimmend zitiert er Renouard: „Comme les lois s'écrivent et se commentent, non par un vain plaisir de l'intelligence, mais pour le règlement sérieux et pratique de la vie, elles ont pour auxiliaires et pour interprètes toutes les sciences qui enseignent à connaître les faits et à en expliquer les causes et les résultats. C'est à ce titre que la science économique, dont l'objet est d'étudier les faits de l'industrie et les sujets humains qui s'y livrent, se lie essentiellement au droit[33]." Auch hier wird also wieder die Nationalökonomie als Hilfswissenschaft angepriesen, doch Van Welderen Rengers warnt ausdrücklich vor ihrer Überschätzung, weil sie nicht „der einzige Wegweiser der Rechtswissenschaft" sein dürfe. Auf andere Teile von Van Welderen Rengers' Darlegungen, in denen mehr als einmal ein für das 19. Jhdt. typischer Optimismus hinsichtlich der Resultate und der Gültigkeit der Wissenschaft auffällt, komme ich gleich zurück.

Zum Schluß soll hier noch *W. Modderman* genannt werden, der 1875 in seiner in Groningen gehaltenen Rektoratsrede[34] für eine realistischere, auf die Praxis ausgerichtete Rechtswissenschaft eintritt und ebenfalls — er zitiert Roschers Vorwort zu Dankwardts „Nationalökonomisch-civilistische Studien" — auf den Zusammenhang zwischen Wirtschaft und Bürgerlichem Recht hinweist und auf eine Zusammenarbeit dieser beiden „Schwesterwissenschaften" drängt. Doch auch Modderman warnt vor einer Überschätzung: die Rechtswissenschaft darf nicht in der Volkswirtschaftslehre aufgehen[35].

besagt, daß sich vor allem das Recht, gleichsam ein Naturprodukt, von selbst aus dem sog. Volksgeist entwickelt; dem Volksgeist, der außerhalb und über den Individuen steht, der als Subjekt eine eigene Existenz hat, abgesondert von den Menschen, vom Volk. Zum Glück braucht v. Savignys Ruhm nicht zu verblassen, wenngleich diese Theorie den Weg alles Irdischen geht" (S. 6).

[32] Beschouwingen over het verband tusschen het Burgerlijk Regt en de Staatshuishoudkunde, S. 11 (1861).

[33] Droit Industriel, S. 19. Ich konnte dieses Buch selber jedoch nicht einsehen.

[34] Practijk en theorie der Rechtswetenschap, bes. S. 30.

[35] Das tut gleichzeitig auch Paul Müller: Die Elemente der Rechtsbildung und des Rechts zur Grundlegung für die realistische Begründung des Rechts (1877), der auf S. 44 Dankwardt vorwirft, er habe der Wirtschaftswissenschaft einen zu großen Einfluß auf die Entstehung und Entwicklung des

So haben also auch in den Niederlanden Dankwardts Auffassungen Einwirkungen gehabt[36]. Auf die Notwendigkeit einer Erneuerung auch der Rechtswissenschaft, um die Mitte des 19. Jhdts., wurde bereits hingewiesen. Aus diesem Anlaß wandte man sich gegen die herrschende rechtsdogmatische Methode und verlangte nach einer mehr empirischen, realistischen und induktiven Rechtsbetrachtung. Obendrein wurden auch die Juristen als Sozialwissenschaftler durch die Naturwissenschaften[36] beeinflußt, die in der Mitte des 19. Jhdts. zu solcher Blüte gelangten und mit den von ihnen angewandten Methoden glänzende Resultate erzielen konnten (in den Niederlanden hielt Donders 1848 in Utrecht seine Antrittsvorlesung; 1859 erschien Darwins „Origin of Species", worin nicht nur die Lehre von der Evolution verkündet, sondern auch auf den Zusammenhang mit dem Milieu hingewiesen wird). Man übte jetzt mehr Sozialkritik und wollte aktiv in das gesellschaftliche Leben eingreifen[37]. Daß dann die z. T. unter dem Einfluß der historischen Rechtsschule aufgekommene neue Richtung in der Wirtschaftswissenschaft — die später sog. „alte" historische ökonomische Schule Roschers und seiner Anhänger — ihrerseits die Rechtswissenschaft beeinflußte, ist nicht verwunderlich. Die Gesamtentwicklung der Gesellschaft führte notwendig zu einer größeren Beachtung der ökonomischen Faktoren, in denen man jetzt auch ein treibendes Element in der Entwicklung und Veränderung der Rechtsnormen sah.

Während Dankwardts Schriften vornehmlich vom Nutzen der Wirtschaftswissenschaft als Schwesterwissenschaft der Rechtswissenschaft handelten, eine Tatsache, die heute allgemein anerkannt ist, geht ein Zeitgenosse in seinen Arbeiten tiefer auf den Zusammenhang und die Verbindung zwischen den gesellschaftlichen Verhältnissen einerseits und den Rechtsinstituten und Rechtsnormen andererseits ein, nämlich *Wilhelm Arnold* (1826—1883), zuerst Professor in Basel, danach in Marburg an der Lahn[38]. Schon aus dem Titel seiner 1863 erschienenen

---

positiven Rechts zuerkannt. Nach Müller, auf dessen Ansichten hier nicht weiter eingegangen werden kann, besteht zwischen den realen menschlichen Lebensverhältnissen und dem Privatrecht eine Wechselwirkung, jedoch kein Abhängigkeitsverhältnis: „Denn nicht allein der wirtschaftliche Gehalt der realen menschlichen Lebensverhältnisse, sondern ihr gesamter wesentlicher Inhalt erklärt und begründet das Recht, wie auch Dankwardt an einigen Stellen anerkennt."

[36] Siehe auch noch den Verweis auf Dankwardts beide Bücher durch de Bosch Kemper in seinem Werk: Handleiding tot de kennis van de wetenschap der zamenleving, S. 288, 523, 832 und 863 (1863).

[37] Siehe Dr. A. Romein-Verschoor in Erflaters van onze Beschaving IV, S. 62 (Ausgabe 1941).

[38] Die Schriften Arnolds waren zu seinen Lebzeiten in den Niederlanden offenkundig unbekannt, denn weder Tellegen noch van Welderen Rengers oder Hingst nennen ihn. Wie L. J. van Apeldoorn in Themis 1929, Nr. 2 bemerkte, sind Wilhelm Arnolds Schriften zu unserer Zeit „fast vergessen" (S. 5 des Sonderdrucks).

„drei Vorlesungen", *„Recht und Wirtschaft nach geschichtlicher Ansicht"*, werden zwei Dinge deutlich: erstens, daß Arnold klar einen Zusammenhang, eine Verbindung zwischen „Recht" und „Wirtschaft" — beides „nahe Lebensgebiete", wie Roscher schon ein Jahr zuvor geschrieben hatte[39] — sieht, und zweitens, daß er historisch vorgeht. Auch er folgt der historischen Rechtsschule und knüpft an ihre Überlegungen an, doch tut er das kritisch und verbessert sie mit Hilfe einer neuen Methode. In den Anmerkungen zu seinem schon im Frühjahr 1863 vollendeten, aber erst zwei Jahre (1865) später erschienenen Werk „Cultur und Rechtsleben" nennt Arnold sein Büchlein aus dem Jahre 1863 „eine gedrängte Übersicht der neuen Methode in Verbindung mit der Lehre von der historischen Schule von der Entstehung des Rechts".

Wenn Arnold das „Wesen des Rechts" skizziert, scheint auch er das Recht historisch, relativ, gesetzmäßig und determiniert zu betrachten[40]. Er unterscheidet sich aber insoweit von von Savigny und dessen Anhängern, als er den „Volksgeist" (als unbewußten Schöpfer des Rechts) zur Erklärung des Entstehens und der Entwicklung des Rechts kategorisch[41] ablehnt. Mit dem Wort „Volksgeist" erklärt man seiner Meinung nach nichts. Arnolds Betrachtung der Evolution des Rechts ist weniger irreal und mystisch und in höherem Maße soziologisch als die der historischen Rechtsschule. So verurteilt er auch eine allzu romantische „Idealisierung" des Mittelalters, deren sich z. B. Adam Müller in seinem Werk „Elemente der Staatskunst" (1809) schuldig gemacht hatte[42]. Arnolds Auffassungen sind in konsequenter Weise relativistisch, was rechtssoziologisch von Bedeutung ist, denn in einer Erfahrungswissenschaft wie der Rechtssoziologie geht es allein um „ein Begreifen", „ein Verstehen" eines bestimmten Abschnitts der Rechtsentwicklung. Mit Nachdruck wendet sich Arnold — genau wie schon Adam Müller — mehr als einmal gegen die Lehre vom „Eigennutz" und vom „Privategoismus" als den Triebfedern der Volkswirtschaft (Smith, J. B. Say, F. Bastiat u. a.). Arnold ist auch weniger einseitig anti-legistisch als die historische Rechtsschule, wenn auch anerkannt werden muß, daß von Savigny in späterer Zeit (ungefähr um 1840) eine andere Einstellung zur Kodifikation bezogen hatte als 1814. Arnold sieht die Zeit kommen, in der man auch in Deutschland zu einer Kodifizierung übergehen muß[43], ganz allgemein erkennt er deutlicher als die eigentliche historische Schule

---

[39] Vorwort von Roscher zu H. Dankwardt: Nationalökonomisch-civilistische Studien, S. IV (1862).

[40] Recht und Wirtschaft nach geschichtlicher Ansicht, S. 7, 9 und 14.

[41] Ebd. S. 24 und Cultur und Rechtsleben, S. 368 („ganz unfaßbar für uns"). Vgl. v. d. Vugt: Algemeene Inleiding tot de Rechtsgeleerdheid, S. 298 n. 1.

[42] Recht und Wirtschaft, S. 52 f.; Cultur und Rechtsleben, S. 357. Auch Möser hat die Vergangenheit, besonders das Mittelalter, zu sehr verherrlicht.

[43] Cultur und Rechtsleben, S. 351.

die Bedeutung des Eingreifens durch den Gesetzgeber, da dieser nach seiner Anschauung die Bildung des Rechts fördern oder hemmen kann[44]. Arnolds Lehre ist dadurch weniger quietistisch und sicher auch weniger fatalistisch als die der eigentlichen historischen Rechtsschule.

Was jedoch am wichtigsten für die Herausbildung der Rechtssoziologie ist: sie ist realistischer und empirischer („Genaue Beobachtung, sorgfältige Vergleichung möglichst viel ähnlicher und verwandter Erscheinungen, eindringendes Studium der Geschichte ..."). Wo die Rechtssoziologie eine „Beobachtungswissenschaft" ist, wie Ehrlich sie später nannte, ist es ihre Aufgabe, die Fakten zu sammeln, um den Ursprung und die Wirkung der Rechtsnormen aufzuspüren. Im Vorwort zu seinem oft weitschweifigen Werk „Cultur und Rechtsleben" schreibt Arnold, er habe dies Buch auch eine Untersuchung der „Physiologie des Rechts" nennen können, dies jedoch unterlassen, da das Recht ein Produkt des Geistes sei. Die von ihm bei der Untersuchung des Rechts angewandte Methode kann jedoch am besten mit dem Terminus „physiologisch" charakterisiert werden, da auch das Recht von „natürlichen" und „physikalischen" Faktoren beeinflußt und von ihnen bestimmt wird. Man spürt hier, daß Arnolds Denkhaltung durch die in der Mitte des 19. Jhdts. so stark aufblühenden Naturwissenschaften beeinflußt wurde. Auch stand er nach eigenen Zeugnissen[45] stark unter dem Einfluß der historischen ökonomischen Schule (Roschers und seiner Anhänger) mit ihrer vom Konkreten und Relativen ausgehenden Methode. Die ökonomische Wissenschaft („Nationalökonomie") ist auch in seinen Augen wieder eine nützliche Hilfswissenschaft des Rechts. Arnold sagt über seine Methode: „Vielleicht daß sich daraus auch für die Behandlung des Rechts im juristischen Sinne ein Vortheil ergibt[46]." Die Soziologie des Rechts ist als solche tatsächlich nur ein Zweig der gesamten Rechtswissenschaft neben der normativen Rechtswissenschaft, der juristischen Technik und Dogmatik, der Rechtsphilosophie, der Rechtsgeschichte und der Rechtsvergleichung. Die normative Rechtswissenschaft kann tatsächlich aus der Rechtssoziologie Nutzen ziehen; denn sie kann ihr durch eine zweckgerichtete kritische Betrachtung, und dadurch gleichzeitig auch der Gesetzgebung und der Rechtsprechung, dienen. Ehrlich überschätzte später jedoch die Rechtssoziologie gewaltig, wenn er sagte, daß die Soziologie des Rechts *„die"* wissenschaftliche Lehre des Rechts sei.

Bei Arnold findet man mehr als bei Dankwardt über die Beschaffenheit des Zusammenhangs zwischen dem Recht als sozialer Erscheinung

---

[44] Cultur und Rechtsleben, S. 375, 381. Auch schon in Recht und Wirtschaft, S. 33 und 34.

[45] Ebd. S. XXI und 42 f.; Recht und Wirtschaft, S. 86.

[46] Cultur und Rechtsleben, S. VI.

und den tatsächlichen gesellschaftlichen Verhältnissen (den „physischen Verhältnissen"). Nur ein einziges Mal verweist er auf die geographischen (Lage, Bodenbeschaffenheit usw.) und klimatischen Verhältnisse als das Recht bestimmende Faktoren[47]. Zu dieser Zeit ist es verständlich, wenn bei Arnold die (veränderlichen) wirtschaftlichen Verhältnisse als Faktoren, die das Recht beeinflussen und verwandeln, in den Vordergrund treten und die oben erwähnten (statischen) Faktoren, die bei den Vorläufern der (Rechts-)Soziologie im 18. Jhdt. (Montesquieu, Herder u. a.) eine so große Rolle spielten, verdrängen. Der wirtschaftliche Faktor ist aber bei Arnold nicht der einzige, der das Recht bestimmt. Das Privatrecht hängt „auf das Engste mit den Culturzuständen" zusammen, und zwar mit dem Kulturzustand ganz allgemein, wie wir zuerst hören, worauf aber unmittelbar die Feststellung folgt, es mache jedoch einen Unterschied, ob man es mit einem Volk von Jägern, Nomaden, Ackerbauern oder Händlern (zu Wasser oder zu Lande) zu tun habe[48]. Arnold sieht den Zusammenhang zwischen dem Recht und den ökonomischen Verhältnissen nicht direkt und mechanisch. Eine Divergenz zwischen beiden ist möglich. Das positive Recht kann hinter den fortschreitenden Lebensverhältnissen zurückbleiben. Doch dann entstehen auf die Dauer wieder die Notwendigkeit und das Verlangen nach neuem Recht. „Ein vollständiges Auseinanderfallen beider ist unmöglich, so wenig es allerdings hie und da an Incongruenzen fehlt[49]." Wie schon Montesquieu und Millar im Jhdt. zuvor gelehrt hatten, stellt auch Arnold fest, daß „rasche und anhaltende Fortschritte der Wirtschaft" zu einer „vermehrten Tätigkeit der Gesetzgebung" führen[50]. Auch nach seiner Auffassung ist die Rezeption des römischen Rechts eine notwendige Folge der wirtschaftlichen Zustände[51]. Der Zusammenhang zwischen „Wirtschaft" und „Recht" ist nicht auf allen Gebieten des Rechts gleich stark. Am innigsten ist die Verbindung zwischen beiden im Schuld- und im Sachenrecht; auch im Familien- und im Erbrecht gibt es einen direkten Zusammenhang mit dem Wirtschaftsleben. Auf dem Gebiet des Strafrechts, des Staatsrechts und des Prozeßrechts ist der Zusammenhang weniger direkt und augenscheinlich (wie Arnold an verschiedenen Beispielen aufzeigt), wenngleich es ihn auch hier gibt. Arnold sieht die Abhängigkeit des Rechts von den ökonomischen Verhältnissen nicht einseitig, denn für ihn ist die Wech-

---

[47] Recht und Wirtschaft, S. 20; Cultur und Rechtsleben, S. 338.

[48] Recht und Wirtschaft, S. 28 und 29; Cultur und Rechtsleben, S. 57 und 106.

[49] Recht und Wirtschaft, S. 30 und 34; Cultur und Rechtsleben, S. 103, 375 und 381.

[50] Recht und Wirtschaft, S. 32. Vgl. meinen Artikel: Montesquieu en de rechtssociologie, in Mens en Maatschappij, 1948, S. 336. Beitrag I (oben).

[51] Cultur und Rechtsleben, S. 104 und 382.

selwirkung zwischen „Wirtschaft“ und „Recht“ dergestalt, daß nicht nur die ökonomischen Verhältnisse das Recht beeinflussen, sondern auch umgekehrt, was natürlich schon aus dem oben im Anschluß an Arnolds Auffassung von Aufgaben und Rolle des Gesetzgebers Gesagten deutlich wurde.

Arnold schenkte dem Transformationsprozeß mehr Aufmerksamkeit als Dankwardt. Nach Arnold lehren historische Untersuchungen, „daß der eigentliche Stoff oder Inhalt des Rechts, d. h. die ihm zu Grund liegenden Instituten stets durch die materielle Cultur des Volks bedingt werden: das Recht schafft sie nicht, sondern erkennt sie nur an“[52]. Während Arnold hier von *„Anerkennung“*[53] spricht, verwendet er an anderer Stelle Begriffe wie *„Ausdruck“*[54], *„Einkleidung“*[55], *„Ausprägung“*[56], *„formuliren“*[57] oder *„normiren“*[58].

Der Transformationsprozeß, durch den die gesellschaftlichen Kräfte in Normen umgesetzt werden, ist ein geistiger Prozeß. „Die Art und Weise wie dies geschieht, die *Ausprägung* wirtschaftlicher zu rechtlichen Instituten ist dann das eigentlich Juristische oder wie wir auch sagen können *das Geistige und Sittliche* ...“ „Das äußere Leben liefert den Stoff und die Grundlagen des Rechts, die *geistige* Richtung und der sittliche Character giebt ihnen Form und Gepräge: aus den Lebensverhältnissen werden Rechtsverhältnisse, indem die ersten in feste Normen eingekleidet werden[59].“ Die Umsetzung gesellschaftlicher Kräfte in neue Rechtsnormen verlangt nach fachmännisch-juristischer Arbeit. Hier kommt wieder der Unterschied zwischen der Rechtssoziologie und der normativen Rechtswissenschaft, die beide als Teile der Rechtswissenschaft ihre Existenzberechtigung haben, ganz allgemein zum Vorschein.

---

[52] Recht und Wirtschaft, S. 30.

[53] Auch Cultur und Rechtsleben, S. 394. Marx hatte schon 1846/47 in seiner Schrift „Das Elend der Philosophie“ das Recht „die offizielle *Anerkennung* der Thatsache“ genannt. Vgl. meine Dissertation: De Marxistiese opvattingen over recht en staat, S. 112 (1928), und Marx en Engels over het Burgerlijk Wetboek, in Rechtsgeleerd Magazijn 57 (1938), S. 512 (Siehe auch unten VIII).

[54] „Das Privatrecht ist Vermögensrecht und hat als solches in tatsächlichen Zuständen, die das Vermögen und den Verkehr des Volkes bilden, seine notwendige Voraussetzung. Es erscheint also als *Ausdruck* dieser Verhältnisse, insofern es die daraus hervorgehenden Beziehungen der Menschen regeln und eine erzwingbare Norm für sie aufstellen will“, Recht und Wirtschaft, S. 28; auch u. a. S. 33, 61 und 72. Auch Marx und Engels verwandten den Begriff „Ausdruck“.

[55] Recht und Wirtschaft, S. 30: „Aus den Lebensverhältnissen werden Rechtsverhältnisse, indem die ersten in feste Normen *eingekleidet* werden.“

[56] Recht und Wirtschaft, S. 30; Cultur und Rechtsleben, S. 288.

[57] Cultur und Rechtsleben, S. VII.

[58] Cultur und Rechtsleben S. 199, wo man liest, das Recht habe die Aufgabe, die Lebensverhältnisse „entsprechend zu normiren“.

[59] Recht und Wirtschaft, S. 30.

Kraft schreibt in seinem früher erwähnten Zeitschriftenartikel[60]: „Zur Klärung der methodischen und empirischen Voraussetzungen einer Totalanalyse der Rechtsordnung hat Arnold (Kultur und Rechtsleben, Berlin 1865) beigetragen. Arnold lehnt die Volksgeistlehre und Organizismus mit klarer Begründung ab und führt die Betrachtung nach drei konstanten Elementen: der wirtschaftlichen, sittlichen und formaltechnischen Seite in die Analyse ein. Seine Darstellung ist zwar unabgeschlossen[61], aber immer unvoreingenommen und aufschlußreich." Tatsächlich haben die Werke Dankwardts und Arnolds zu einer Methode des Rechtsstudiums beigetragen, die für die Rechtssoziologie besser verwendbar ist als die der historischen Rechtsschule. Bei Arnold wurden mehr als bei Dankwardt die Beziehung und Wechselwirkung zwischen den realen, faktischen und gesellschaftlichen Verhältnissen (er spricht von „die Cultur", besonders von „die materielle Cultur", „die wirtschaftlichen Verhältnisse") und dem Recht behandelt, eine Beziehung, die von der historischen Rechtsschule zu sehr vernachlässigt worden war. Seine Erklärung sowohl der gesellschaftlichen Kräfte, die das Recht formen, als auch der Art und Weise, wie das geschieht, reicht weiter als bei Dankwardt, und diese (rechtssoziologischen) Probleme sind bei ihm schon genauer ausgearbeitet. Er lenkt seine Aufmerksamkeit außerdem auf die wirtschaftlichen, sozialen und kulturellen Lebensverhältnisse, wie sie in Wirklichkeit in der Gesellschaft bestehen, auf die „rechtliche Wirklichkeit", wie sich Sinzheimer ausdrückt[62]. Der Rechtssoziologe muß selber die gesellschaftlichen Lebensverhältnisse untersuchen. Hierauf hatte Arnold schon angespielt: „Wie das Volk, so das Recht, und wie das Recht, so das Volk, so daß erst *durch die Erkenntniß der übrigen Seiten des nationalen Lebens* die Natur des Rechts, und durch diese umgekehrt wieder die Eigentümlichkeit und das Wesen des Volks verständlich wird[63]." Nachdem er darauf hingewiesen hat, daß das Privatrecht (als Vermögensrecht) „in tatsächlichen Zuständen, die das Vermögen und den Verkehr des Volkes bilden, seine notwendige Voraussetzung" hat und der „Ausdruck dieser Verhältnisse" ist, fährt er fort: „Natürlich kommt zunächst Alles auf die Verhältnisse selbst an[64]." So führen diese Überlegungen geradewegs

[60] J. Kraft: Vorfragen der Rechtssoziologie, in Zeitschrift für vergleichende Rechtswissenschaft 44 (1930), S. 68 n. 3.

[61] Das ist nicht verwunderlich, wenn man bedenkt, daß die Rechtssoziologie als Wissenschaft noch in ihren Kinderschuhen steckt und ihre Ergebnisse vielfach nur vorläufigen, noch fragmentarischen und essayistischen Charakter tragen. Man vergleiche übrigens die diesbezügliche Erkenntnis Arnolds in: Cultur und Rechtsleben, S. 434.

[62] H. Sinzheimer: De taak der rechtssociologie (1935).

[63] Recht und Wirtschaft, S. 15.

[64] Recht und Wirtschaft, S. 28. Vgl. auch S. 36, wo Arnold das Recht, das kein „selbständiges Daseyn für sich" (vgl. von Savigny) hat, als das „Leben

zu einer Untersuchung der Grundlagen der faktischen Lebensverhältnisse der Menschen in der Gesellschaft („das äußere Leben", „die Lebensverhältnisse"): einem wichtigen Gegenstand der Rechtssoziologie. Mehr noch als Arnold untersucht sein Zeitgenosse Burkhard Wilhelm Leist, dessen Werke wir jetzt betrachten wollen, diese Fragen.

B. W. Leist (1819—1906), nacheinander Professor der Rechtsgeschichte und der Pandektenlehre in Basel, Rostock und Jena, will auch auf der historischen Rechtsschule, der er kritisch folgt, aufbauen. Ihrer seiner Meinung nach berechtigten Bekämpfung des ewigen, unveränderlichen, abstrakten und individualistischen Naturrechts schloß er sich an. Im Unterschied zu ihr basiert seine Darlegung jedoch auf der Untersuchung der realen und faktischen Lebensverhältnisse. In seinem 1859 erschienenen Buch: *„Über die Natur des Eigenthums"* schreibt er: „Ich meinerseits beschäftige mich mit einem *objectiv-Gegebenen*, der *Physis der Lebensverhältnisse* in ihrem Gegensatz und Zusammenhang mit den positiven Rechtsinstituten, und glaube damit auf dem Wege vorzuschreiten, den die historische Schule eingeschlagen hat[65]." Während die historische Rechtsschule glaubte, alle Erscheinungen des Rechts aus der „positiven Rechtssatzung der Nationen" (das positive Recht; Gewohnheits- oder Gesetzesrecht) verstehen zu können, bohrt Leist tiefer und geht weiter zu den Quellen zurück. Er will — vielleicht unter Schmids Einfluß, doch läßt sich dieser nicht nachweisen — die „Structur der factischen Lebensverhältnisse" untersuchen und analysieren[66]. Ohne Einblick in die tatsächlichen Lebensumstände ist ein genaues Verständnis des positiven Rechts nicht möglich. In dem genannten Werk: „Über die Natur des Eigenthums" untersucht er unter dem genannten Aspekt das Eigentum[67] als gesellschaftliches Rechtsinstitut und stellt fest, „daß wir zur wirklichen Erklärung des Eigenthums über die positive Rechtssatzung hinaus in *das Gebiet der factischen Organismen menschlichen Zusammenlebens* zurückgreifen müssen"[68]. Die Methode der historischen Rechtsschule muß in dem Sinn ergänzt werden, „daß neben dem historischen Studium des gewordenen Rechts noch außerdem das phy-

---

vom Leben, ein Glied der gesammten Cultur, *das nur in und mit dieser verstanden und begriffen werden kann*" sieht. Man muß die „Bedeutung der Institute im Leben" erkennen lernen (Cultur und Rechtsleben, S. 113).

[65] B. W. Leist: Über die Natur des Eigenthums, S. XIII (1859).

[66] B. W. Leist: Über die dogmatische Analyse Römischer Rechtsinstitute, S. 27 (1854).

[67] Leist und Roscher, wie schon andere vor ihnen — u. a. Locke im 17. und Rousseau im 18. Jhdt. — erklären das Eigentum (ökonomisch) aus der Arbeit (im Gegensatz dazu stehen der freiwillige Vertragsgedanke und die positivrechtliche Auffassung). Vgl. u. a.: Über die Natur des Eigenthums, S. 251, wo er von der „Arbeit" als dem „Grundprincip des Privateigenthumsrechtes" spricht. Vgl. auch Arnold: Cultur und Rechtsleben, S. 315 (1865).

[68] Über die Natur des Eigenthums, S. 275.

siologische Studium der Organismen des Privatlebens, das Naturstudium oder die Erkenntniss der Physis der Lebensverhältnisse nöthig ist“[69].

Leist verwirft die Erklärung, die die historische Rechtsschule von der Entstehung des positiven Rechts aus dem „Volksgeist“ gegeben hatte, als unzulänglich. Auch die Kritik, die *S. Schlossmann*, Professor an der juristischen Fakultät Bonn, in seinem Buch *„Der Vertrag“* (1876) an den herrschenden Methoden geübt hatte und anläßlich welcher er eine genaue Untersuchung der Elemente des „Rechtsbewußtseins“ als der Macht, die das positive Recht in letzter Instanz reguliert[70] — wobei man sich auch nach den „Verhältnissen des gesammten wirtschaftlichen und socialen Lebens“, den „Lebensverhältnissen“ richten müsse[71] — gefordert hatte, beurteilt Leist in seinem ein Jahr nach Schlossmanns Buch erschienenen Werk *„Die realen Grundlagen und die Stoffe des Rechts“* als unzureichend. Man darf zwecks einer neuen juristischen Methode nicht bei Begriffen wie Rechtsgefühl oder Rechtsbewußtsein stehen bleiben, denn sie sind nur „ein secundäres im Laufe der Geschichte sich sehr modificirendes Product des gesammten hypostatischen Elementes“[72]. Man muß die hypostatischen Elemente selber untersuchen, was Leist sehr ausführlich, oft in weitschweifigem und gekünsteltem Deutsch, in seinem zitierten Buch aus dem Jahre 1877 tut.

Leist unterscheidet im einzelnen fünf „hypostatische Elemente“ des Rechts und der Rechtsinstitute als solcher. Sie sind die „Unterlage“, „die Stoffe“, „die Grundlagen“, „die Substanz“, „das Wesen“ des positiven Rechts. Sie bilden als „Materie des Rechts“ den Hintergrund des „legalen Elements“, d. h. des Gewohnheitsrechts und des geschriebenen Rechts. Es sind dies 1. die naturalis ratio („das nach der realen Naturordnung bestehende“), 2. die civilis ratio („das im Bürgerthum und der nationalen Gemeinschaft gegebene“), 3. die utilitatis ratio („das auch immer vom Ganzen zu berücksichtigende Zweckmäßigkeitselement in Betreff der vorliegenden concreten Zustände“), 4. das voluntaristische Element („die Gestaltungskraft des Individuums, des Menschen“) und 5. „die Äquität“ („das die Individuen durchziehende Allgemeingleiche“). Wie wichtig das zuerst genannte natürliche Element auch ist, wichtiger ist die „civilis ratio“: „Aufgabe der Rechtswissenschaft ist es, diese civilis ratio nach allen Seiten hin zur vollen Erkenntnis zu bringen“ ... „Es bedarf der genauen Feststellung: wie dies Volk in Folge seiner Stammeseigenthümlichkeit, seines Wohnorts und Klimas,

---

69 Über die Natur des Eigenthums, S. 280.

70 Der Vertrag, S. 186 (1876).

71 Der Vertrag, S. 199, auch S. 281.

72 Die realen Grundlagen und die Stoffe des Rechts, S. 189 (1877).

seiner Lebensweise, seiner geschichtlichen Schicksale, seiner Wanderungen, seiner Kriegs- und Friedenserrungenschaften, dazu gekommen ist, sich diese bürgerliche Rechtsordnung zu geben; in wie weit es darin ‚original' gewesen ist, was es in seiner Berührung mit anderen Völkern und seiner Beerbung früherer Völker und Staaten von diesen enthlehnt hat[73]."

Es würde zu weit führen, hier näher auf Leists oft weitschweifige, langatmige, überladene und nicht immer klare Ausführungen einzugehen. Das oben Gesagte sollte ausreichen, um deutlich zu machen, daß seine Darlegungen manch wertvollen Baustein für die spätere Rechtssoziologie enthalten. So findet man die Determiniertheit des Rechts in seiner Entstehung und Entwicklung (genetische Rechtssoziologie) durch statische Faktoren klimatischer und geographischer Art, aber auch durch schwankende Faktoren wie die „Lebensweise" — an anderer Stelle auch die „Arbeitsweise" — der Bevölkerung und die Abhängigkeit des Rechts von diesen Faktoren, die man untereinander in einem Zusammenhang sehen muß. Wir treffen schon den später von Tarde[74] so hervorgehobenen und sicherlich überschätzten Imitations- oder Nachahmungsgedanken. Leists Anschauungen führen geradewegs zu einer genauen Untersuchung des „practischen Lebens der Menschen", d. h. zu einer Untersuchung dessen, was die moderne Rechtssoziologie die „Rechtswirklichkeit" nennt. Besonders für den letzten Punkt bedeutet Leists Werk gegenüber Dankwardt und Arnold für die Rechtssoziologie einen weiteren Fortschritt.

Erwähnen wir zum Schluß noch, daß Leist auch mehrfach den Transformationsprozeß anspricht. So schreibt er z. B., daß das Recht „an das Lebensverhältniß als den gegebenen und factisch bestehenden Stoff *angeknüpft* hat". Oder er spricht an anderer Stelle vom Eigentum als einem „aus naturalem Boden (d. h. dem Nebeneinanderstehen der Individuen) emporgewachsenen Organismus, der mit seiner natürlichen Kraft dahin drängt, auch zur *Anerkennung* im positiven Rechte zu gelangen, wenn gleich keineswegs die Rechtsquelle (Gewohnheitsrecht und Gesetz) gezwungen ist, den naturalen Zustand gleich und ganz zu adoptieren"[75]. Leist will das Problem behandeln: „Wie ... *knüpft* sich *an* die factische Unterlage des Eigenthums*verhältnisses* die *Gestaltung* des Eigenthums*rechtes*?", und er stellt sich die Frage „... wie wir uns in Genaueren das ‚*Ansetzen*' der Rechtssatzung an die schon vorhan-

---

[73] Die realen Grundlagen und die Stoffe des Rechts, S. 175.

[74] G. Tarde: Les transformations du droit (1893).

[75] Über die Natur des Eigenthums, S. 14/15 (1859). Auch S. 272. Es sei an dieser Stelle daran erinnert, daß auch Arnold von einer „Anerkennung" sprach.

denen factischen Voraussetzungen ... zu denken haben[76]." Verwendet Leist hier die Begriffe „Anerkennen", „Anknüpfen", „Ansetzen", „Gestalten", so spricht er an anderer Stelle von „Anlehnen" oder von einer „Fixirung" und „rechtlichen Consolidirung" (der faktischen Lebensverhältnisse). Manchmal erinnert seine Terminologie an den wissenschaftlichen „Überbau" der historisch-materialistischen Rechtsbetrachtung: „die thatsächliche Grundlage", ... „das reine Lebensverhältniß" ... „auf dem sich dann das Rechtsgebäude so oder so fixirt"[77].

Leist nennt seine analytische Untersuchung der „Lebensverhältnisse des *Privatrechts*", die nach seiner Meinung auch für die praktische Anwendung des Rechts von Nutzen ist, ein „juristisches Naturstudium", eine neue Wissenschaft oder besser noch einen neuen Teil der Rechtswissenschaft[78]. Der große Einfluß der Naturwissenschaften mit ihrer induktiven und exakten Methode ist wieder unverkennbar[79]. Seine Bücher sind bis zum Überdruß voll von überflüssigen und oft angreifbaren Vergleichen mit Benennungen und Bildern aus dem Bereich der Medizin, der Botanik, Chemie und Biologie. Dies ist besonders in Leists Buch „Über die dogmatische Analyse Römischer Rechtsinstitute" der Fall. In diesem Werk aus dem Jahr 1854 spürt man den Einfluß der Wirtschaftswissenschaft noch nicht. In den späteren Werken ist dies sehr wohl der Fall, Leist spricht selber von der seiner Meinung nach fruchtbaren und erfolgreichen Arbeit der historischen ökonomischen Schule (Roscher usw.) mit ihrer gleichermaßen induktiven, analytischen und empirischen Forschungsmethode. Leist unterscheidet jedoch seine analytische Untersuchung (über die „Structur der factischen Lebensverhältnisse") von der Wirtschaftswissenschaft, wie sehr er auch (mit Hinweis auf Dankwardt) die Wirtschaftswissenschaft als Hilfswissenschaft des Rechts schätzt. Er unterscheidet sie aber auch von der Rechtsgeschichte und der Rechtsphilosophie[80], wobei er den Eigenwert und die Bedeutung dieser beiden Wissenschaften[81] anerkennt.

Leists Werk ist zweifellos eine (naturwissenschaftlich orientierte) rechtssoziologische Arbeit. Wie wir sahen, umfaßt es Beiträge zur spä-

---

[76] Über die Natur des Eigenthums, S. 243 bzw. 345; im zweiten Anhang über die „juristische *Gestaltung*" des Eigentums. Diese „Gestaltung des Rechts" ist ein geistiger Prozeß. Vgl. hierüber Arnold.

[77] Über die Natur des Eigenthums, S. 272. Auch Über die dogmatische Analyse Römischer Rechtsinstitute, S. 120.

[78] Über die dogmatische Analyse Römischer Rechtsinstitute, S. 31 und 38 (1854).

[79] Ein einziges Mal verweist er auf Darwin (Die realen Grundlagen und die Stoffe des Rechts, S. 14; 1877).

[80] Nicht so Schmid.

[81] Über die dogmatische Analyse Römischer Rechtsinstitute, S. 25, 27 und 40 (1854).

teren Rechtssoziologie. Unbeschadet aller Mängel, die es unverkennbar hat, was in dieser Zeit nur zu verständlich ist, und der Einwände, die ganz sicher vom modernen rechtssoziologischen Standpunkt hiergegen zu machen sind, schlage ich mich gerne auf H. Sinzheimers Seite, der Leist sehr positiv gegen E. M. Meyers in Schutz nimmt[82]. Dieser hatte nämlich in seiner Dissertation „Dogmatische Rechtswetenschap" („Dogmatische Rechtswissenschaft") ironisch spottend geschrieben: „Wer aber meint, hier einen Mann zu finden, der in warmen Worten *das Studium der gesellschaftlichen Zustände und Einrichtungen* als etwas für eine gedeihliche Entwicklung der Rechtswissenschaft Notwendiges anpreist, irrt sich sehr. Die Aufgabe der ‚Wissenschaft des Lebens' besteht bei Leist in nicht viel anderem als dem Aufspüren einiger Natursätze und Regeln, die ihre Entstehung den Eigenschaften und Neigungen verdanken, die die Menschen *von Natur aus* haben. Daß ein Mann einen Mann nicht heiraten kann, daß man ein Kind von zwei Jahren nicht für geschäftsfähig erklären kann, das sind z. B. einige von Leists Natursätzen[83]." Dies abfällige Urteil Meyers' über Leist ist m. E. weitgehend aus der Tatsache zu erklären, daß der Leidener Professor sich nur an Leists Buch aus dem Jahr 1854 hält. Auch Hingst erwähnte in seiner Dissertation „Proeve eener geschiedenis der historische school op het gebied van het privaatrecht in Duitschland" (Versuch einer Geschichte der historischen Schule und ihres Verhältnisses zum Privatrecht in Deutschland) nur Leists „Die Bonorum Possessio" (1848) und „Über die dogmatische Analyse Römischer Rechtsinstitute"[84], doch Hingsts Dissertation erschien auch schon 1859.

Nicht nur in seiner Heimat wirkte Leists analytisches Werk „anregend", z. B. auf *Paul Müller* mit seinem schon früher zitierten Werk *„Die Elemente der Rechtsbildung und des Rechts zur Grundlegung für die realistische Begründung des Rechts"* (1877), in dem sich verschiedene Ideen Leists, besonders der Rückgriff auf die „realen menschlichen Verhältnisse" finden; auch in den Niederlanden setzten sich seine Werke durch und man spürt bei einigen Juristen seinen Einfluß. So lehnt *Tellegen* in seiner 1860 in Groningen gehaltenen Antrittsvorlesung[85] im Anschluß an Leist sowohl den Vertragsgedanken als auch das positive Recht (das Gesetz) als Grundlage des Eigentumsbegriffes ab und erklärt diesen unter ökonomischen Gesichtspunkten (gesellschaftlicher Wohlstand).

---

[82] H. Sinzheimer: De taak der rechtssociologie, S. 50 n. 1. Auch S. 16, n. 1, wo er von Leists „besonderer Bedeutung für die Kenntnis des Gegenstands der Rechtssoziologie" spricht.

[83] S. 4.

[84] S. 122, 133 f.

[85] B. D. H. Tellegen: Volkshuishoudkunde en Regtswetenschap, S. 10, 27 (1861).

Ein Jahr später ist in der juristischen Dissertation von *Van Welderen Rengers* der Einfluß Leists unverkennbar. Er schreibt nämlich: „Die historische Rechtsbetrachtung kann uns weder die Grundlagen noch die Bestimmung des Rechts zeigen; diese finden wir nur in der *Natur* und in der Bestimmung der *menschlichen Lebensverhältnisse*, deren Kenntnis die Rechtswissenschaft nach unserer Meinung zu lange vernachlässigt hat[86]." Die sich nach eigenen Gesetzen entwickelnden Lebensverhältnisse müssen erst „anerkannt" werden, um Recht zu werden („die Anerkennung", der Transformationsprozeß). Das Recht kann sich zeitweilig von diesen Lebensverhältnissen entfernen, so daß eine gewisse Inkongruenz zwischen beiden entsteht, doch zum Schluß muß sich das Recht doch wieder nach den Lebensverhältnissen richten[87]. Auf den Spuren Leists plädiert Van Welderen Rengers für ein Studium der menschlichen Lebensverhältnisse, ein (rechtssoziologisches) Studium, bei dem man sich scheinbar vom Gebiet des Rechts entfernt, doch in Wirklichkeit erst richtig in es eindringt[88].

Wir beschränken uns für diesmal auf die Schriften zur Entwicklung der Rechtssoziologie um die Mitte des vorigen Jahrhunderts, die zwar der historischen Rechtsschule (dem „Volksgeist") kritisch gegenüberstehen, doch auf ihr aufbauen wollten. Die Zeitgenossen Marx, Engels, Lorenz von Stein, von Jhering usw., in deren Werken sich sehr wertvolle und manchmal übereinstimmende Elemente für das spätere Gebäude der Rechtssoziologie finden, bleiben diesmal außer Betracht. Man trifft bei ihnen in der Tat z. T. ähnliche Ideen wie bei Dankwardt, Arnold und Leist, doch gelangten diese Vorläufer der Rechtssoziologie überwiegend auf anderen Wegen, unter dem Einfluß von anderen Lebensverhältnissen und anderen Vorstellungen, zu ihren Erkenntnissen. Genealogisch betrachtet stützen sie sich in der Wirtschaftswissenschaft und in der Philosophie auf andere geistige Strömungen. Sie sind mehr von Hegels Dialektik beeinflußt, während die hier behandelten Autoren Hegels Ideen verwerfen. Dies gilt gleichermaßen für Schmid, Dankwardt und Arnold. Schmid will sich, wie wir sahen, der kritischen Methode (wie Kant oder Hegels Gegner Fries) bedienen und wendet sich gegen die spekulativen Strömungen in der Philosophie (dies ist deutlich gegen Hegel gerichtet)[89]. Dankwardt sagt über einen Kritiker: „Als einem Schüler Hegels muß ihm über dies meine ganze Richtung mißfallen"; doch ist Dankwardts Methode das Gegenteil von

---

[86] W. J. van Welderen Rengers: Beschouwingen over het verband tusschen het Burgerlijk Regt en de Staatshuishoudkunde, S. 9 (1861).

[87] Ebd. S. 7, vgl. den gleichen Gedanken bei Arnold, oben, S. 8.

[88] Ebd. S. 9.

[89] R. Schmid: Theorie und Methodik des bürgerlichen Rechts, Vorrede S. IV und V (1848).

Abstraktion[90]. Arnold spricht von Hegels „abstracter und *hohler* Philosophie“[91].

Es muß darauf hingewiesen werden, daß verschiedene Bestandteile, die heute einen wichtigen Teil der soziologischen Betrachtung des Rechts bilden, bei Marx, Engels, von Stein, von Jhering wohl, bei den hier besprochenen Autoren aber nicht oder kaum behandelt werden. Solche Elemente bei der Entstehung des Rechts sind „der Wille“, „die Macht“, die (wirtschaftlichen, politischen und sozialen) „Interessen“, „die Gewalt“, „der Kampf“. Bei von Jhering, von Stintzing, Stricker, Gumplowicz, Vaccaro, Kato u. a. treten sie in den Jahren nach 1870 in den Vordergrund. Die Anschauungen Arnolds und Leists sind noch überwiegend quietistisch, wenngleich nicht in dem Maße wie die der historischen Rechtsschule, wohingegen besonders bei Jhering das energetische Element dominiert. In ihren Lehren wird die Bedeutung der gesellschaftlichen Gruppenbildung (Klassen, Stände, Kasten, Parteien usw., ihre Konfrontation, ihre Machtverhältnisse, ihre Interessen, ihre Parolen, ihr gegenseitiger Konflikt usw.) für das Recht nicht genügend beachtet. Erst in den beiden letzten Jahrzehnten des vorigen Jahrhunderts war dies mehr der Fall[92], wobei Namen wie Gumplowicz oder der seines Schülers Vaccaro und anderer sich aufdrängen. Zu diesem Zeitpunkt durchdringen sich Physiologie und Psychologie, gewinnt das psychologische Element auch für das Recht an Bedeutung. Zwar hatte Leist schon 1859 die Aufmerksamkeit auf die Bedeutung des Willens, des Bewußtseins, für die Entstehung des Rechts gelenkt und diese Gedanken 1877 etwas weiter ausgeführt (die Transformation, die „Gestaltung“ als geistiger Prozeß)[93], doch erst Schlossmann (1876) und Stricker (1884) sollten der Rolle des Bewußtseins für die Entstehung des Rechts mehr Aufmerksamkeit schenken und das Rechtsbewußtsein analysieren. Zum Schluß sei darauf hingewiesen, daß auch die ethnologische Rechtswissenschaft, die wertvolle Vorarbeiten für die spätere Rechtssoziologie leistete, erst um 1880 einen Aufschwung nahm (Bachofen, Post, Kohler, Achelis, Sumner Maine, Morgan, Letourneau u. a.). Auch hierzu hatte Leist schon beigesteuert. In „Die realen Grundlagen und

---

[90] H. Dankwardt: Nationalökonomisch-civilistische Studien, S. 17 (1862).

[91] W. Arnold: Cultur und Rechtsleben, Vorrede, S. XXII (1865).

[92] Auch Marx, Engels und L. von Stein hatten hierauf ihre Aufmerksamkeit gelenkt. Auch Arnold war das Problem natürlich nicht entgangen. Dies wird deutlich, wenn er schreibt, daß das Recht langsam komplizierter und der Zusammenhang mit dem Leben weniger deutlich wird, und zwar in dem Maße, wie auf wirtschaftlichem Gebiet die Arbeitsteilung zunimmt und *Stände* und *Klassen* für das Recht an Bedeutung gewinnen (Cultur und Rechtsleben, S. 371; 1865).

[93] Vgl. hierzu n. 76, auch weiter Leist: Die realen Grundlagen und die Stoffe des Rechts, S. 203: „Die Gestaltung des Rechts ist die Entfaltung des menschlichen Geistes nach der Seite der Socialen Ordnung hin“.

die Stoffe des Rechts" (1877) beschäftigte er sich schon (in bezug auf Ehe, Eigentum und Vertrag) mit den „vorgeschichtlichen Zeiten", den „Urzuständen"[94]. Aus Anlaß seiner späteren, im reifen Alter geschriebenen Werke „Gräkoitalische Rechtsgeschichte" (1884) und „Alt-arisches ius gentium" (1889) nennt Post Leist den Vertreter einer „allgemeinen arischen Rechtsgeschichte als einer besonderen Rechtslehre"[95].

Die hier behandelte Phase in der Entwicklung der Rechtssoziologie ist bisher noch nicht systematisch im Zusammenhang untersucht worden. Die hier besprochenen Verfasser und ihre Werke, von einigen die „junghistorische", bisweilen auch „post-historische" Schule genannt, sind in den Niederlanden wenig bekannt. Insoweit hätten wir auch von fast „vergessenen" Beiträgen zur Entwicklung der frühen rechtssoziologischen Wissenschaft sprechen können.

Der Leser wird vermutlich zustimmen, daß diese Autoren in verschiedener Hinsicht wichtig sind, um so mehr als Autoren wie Dankwardt und Leist, wie oben deutlich wurde, verschiedene niederländische Juristen des vorigen Jahrhunderts beeinflußt haben (Tellegen, Van Welderen Rengers, De Bosch Kemper, Modderman). Sie verdienen m. E. eine einigermaßen ausführliche Darstellung. Mögen sie auch keine vollständige Rechtssoziologie enthalten und mögen die rechtssoziologischen Anwendungen noch bruchstückhaft und unvollständig sein, für verschiedene Einzelprobleme haben Dankwardt, Arnold und Leist der späteren Rechtssoziologie bereits den Weg gewiesen.

---

[94] S. 14 und 153.

[95] A. H. Post: Über die Aufgaben einer allgemeinen Rechtswissenschaft, S. 83 (1891). Später erschien noch Leists „Alt-arisches jus civile" (1892—1896). W. van der Vugt hat in seinem Werk: Algemeene Inleiding tot de Rechtsgeleerdheid (1925) an verschiedenen Stellen auf diese späteren Werke Leists hingewiesen und daraus geschöpft. Siehe auch P. S. Tichelaar: Het Romeinsche recht en de historische school (1897), S. 8.

III.

STELLUNG UND BEDEUTUNG DER RECHTSSOZIOLOGIE IM RAHMEN DER RECHTSWISSENSCHAFT*

Wenn man gemeinhin sagt: „die Wirtschaftswissenschaft beginnt mit Adam Smith" (An inquiry into the nature and causes of the wealth of nations, 1776) und: „die Rechtssoziologie beginnt mit Auguste Comte" (Cours de philosophie positive, 1830—1840), so sind das nur sehr relative Wahrheiten. In beiden Fällen gab es Vorläufer und Wegbereiter, die verschiedene Einzelheiten zur Ausprägung dieser jungen Wissenschaften beigetragen haben, jung im Hinblick auf ihre Eigenständigkeit und Selbständigkeit. Das gleiche gilt für die Rechtssoziologie, soweit sie Aspektsoziologie ist: es gibt viele Prärechtssoziologen, die ihr den Weg bereitet und dazu verholfen haben, ein spezieller Wissenszweig zu werden[1].

Wie Dooyeweerd mehrfach bemerkt hat, wurden in der Entwicklung der Rechtssoziologie[2] in bestimmten Perioden oft bestimmte Aspekte verabsolutiert. In der ersten Hälfte des 19. Jhdts. vor allem die Geschichte, die im 18. Jhdt. (Gibbon, Voltaire u. a.) so große Bedeutung für die Geisteswissenschaften, auch für das Recht, gewonnen hatte. Die historische Rechtsschule führte von der Spekulation weg und wandte sich weitgehend den Rechtstatsachen zu. Sie lieferte der Rechtssoziologie wertvolle Einzelerkenntnisse. Eine historische Betrachtungsweise steht an und für sich der Rechtssoziologie nicht im Wege (man denke an Montesquieu, den Vorläufer der Rechtsgeschichte, der Rechtsvergleichung und der Rechtssoziologie[3]), sie darf aber nicht in Historismus aus-

* Place et signification de la sociologie juridique dans le cadre de la science du droit, in Philosophy and Christianity, 1956, S. 277—294.

[1] Für die Niederlande J. Valkhoff: Rechtssociologische elementen in de nederlandse rechtswetenschap van de XIXde eeuw (1955).

[2] Leo Fishmann sagt in seinen Prolegomena zu einer Soziologie des Rechts, in Österreichische Zeitschrift für öffentliches Recht 1959, S. 297—307, S. Pachmann habe in einer Rede vor der Jahresversammlung der Juristenvereinigung an der Universität St. Petersburg (14.—26. Februar 1882) als erster den Terminus „Soziologie" (oder Physiologie) des Rechts verwandt. Es stimmt also nicht, wenn Y. Dror in: Prolegomenon to a Social Study of Law, in Journal of Legal Education 13, S. 148 n. 67 D. Anzilotti als den ersten bezeichnet, der 1892 den Terminus „Rechtssoziologie" verwandt habe.

[3] Vgl. Mens en Maatschappij, die Montesquieu gewidmete Nummer vom 15. November 1948.

arten, was oft in zu hohem Maße bei der historischen Rechtsschule der Fall war. Der Historismus bildete zusammen mit einem nebulösen Begriff wie dem „Volksgeist"[4] für die rechtssoziologischen Erkenntnisse der historischen Rechtsschule ein Hindernis. Diese übte das ganze 19. Jhdt. hindurch, auch in den Niederlanden, einen so großen Einfluß auf die Juristen aus[5].

Im weiteren Verlauf des 19. Jhdts. gewann unter dem Einfluß der Naturwissenschaften (vor allem Darwins) und ihrer erstaunlichen Fortschritte eine naturbezogene Denkweise — Begriffe wie Induktion, Exaktheit, Evolution, Kausalität, Gesetzmäßigkeit, (angebliche) Gewißheit — die Oberhand: man erkannte den Einfluß der Natur auf das Recht und den Einfluß der Naturwissenschaft mit ihren Methoden, Vorstellungen und Problemstellungen auf die Rechtswissenschaft an[6], wobei man aber nicht genügend im Auge behielt, daß sich eine naturwissenschaftliche Untersuchung auf andere Erscheinungen als eine Untersuchung im Bereich des Rechts bezieht und Experimente hier unter ganz anderen Umständen stattfinden. Daneben gab es die Wirtschaftswissenschaft als junge, selbständige Wissenschaft, wobei man wiederum den Einfluß der ökonomischen Verhältnisse auf das Recht (kausal? funktional?) und umgekehrt, und den Einfluß der Wirtschaftswissenschaft auf die Rechtswissenschaft und umgekehrt (historisch-ökonomische Schule und historische Rechtsschule), unterscheiden muß. Marx und Engels, obwohl keine Berufsjuristen, haben, wie Sombart dargelegt hat[7], wertvolle Beiträge zur Rechtssoziologie geliefert. Wie Comte vor ihnen und Spencer nach ihnen wollten sie ein großes System errichten. Mehr als allen anderen gelang ihnen mit der — zu einseitigen

---

[4] I. Kisch ebd., S. 346. In jüngerer Zeit wurde an der Lehre vom „Volksgeist" als unabhängiger (historischer) Rechtsquelle von H. Coing in: Méthode sociologique et droit, Rapports présentés au Colloque de Strasbourg (26 au 28 novembre 1956), S. 111 (1958) Kritik geübt. Vgl. auch M. Orestano, S. 169 und C. J. Friedrich: Die Philosophie des Rechts in historischer Perspektive, S. 84 f. (1955); R. Gmier: Savigny und die Entwicklung der Rechtswissenschaft, S. 36 (1962).

[5] J. D. Dengerink: Critisch-historisch onderzoek naar de sociologische ontwikkeling van het beginsel der 'souvereiniteit in eigen kring' in de 19e en 20e eeuw (Dissertation an der Freien Universität zu Amsterdam, Doktorvater H. Dooyeweerd), 1948. H. Zeylemaker Jzn.: Praktijk en Rechtswetenschap (1926).

[6] Gegen eine naturalistische Methode im Recht wendet sich („gefährliche Illusion") N. Okma: Werkelijkheid en beginsel in het vereenigingsrecht, S. 3 (Antrittsvorlesung an der Freien Universität zu Amsterdam, 1946), desgl. Dooyeweerd in: Algemeen Nederlands Tijdschrift voor Wijsbegeerte en Psychologie, Juni 1934. Über das spätere naturalistisch orientierte soziologische Werk von E. Ehrlich: J. D. Dengerink in Rechtsgeleerd Magazijn Themis 1963, S. 8 f.

[7] W. Sombart in Braun's Archiv XXVI (1908), S. 429—450. Ebenso Bouglé in Revue de Métaphysique et de Morale, Nov. 1908. Anders R. Maunier: L'économie politique et la sociologie, S. 36 n. 1 (1910).

— Betonung der ökonomischen Faktoren, der — späteren — Anerkennung der geographischen und klimatischen Faktoren, dem Gedanken vom Rückwirken des juristischen „Überbaus“ (dialektischer Kausalzuzusammenhang), von einem Zusammenhang zwischen den verschiedenen Elementen des ideologischen „Überbaus“, vom Einfluß der Tradition, von der Rolle bedeutender Männer und der Gruppenbildung (Klassen), eine „Totalanalyse“ (J. Kraft). Deshalb sind die im ersten Teil meiner Dissertation (1928)[8] behandelten Vorläufer der marxistischen Rechts- und Staatslehre in verschiedener Hinsicht als Vorläufer der Rechtssoziologie und der Staatssoziologie anzusehen.

Die (empirische) Psychologie gewinnt mit ihrem Aufkommen im letzten Viertel des vorigen Jahrhunderts für die Rechtswissenschaft an Bedeutung. Man schenkt dem im Menschen lebendigen Bewußtsein dessen, was vom Standpunkt der Gerechtigkeit geschehen muß, und dem Wirken und der Funktion des Rechtsbewußtseins mehr Aufmerksamkeit: dies gilt für H. Krabbe und mit eher rechtssoziologischem und sozialpsychologischem Anstoß und empirisch-analytischer Methodik für dessen Schüler und Nachfolger als Professor in Leiden, R. Kranenburg[9].

So entwickelte sich die Rechtssoziologie in Verbindung mit den anderen Wissenschaften (Geschichtswissenschaft, Naturwissenschaft, Wirtschaftswissenschaft, Psychologie), und deren Entwicklung hing wiederum ganz allgemein mit der gesellschaftlichen zusammen. Heute tendiert die Rechtssoziologie weniger zur Vereinfachung und zur Isolierung. Sie ist weniger eindeutig. Die moderne Rechtssoziologie will integral „die ganze Wirklichkeit erfassen“[10], sie will multilinear und multikausal alle Elemente in ihrer Vielfalt und Komplexität mit ihren sehr komplizierten Wechselwirkungen umgreifen: ideelle und reale Elemente, statische und veränderliche Elemente, Macht und Überzeugung (Idee), gesellschaftliche Notwendigkeit (Nutzen) und gesellschaftliches Ideal, logische Elemente und moralische Wertvorstellungen, Erfahrung und Aufbau. Sie will bestimmte Einzelgedanken wie z. B. das natürliche Milieu bei Montesquieu, die Produktionsweise bei Marx usw. nicht mehr überbewerten.

Die Rechtsphilosophie macht es sich zur Aufgabe zu untersuchen, was das Recht ist. Diese schon sehr alte Teilwissenschaft forscht nach Ursprung, Wesen und Ziel des Rechts und sucht ein Ideal-Recht, dem das

[8] De Marxistiese opvattingen over recht en staat, 1928.

[9] Rapports de W. J. de Langen und R. A. V. Baron van Haersolte, im Auftrag der Vereniging voor Wijsbegeerte des Rechts, XXXXIV (1959/1961).

[10] J. J. M. van der Ven, in Handelingen van de Vereniging voor Wijsbegeerte des Rechts XXXVII (1953), II, 38. Gurvitch verwendet den Begriff „l'ensemble“.

Recht nach den Maßstäben der Gerechtigkeit gleichen soll. Daneben betrachtet heute die Rechtssoziologie als junge Teildisziplin das Recht empirisch im gesellschaftlichen Zusammenhang. Diese Soziologie des Rechts untersucht das tatsächliche Zustandekommen, die Veränderung und auch das Verschwinden, vor allem aber die Wirksamkeit — d. h. auch außerhalb des Bereichs der Rechtssoziologie — der Rechtsnormen und Rechtsinstitute in der Gesellschaft. Rechtsphilosophie und Rechtssoziologie betreffen beide das Recht, doch haben sie, jede mit eigener Aufgabenstellung und Methode, einen eigenen Platz und eine eigene Bedeutung im Gesamtgebäude der Rechtswissenschaften. I. Kisch drückt sich in diesem Zusammenhang wie folgt aus: „Die Rechtsphilosophie sucht ein besseres, höheres Recht hinter allen Erscheinungsformen des Rechts, die Rechtspsychologie und die Rechtssoziologie suchen die Tatsachen hinter den Erscheinungsformen des Rechts, wobei die Rechtssoziologen (Sinzheimer, Timasheff) sich vor allem für die sozialen und nach außen gerichteten Faktoren, die Rechtspsychologen für die individuellen und nach innen gerichteten Faktoren interessieren[11]."

Oft kann und konnte man eine Vermischung von Rechtssoziologie und Rechtsphilosophie (mit allgemeiner Rechtslehre) beobachten. Ein Beispiel einer solchen Vermengung war R. Schmids 1848 erschienenes Werk „Theorie und Methodik des bürgerlichen Rechts". Als um 1880 in den Niederlanden mit Hamaker, der auch nicht immer genau zwischen Rechtssoziologie und Rechtsphilosophie unterschied, die Rechtssoziologie aufkam, herrschte noch der Rechtspositivismus des 19. Jhdts. mit einer auf induktivem Weg gewonnenen allgemeinen Rechtslehre vor. Später gewann die Rechtsphilosophie wieder an Boden (Stammler u. a.), die Abgrenzung zwischen Rechtsphilosophie und Rechtssoziologie wurde bedeutsam. In jüngster Zeit hat R. L. Drilsma zu Recht Sinzheimers nachgelassenes, 1948 in den Niederlanden herausgegebenes Fragment „Theorie der Gesetzgebung", das den Untertitel „Die Idee der Evolution im Recht" trägt, als Bestreben „einer rechtssoziologischen und rechtsphilosophischen Untermauerung der ... legislativen Rechtswissenschaft" charakterisiert[12], folglich als „philosophisch-soziologisches" Werk[13].

[11] Het privaatrecht tegenover het voldongen feit (Privatrecht und vollendete Tatsache). Rede vor der Abteilung für Rechts- und Politikwissenschaft der Provinciaal Utrechts Genootschap van Kunsten en Wetenschapen, 19. Mai 1949, S. 68.

[12] In Rechtsgeleerd Magazijn Themis 1949, Vol. 6, S. 537. Vgl. auch Zeitschrift für schweizerisches Recht 69 (1950), Teil 1, S. 94.

[13] J. J. Boasson in Bestuurswetenschappen, Juli 1949. Die Antrittsrede Sinzheimers an der Universität Amsterdam „Das Problem des Menschen im Recht" (1933) gehört sowohl in den Bereich der Rechtssoziologie wie der Rechtsphilosophie.

Wie schon Durkheim wendet sich auch A. Cuvillier gegen eine Vermischung von Soziologie und Philosophie[14]. Der erste Professor der Soziologie in den Niederlanden, W. A. Bonger, warnte schon vor einer Vermengung von Philosophie und Soziologie. Für Bonger, einen positivistischen und empirischen Juristen und Soziologen, gab es schwarze Schafe[15]: er stand jeglicher Philosophie feindlich gegenüber. Dies erklärt sich vielleicht aus der Aversion, die er — genau wie der bekannte Ethnologe, Soziograph und Soziologe Steinmetz — dem Einfluß der deutschen abstrakten Philosophie auf die damalige Soziologie entgegenbrachte.

Ich habe, glaube ich, schon früher gezeigt, daß die marxistische Rechtsbetrachtung, die eine soziologische ist, mit verschiedenen philosophischen Betrachtungsweisen[16] vereinbar ist. Das gilt auch ganz allgemein für die Rechtssoziologie; sie ist nicht an eine einzige, bestimmte Rechtsphilosophie gebunden[17]. Wie Kisch sich gegen die enge Verkoppelung von Rechtspsychologie und Rechtsphilosophie wendet, muß man auch Rechtssoziologie und Rechtsphilosophie trotz ihrer Nähe und Interdependenz genau voneinander trennen. Die Rechtssoziologie darf sich aber nicht, wie Bonger meinte, gegen die Rechtsphilosophie als solche stemmen. Man kann aber auch wie z. B. J. Kraft im Anschluß an J. D. Dengerink[18] einen zu großen Unterschied zwischen diesen beiden Disziplinen machen. Die Rechtssoziologie muß sich vor philosophischen Spekulationen hüten, doch benötigt sie manchmal die Hilfe der Rechtsphilosophie, z. B. um Recht und Moral[19] voneinander zu unterscheiden oder um rechtserhebliche Tatsachen als Gegenstand der Rechtssoziologie.festzulegen (Rechtsspezifikation). Auch für den Rechtssoziologen sind ontologische Probleme von Interesse. Die Rechtssoziologie kann vor allem aus Logik, Erkenntnistheorie, Methodik und Wissenschaftstheorie Nutzen ziehen. „Rechtssoziologie und Rechtsphilosophie müssen Hand in Hand gehen[20].“ Über den Nutzen und die Bedeutung der Rechtssoziologie für die Rechtsphilosophie werden wir im folgenden noch ausführlich sprechen.

---

[14] A. Cuvillier: Où va la sociologie française? (1953).

[15] W. A. Bonger: Verspreide Geschriften, Teil I, S. XXVII und XXVIII (1950).

[16] Praeadvies en Handelingen van de Vereniging voor Wijsbegeerte des Rechts 1933. Vgl. auch Handelingen 1937 (XXIV, Teil 2), S. 29.

[17] Über die gleiche Auffassung bei Gurvitch: J. D. Dengerink, in Philosophia Reformata, 1960, S. 9: „Denn die Soziologie kann sich als Wissenschaft nicht einer bestimmten philosophischen Lehrmeinung anschließen“. Vgl. auch J. J. M. van der Ven: Rechtsphilosophie in den Niederlanden heute, Zweiter Teil: Die Jahre 1940—1960, in ARSP 49 (1963), S. 282.

[18] Rechtsgeleerd Magazijn Themis, 1963, S. 29.

[19] G. Gurvitch: Sociology of Law, S. 52 (1942) und seinen Artikel in Cahiers internationaux de sociologie, 1957.

[20] Carlos Gits: Recht, persoon en gemeenschap, S. 33 (1949).

Der Rechtshistoriker — die Rechtsgeschichte beginnt bereits mit Montesquieu — untersucht die Rechtsvorschriften und Rechtsinstitute in der Vergangenheit. Der Rechtssoziologe untersucht, wie und wodurch die Rechtsvorschriften und Rechtsinstitute entstehen, sich verändern oder verschwinden, und wie sie in der Gesellschaft funktionieren. Wenn sich auch beide Wissenschaften mit dem Recht befassen, sind sie doch „Ist-Wissenschaften". Bei der Rechtsgeschichte liegt der Nachdruck mehr auf den Rechtsnormen, bei der Rechtssoziologie mehr auf dem Sozialen. Die Rechtssoziologie kann ohne die Rechtsgeschichte nicht auskommen. Rechtssoziologie setzt Kenntnis der Rechtsgeschichte voraus[21]. J. H. Hamaker, der die Rechtssoziologie in den Niederlanden einführte[22], war vom großen Wert der Rechtsgeschichte überzeugt. Historisches Verständnis des Rechts in der Vergangenheit läßt einen die rechtliche Wirklichkeit in der Gegenwart besser verstehen. Über die Bedeutung und den Nutzen der Rechtssoziologie für die Rechtsgeschichte wird im folgenden noch gesprochen werden.

Auch für die Rechtsvergleichung kann man wieder bis auf Montesquieu[23] zurückgehen. G. Gurvitch hat nachgewiesen, daß Montesquieu eine zu enge Verbindung zwischen Rechtssoziologie und Rechtsvergleichung herstellte[24]. Der Vergleich verschiedener Rechtssysteme in den einzelnen Ländern gehört nicht speziell zur Aufgabe der Rechtssoziologie. Wenn man aber die Übereinstimmungen und Unterschiede zwischen verschiedenen Rechtsordnungen untersucht und ihren Ursachen nachspürt, wird man nicht zögern, rechtssoziologisch vorzugehen, genau wie der Rechtshistoriker, wenn er die historische Entwicklung des Rechts in seinem gesellschaftlichen Zusammenhang untersucht. Auch vom Wert der Rechtsvergleichung war Hamaker überzeugt. Die Rechtssoziologie verdankt der Rechtsvergleichung — man denke an Post, Steinmetz, Maine, Morgan, Letourneau u. v. a. — viel.

Während die Rechtssoziologie nicht darüber zu urteilen hat, was sein soll, sondern die Rechtszustände, das Verhalten der Menschen in der Wirklichkeit, beschreibt, erforscht und erklärt, gibt es daneben die dogmatisch-normative Rechtswissenschaft. „Dogmatisch" nicht im Sinne der spezifisch dogmatischen Methode des 19. und beginnenden 20. Jhdts., sondern eher im Sinne von von Jherings Auffassung von Wissenschaft, der das geltende positive Recht beschreiben will[25]. „Nor-

[21] A. Cuvillier: Où va la sociologie française?, S. 12, 174 und 175 (1953).

[22] Dogmatische en empirische rechtsbeschouwing (1884) und Het Recht en de Maatschappij (1888). Vgl. J. Valkhoff: Rechtssociologische elementen in de nederlandse rechtswetenschap van de XIXe eeuw (1955).

[23] Mens en Maatschappij, Montesquieu-Nummer vom 15. November 1948 (I. Kisch: Montesquieu en de rechtsvergelijking).

[24] La sociologie juridique de Montesquieu in Revue de Métaphysique et de Morale, 1939, S. 622.

mativ" nicht im Sinne von Kelsen, der die gesamte Rechtswissenschaft als eine rein normative Wissenschaft im Gegensatz zur empirischen und kausalen Wissenschaft charakterisiert, sondern weil es ausschließlich um die Normen geht, die den Menschen ihre Verhaltensweisen vorschreiben[26]. „Praktische" Rechtswissenschaft, wo es um das Aufstellen von bindenden Verhaltensnormen (Gesetzgebung) und die Anwendung der geschriebenen und ungeschriebenen Normen auf die konkreten Verhältnisse durch Entscheidungen (Rechtsprechung) geht.

Dooyeweerd schrieb über die Rechtssoziologie: „Sowohl durch ihre im allgemeinen positivistische, pseudonaturwissenschaftliche Denkmethode als auch die Neigung zur Verabsolutierung der von ihr entdeckten typischen Rechtsbereiche, wurde sie zu einer Gefahr für die Rechtswissenschaft, um so mehr, als sie die sog. dogmatische Rechtswissenschaft vielfach nicht als Wissenschaft anerkannte[27]." Tatsächlich wurde die Rechtssoziologie oft überschätzt; besonders von Hamaker („Het recht en de maatschappij" 1888 — „Das Recht und die Gesellschaft"), der die normative Seite außer acht ließ und die Rechtssoziologie als die Rechtswissenschaft schlechthin betrachtete[28]. Auch Eugen Ehrlich, der Wegbereiter der Rechtssoziologie[29], vergaß, daß die Rechtssoziologie nur ein Teil der gesamten Rechtswissenschaft ist. Ehrlich betrachtete das Recht nämlich als eine Beschreibung der tatsächlichen zwischenmenschlichen Verhaltensweisen, obwohl er daneben auch „Entscheidungsnormen"[30] anerkannte. Das Recht ist jedoch mehr als eine naturalistische, kausale und funktionale Betrachtung der Tatsachen. Die Normen sind aus den Tatsachen nicht ohne weiteres abzuleiten. Auch F. W. Jerusalem machte sich in seinem Werk „Kritik der Rechtswissenschaft" (1949) der Über-

---

[25] Vgl. G. E. Langemeijer: Juridische dogmatiek. Mededelingen der Koninklijke Nederlandse Akademie van Wetenschappen. Section f. Literaturwissenschaft. N. S. Bd. 25, Nr. 10.

[26] J. M. Polak: Theorie en praktijk der rechtsvinding, S. 18 (1953).

[27] Nederlands Tijdschrift voor Wijsbegeerte en Psychologie, Juni 1954, S. 192 (dogmatische Rechtswissenschaft im Sinne von Dooyeweerd).

[28] Was für Hamaker und die Niederlande gilt, gilt für Ignatz Kornfeld und Deutschland: Allgemeine Rechtslehre und Jurisprudenz (1920).

[29] Grundlegung der Soziologie des Rechts (Ausgaben 1913 und 1929). Vgl. Dooyeweerd in dem Sammelband: Opstellen op het gebied van recht en staat, aangeboden aan Prof. Dr. A. Anema en Prof. Dr. P. A. Diepenhorst (1949), S. 230: „Monopol auf die soziologische Rechtswissenschaft". J. D. Dengerink in Rechtsgeleerd Magazijn Themis, 1963, S. 8 f. In seinem Buch: Maatschappij en Recht (1960) nennt H. J. Pot Ehrlich „den Schöpfer der Rechtssoziologie" (S. 9). Neuere Literatur über Ehrlich: Clarence Morris in: The Great Legal Philosophers, § 18 (Fundamental principles of the sociology of law); H. L. A. Geck: Zur Sozialreform des Rechts, S. 61 (1957); L. Fishmann in: Prolegomena zu einer Soziologie des Rechts, in Österreichische Zeitschrift für öffentliches Recht (1959). M. Rehbinder: Die Begründung der Rechtssoziologie durch Eugen Ehrlich (1967).

[30] Hans Huber: Recht, Staat und Gesellschaft, S. 18 (Bern 1954).

schätzung schuldig, denn er schreibt: „So ist die Soziologie das Naturrecht unserer Zeit[31]."

Die Rechtssoziologie ist nur ein Zweig, ein junger Trieb, der allgemeinen Rechtswissenschaft. Gurvitch schreibt zu Recht in seinem Buch „Sociology of Law" (1942): „... we have already pointed out the impossibility for the sociology of law to take the place of a theory of law" (S. 66). Und Hans Peter schreibt in seiner Zürcher Dissertation „Wandlungen der Eigentumsordnung und der Eigentumslehre seit dem 19. Jahrhundert": „Neben soziologischer und politischer Betrachtung des Rechts besitzt aber die juristische Dogmatik ihren legitimen Platz im Kreise der rechtswissenschaftlichen Disziplinen, und sie verwendet für ihre Aufgabe der systematischen Bearbeitung und begrifflichen Erfassung des geltenden Rechts notwendigerweise ihre eigenen Kategorien" (S. 17). Die Rechtswissenschaft geht nicht in der Rechtssoziologie auf[32]. Im Bewußtsein ihrer eigenen Grenzen[33] und des bescheidenen Platzes kann die Rechtssoziolgie der normativen Rechtswissenschaft und der Rechtspraxis jedoch von Nutzen sein. Auf diesen Punkt werden wir noch zurückkommen.

Rechtsphilosophie, Rechtsgeschichte und Rechtsvergleichung gehören jede mit ihrem spezifischen Gegenstand zusammen mit der im Zentrum stehenden normativen Rechtswissenschaft zu den Rechtswissenschaften[34] und im System der Fakultäten der niederländischen Hochschulen zur juristischen Fakultät; sie müssen von einem ausgebildeten Juristen gelehrt werden[35]. Das gleiche gilt auch für die Rechtssoziologie, denn ihr Erkenntnisgegenstand ist die soziale Wirklichkeit des Rechts. Deshalb steht auch für sie die Rechtsordnung im Mittelpunkt[36]. Ein Nichtjurist kann sich keine ausreichende Vorstellung von Rechtsprinzipien, Rechtsbegriffen, Rechtstechniken, Rechtsverfahren und Rechtstermini machen,

---

[31] Vgl. J. J. M. van der Ven: Rechtssociologische aantekeningen bij de Arbeidwet van 1919, in Sociaal Maandblad Arbeid, Mai 1958.

[32] B. H. Kazemier: Gerechtigheid en belangenwaardering, Vortrag gehalten vor der Vereniging voor Wijsbegeerte des Rechts, 1952, S. 10.

[33] E. Fechner: Sociologie chez les philosophes du droit allemand, in Rapports présentés au Colloque de Strasbourg 26 au 28 novembre 1956, S. 80 (1958).

[34] C. van Vollenhoven spricht in seiner Antrittsrede Leiden 1901 („Exacte rechtswetenschap") ausschließlich von einem Studium des systematischen, historischen und vergleichenden Rechts; er erwähnt weder die Rechtsphilosophie (dies ist für die damalige Zeit des Rechtspositivismus symptomatisch) noch die Rechtssoziologie (obwohl er die Bedeutung der Soziologie begriff).

[35] Nicht als Pflichtfach für das Rigorosum, wie Justizminister Donker in seiner Rede vom Oktober 1953 vorgeschlagen hat, sondern, meiner Meinung nach, als Wahlfach für das Rigorosum.

[36] „Perhaps its most important methodological problems are associated with the normative character of law", sagt Y. Dror in: Prolegomenon to a Social Study of Law, Journal of Legal Education 13, Nr. 2, S. 148.

deren Verständnis und Kenntnis für die Beschäftigung mit der Rechtssoziologie unerläßlich sind. In dem Maße, wie die Rechtsgeschichte eine historische Disziplin ist, ist die Rechtssoziologie als spezielle Aspektsoziologie ein Teil der allgemeinen Soziologie[37]. Der Jurist, der sich mit ihr befaßt, muß soziologisch interessiert und genügend soziologisch geschult sein. Obwohl eine empirische „Ist-Wissenschaft", legt die Rechtssoziologie das Schwergewicht auf die Rechtsnormen, sie bezieht sich immer auf das normative Recht und dient dem Recht als einem Gefüge von Verhaltensmaßregeln.

Die Rechtssoziologie untersucht auf empirische Weise die für die normative Rechtswissenschaft erheblichen Fakten, Zustände und Verhältnisse in ihrem gesellschaftlichen Zusammenhang. Sie untersucht des weiteren ihre Verbindung mit den anderen gesellschaftlichen Erscheinungen, den nicht-juristischen Tatsachen. Die Rechtssoziologie als „Erfahrungswissenschaft" befaßt sich mit dem tatsächlichen Rechtsleben[38] (dem Sollen): wie ist etwas in der empirischen Wirklichkeit beschaffen, warum ist es so, wodurch (kausal oder funktional) ist es so? Obwohl selber keine normative Wissenschaft, bezieht sie sich doch immer auf die Rechtsnormen, nimmt sie zum Ausgangspunkt und hat sie im Auge. Durch diesen Bezug auf das Recht unterscheidet sich die Rechtssoziologie von der übrigen Soziologie[39]. Die Abgrenzung, Klassifizierung und Spezifizierung stehen am Anfang: Zuerst muß bestimmt werden, welche von sich aus nicht-juristischen Fakten und Umstände rechtserheblich sind, d. h. mit den Normen des rechtlichen Sollens zusammenhängen, Normen, die bereits bestanden, bestehen oder noch geschaffen werden müssen. Diese Zuordnung zum Bereich der Rechtssoziologie ist eine intellektuelle Arbeit, eine Würdigung, die der Jurist leisten muß[40]. Die Rechtssoziologie ist keine Untersuchung der gesellschaftlichen Zu-

---

[37] Es wäre wünschenswert, dem Rechtsstudenten einige Grundbegriffe der allgemeinen Soziologie beizubringen, damit er ein gewisses Verständnis für soziale Probleme bekommt; das hat jedoch nichts mit der Einbeziehung der Rechtssoziologie als eigenes Fach in die Doktorprüfung zu tun. Vgl. auch: A. Doucy bei L. E. Troclet: Eléments de droit social, S. VIII (1963); N. H. van Esveld: Arbeidsrecht als didaktisch begrip (1953); J. J. M. van der Ven in: Staatslexicon Recht, Wirtschaft, Gesellschaft, Stichwort Rechtssoziologie, S. 682; Nederlands Juristenblad 1954, S. 14 und 25. „Law and Sociology, Exploratory Essays" (1961).

[38] H. Dooyeweerd in Opstellen op het gebied van recht, staat en maatschappij, aangeboden aan Prof. Dr. A. Anema en Prof. Dr. P. A. Diepenhorst, S. 224 und 230 (1949).

[39] Die von J. P. A. Mekkes in der Versammlung der Vereniging voor Wijsbegeerte des Rechts 1952 aufgeworfene Frage, was die Rechtssoziologie von jeder anderen empirischen Soziologie unterscheide, blieb unbeantwortet (Handelingen XXXVII, Teil 2, 1952, S. 19).

[40] G. Gurvitch: Sociology of Law, S. 52 (1942), der den Nutzen, den die Philosophie herbei leisten kann, unterstreicht. I. Kisch in seinem Vortrag vor der Nederlandse Sociologische Vereniging, 1956.

stände, wie J. C. van Oven einmal schrieb[41], sondern eine Untersuchung solcher Zustände, die spezifisch für das Recht als Gefüge von Vorschriften relevant sind[42].

Sinzheimer kam zu einem anderen Urteil: auch die Normen der Moral, des Anstandes, der Religion usw. waren seiner Meinung nach Gegenstand der Rechtssoziologie[43]. Diese Auffassung geht m. E. zu weit. Es gibt zwar oft einen Zusammenhang zwischen dem Recht als Gesamtgefüge von Normen und der Ethik, der Religion usw., und es gibt manchmal eine Vermischung von beiden, insofern z. B. sittliche Normen im Rechtsbewußtsein leben und in juristischen Urteilen ihren Niederschlag finden; alle diese Normen machen nun einmal die Gesellschaftsordnung aus. Die Rechtssoziologie, die sich von der Soziologie der Moral und der Religionssoziologie unterscheidet, tut gut daran, sich auf juristische Kategorien[44], auf tatsächliche Verhältnisse, nach denen sich ein Rechtssystem, eine gesetzliche Regelung usw. richten, zu beschränken[45]. Für den Rechtssoziologen sind dabei nicht die Rechtsnormen, sondern bestimmte rechtserhebliche Verhaltensweisen am wichtigsten, selbst wenn sie dem Recht zuwider laufen.

Der Ethnologe, Soziologe und vor allem Soziograph Steinmetz, für den die Soziologie die Untersuchung aller Erscheinungen des gesellschaftlichen Lebens war, betrachtete wie Comte die Rechtssoziologie als Teil der Soziologie. Heute tun das Leute wie H. M. Jolles u. a. wieder[46]. Vor allem in seinen rechtswissenschaftlichen Werken aus der Zeit

---

[41] Nederlands Juristenblad 1954, S. 25.

[42] J. J. M. van der Ven in: Staatslexicon Recht, Wirtschaft, Gesellschaft, Stichwort Rechtssoziologie: „Die Rechtssoziologie ist ja vom Objekt her grundverschieden von Spezialsoziologien wie der Familien-, der Betriebs-, der Dorf- und der Großstadtsoziologie oder auch der politischen und Religionssoziologie“ und „Sie (die Rechtssoziologie) hat es nicht mit irgendwelchen Vergesellschaftungen, sondern mit Normen und deren Auswirkung auf das Gesellschaftliche zu tun.“

[43] H. Sinzheimer: De taak der rechtssoziologie, S. 18 (1935).

[44] H. Dooyeweerd in Wezen en grondslagen van het recht, S. 23 (1957). J. J. M. van der Ven: Zur Aufgabe der Rechtssoziologie. Eine Auseinandersetzung mit Hugo Sinzheimer, in ARSP XLIV/2, 1958, S. 245. G. Gurvitch: „Sociology of Law“, S. 52 (1942). I. Kisch und N. S. Timasheff in ihren Vorträgen vor der Nederlandse Sociologische Vereniging vom 14. April 1956 mit dem Titel: „The Lawyer looks at Sociology“ und „The Sociologist looks at the Law“. Sociologisch Jaarboek X (1956), S. 46—68. Y. Dror: Prolegomenon to a Social Study of Law, in Journal of Legal Education 13, Nr. 2, S. 133 und 134.

[45] „Lebensverhältnisse, die einen rechtlichen Kern in sich tragen“ (F. Meili: Das Telegraphenrecht, S. 43; 1873).

[46] Mens en Maatschappij, Juli/August 1961, S. 272; ebenso S. 279. Vgl. weiter Hirsch in Wörterbuch der Soziologie, 1955 („Zweig der Soziologie“); P. J. Bouman in Sociologie (6. Auflage), S. 102 f.; L. A. Visser in Mens en Maatschappij, 15. September 1936; J. Boasson in Rechtsgeleerd Magazijn Themis, 1955, S. 637; J. H. P. Bellefroid: Inleiding tot de rechtswetenschap in Nederland, S. 17 und 18 (1953); W. L. G. Lemaire: Het recht in Indonesie, S. 26 (1952).

vor dem Zweiten Weltkrieg hat der Rechtsphilosoph Kelsen verkündet, daß die Rechtssoziologie („soziales Sein") nicht als Teil der Rechtswissenschaft — sie ist eine rein normative Wissenschaft („rechtliches Sollen") — anzusehen ist und scharf von ihr unterschieden werden muß[47]. Ein Rezensent schrieb über die Rechtssoziologie in den Niederlanden in der Kongreßnummer von „Mens en Maatschappij" (1956): „It remained part of the already strongly differentiated legal studies, and as such led a poor existence, its only support being the broad social experience of the jurist" (S. 194). Damit ist wahrscheinlich der Kontakt, den der Jurist mit der Wirklichkeit hat, ihre Kenntnis, ohne daß er spezielle soziologische Studien betrieben hätte, gemeint. Jolles nannte dann auch die Entwicklung der Rechtssoziologie eine „Angelegenheit ohne Zukunft"[48].

Über die Aufgaben der Rechtssoziologie ist schon sehr viel geschrieben worden[49]. In dem vorliegenden Beitrag über Platz und Stellung, Nutzen und Bedeutung der Rechtssoziologie soll jetzt überhaupt nicht oder nur am Rande über Aufgabe, Gegenstand und Methoden der Rechtssoziologie als Zweig der Rechtswissenschaft gehandelt werden. Wir stützen uns im folgenden auf die Einteilung der Rechtssoziologie in eine genetische Rechtssoziologie (H. Sinzheimer, G. Gurvitch und Carlos Gits u. a.), die das Entstehen, die Entwicklung, die Umformung, die Veränderung und das Verschwinden der Rechtsnormen und Rechtsinstitute im Verhältnis zu den nichtjuristischen, tatsächlichen gesellschaftlichen Zuständen und Verhältnissen, d. h. im gesellschaftlichen Zusammenhang, untersucht[50] und in eine deskriptive Rechtssoziologie (H. Sinzheimer)[51], die die rechtliche Wirklichkeit untersucht, beschreibt, registriert,

[47] Kelsen: Zur Soziologie des Rechts, in Archiv für Sozialwissenschaft 34 (1912), S. 601—614. Vgl. Dengerink in Rechtsgeleerd Magazijn Themis 1963, S. 22.

[48] Mens en Maatschappij 1961, S. 272.

[49] H. Sinzheimer: De taak der rechtssoziologie (1935). Über dies Werk J. J. M. van der Ven in ARSP 1958, S. 241—251; außerdem die Rezensionen in American Social Review, August 1939; Revue de la théorie du droit X, S. 140; Zeitschrift für Sozialforschung 1936, 3. Heft. E. Fechner: Rechtsphilosophie, S. 256 f. (1956); P. J. Bouman: Sociologie, S. 102, 104, 106 und 107 (1953); J. D. Dengerink: De structuur van het recht en de taak der rechtssociologie, in Philosophia Reformata 1960.

[50] J. J. M. van der Ven spricht von „Verkehr in beiden Richtungen" zwischen den Rechtsnormen und der Rechtswirklichkeit, Ars Aequi, Februar 1959, S. 111 n. 1. Vgl. ebenfalls ARSP 1958, S. 244, 246, 248 und 249: „In der Rechtssoziologie begegnen sich eben das normative und das reale Element des Rechts, seine Gültigkeit und seine Geltung." Vgl. auch H. Kronstein in Rechtsauslegung im wertgebundenen Recht (1957) und in Recht und wirtschaftliche Macht (1962), S. 90. Die Rechtssoziologie hat als Spezialwissenschaft tatsächlich eine integrierende Aufgabe.

[51] Mit Recht wurde die von Sinzheimer vorgenommene Vierteilung (deskriptive, kritische, genetische und theoretische Rechtssoziologie) von verschiedenen Seiten (Gurvitch, van der Ven) kritisiert.

wiedergibt und erklärt, d. h. die reale Wirkung der Rechtsnormen in der Gesellschaft, ihre Beachtung oder Nicht-Beachtung und die Anpassung an sie. Auf dem Gebiet der genetischen Rechtssoziologie[52] ist schon sehr viel geleistet worden, wobei jedoch der „Transformationsprozeß", die Umsetzung der tatsächlichen, gesellschaftlichen Lebensverhältnisse im menschlichen Bewußtsein in Rechtsauffassungen und Rechtsnormen, noch zu wenig untersucht ist[53]. Wenn Gurvitch schreibt, daß man sich im 19. Jhdt. nur für die genetische Rechtssoziologie interessierte[54], stimmt das nicht ganz. Man muß jedoch zugeben, daß es viel zu wenig konkrete rechtssoziologische Untersuchungen über die tatsächliche Wirkung und das Funktionieren der Rechtsvorschriften oder ihre Nicht-Wirkung und ihr Nicht-Funktionieren in der Gesellschaft gab und gibt. Man muß hierbei aber bedenken, daß die modernen Methoden, Techniken und Apparaturen der rechtssoziologischen Untersuchungen, die ja die der allgemeinen Soziologie sind, erst vor kurzem weiterentwickelt und vervollkommnet wurden, und daß „research, enquête, interview", Statistik u. a. neben der Arbeit des Einzelnen die Zusammenarbeit (teamwork) von Juristen mit Soziologen, Wirtschaftswissenschaftlern, Psychologen und Anthropologen erfordern[55]. Tatsächlich reicht „the broad social experience of the jurist" für sich alleine nicht aus.

Die Rechtsphilosophie kann aus der Funktion der ihr zur Seite stehenden[56] Rechtssoziologie als eines Korrektivs Nutzen ziehen, die sie gegen die Gefahren einer allzu philosophischen Systematisierung, zu philosophischer Konstruktionen und aprioristischer Konzeptionen, zu starken Dogmatismus' und zu großer Starrheit beschützen kann. Rechtsgrundsätze beeinflussen ganz sicherlich die Herausbildung und Anwendung des Rechts. Für eine Synthese und eine Klassifizierung des Rechts sind Rechtsbegriffe unerläßlich. Auch das Recht bedarf der Lo-

---

[52] Barna Horváth (Rechtssoziologie, 1934) und J. Kraft (Vorfragen der Rechtssoziologie, in Zeitschrift für vergleichende Rechtswissenschaft 1930, S. 8) sprechen von „dynamischer Rechtssoziologie". Vgl. auch Gurvitch: Sociology of Law, S. 62 (1942): „dynamic macrosociology of law".

[53] H. Sinzheimer: Das Transformationsproblem in der Soziologie des Rechts, in Strijdenkracht door wetensmacht, S. 45 f. (1938); in Socialistische Gids 1937, S. 1 f. und S. 117 f.; und in Theorie der Gesetzgebung (1948), ein postumes unvollendetes Werk, das von mir herausgegeben wurde. Carlos Gits in Recht, persoon en gemeenschap, mit dem Untertitel: Een sociologische en existentieel-phenomenologische ontleding van het juridisch verschijnsel (1949), spricht von der Rechtswirklichkeit als einer „vergeistigten Wirklichkeit" (S. 33).

[54] Sociology of Law, S. 63 und 64 (1942).

[55] A. Doucy in dem Vorwort zu dem Buch von L. E. Troclet: Eléments de droit social européen, S. VIII und X (1963). R. Savatier: Les métamorphoses économiques et sociales du droit privé d'aujourd'hui, Ser. 2 (1959), Kapitel V.

[56] J. J. M. van der Ven in Sociaal Maandblad Arbeid, Mai 1958.

gik[57]. Der Sinn und die Anwendung der Rechtsgrundsätze verändern sich jedoch laufend. Der Inhalt der Rechtsbegriffe wechselt manchmal, und dieser Wechsel ist determiniert. Die Rechtsbegriffe sind für sich genommen kein Objekt. Man kann sie nicht sauber deduktiv von den Gesetzeskonstruktionen herleiten. Teleologische und soziologische Untersuchungen sind unerläßlich. Die Bedeutung der Logik für das Recht hat ihre Grenzen[58]. Jhering warnte schon vor einer Überschätzung des logischen Elements im Recht, später auch Gény. Der Rechtslogismus wird durch den historischen, ethischen, soziologischen und teleologischen Charakter des Rechts eingeschränkt. Man muß die Forderungen des gesellschaftlichen Lebens beachten. Für die Rechtsphilosophie ist das Verständnis der rechtlichen Wirklichkeit wichtig; zu diesem Zweck muß sie sich des Materials der Rechtssoziologie bedienen. Das Studium des Rechts und seines gesellschaftlichen Zusammenhangs kann auf diese Weise zu einem besseren Verständnis des Wesens, der Beschaffenheit, der Prinzipien und Gegenstände des Rechts beitragen[59]. Eine Rede wie die Antrittsvorlesung von J. J. Loeff (1955), a. o. Professor der Staatsphilosophie und der Einführung in die Philosophie an der Katholischen Wirtschaftshochschule Tilburg, zeigt deutlich, wie rechtsphilosophische und staatsphilosophische Lehren soziologisch ausgerichtet und miteinander verbunden werden können, und wie moderne philosophische Lehrmeinungen mehr als früher zur Rechtssoziologie und Staatssoziologie hinführen und sich diesen öffnen[60].

Schon 1897 stellte P. A. Tichelaar in Übereinstimmung mit von Jhering fest, daß die Rechtshistoriker den politischen und sozialen Zuständen, auf die das Recht angewandt wird, mehr Aufmerksamkeit widmen müßten. Seitdem wurde auf die Bedeutung der Rechtssoziologie für das Studium der Rechtsgeschichte von vielen Gelehrten mit Nachdruck hingewiesen[61]. Durch das Verständnis der sozialen Wirklichkeit der Vergangenheit erlangt man ein besseres historisches Verständnis.

Auch die für den modernen Gesetzgeber und Richter so nötige und nützliche Rechtsvergleichung kommt nicht ohne die Hilfe der Rechts-

---

[57] U. Klug: Juristische Logik (1958), R. Schreiber: Logik des Rechts (1962).

[58] J. M. Polak in Scientia Bd. II, Kap. X, S. 315 (1957).

[59] L. H. A. Geck: Zur Sozialreform des Rechts, S. 35 (1957). I. Kisch in seinem Vortrag vor der Nederlandse Sociologische Vereniging, April 1956: „The lawyer looks at Sociology". J. J. von Schmid Rechtssociologie en Rechtsphilosophie, in Mens en Maatschappij 6, S. 15.

[60] Verhouding staat en rechtsgemeenschap mede in verband met de traditionele katholieke staatsleer. Rezension in Mens en Maatschappij, 15. November 1955, S. 394.

[61] Unter anderem durch Kantorowicz. In jüngster Zeit die Beiträge von J. le Bras, H. Coing, H. Lévy-Bruhl, M. Villey und R. Orestano im dritten Teil von Méthode sociologique et droit (1958). Ebenso J. D. Dengerink in Rechtsgeleerd Magazijn Themis, 1963, S. 15, und in seinem Vortrag vor der Vereniging voor Wijsbegeerte des Rechts, XXXXII (Teil 1), 1957.

soziologie aus. A. H. Post plädierte schon im vergangenen Jahrhundert für eine vergleichende Rechtswissenschaft auf soziologischer Basis[62].

Vor allem in den letzten Jahren haben viele Gelehrte auf Bedeutung und Nutzen der Rechtssoziologie für die Rechtsvergleichung hingewiesen. Pitlo[63] nennt Rechtsvergleichung ohne Kenntnis der Rechtsinstitute in anderen Ländern und ohne Kenntnis ihres Funktionierens unter den dort herrschenden Verhältnissen „sinnlos". J. M. Polak plädiert für ein rechtssoziologisches Studium (wie funktionieren die Rechtsvorschriften?), um zu einer dynamischen Rechtsvergleichung zu kommen[64]. Mit Recht weist er darauf hin, wie nötig es bei der Rechtsvergleichung sei, die Hintergründe zu kennen und über statistisches Material zu verfügen[65].

Die Bedeutung der noch jungen Rechtssoziologie für die normative dogmatische Rechtswissenschaft als eine zentrale Wissenschaft von Normen, die zur Anwendung kommen sollen, ist unverkennbar. Die Rechtssoziologie ist bei der Rechtsfortbildung funktional wertvoll. Der moderne Gesetzgeber benötigt beim Aufstellen der geschriebenen allgemeinverbindlichen Rechtsvorschriften mehr und mehr die Hilfe der Rechtssoziologie. Montesquieu beschrieb schon, wie sich die Gesetze den Sitten und Gewohnheiten und umgekehrt die Sitten und Gewohnheiten den Gesetzen angleichen. Marx und Engels sprachen ein Jahrhundert später (1845) von der „Wechselwirkung dieser verschiedenen Seiten aufeinander" (Dialektik)[66]. In den Niederlanden stellte W. J. van Welderen Rengers in seiner Dissertation aus dem Jahre 1861 („Beschouwingen over het verband tusschen het Burgerlijk Regt en de Staatshuishoudkunde") fest, daß der Jurist durch das Studium der gesellschaftlichen Lebensumstände, der „Rechtswirklichkeit" (Sinzheimer), sich nur scheinbar vom Gebiet des Rechts entfernt, in Wirklichkeit aber tiefer in es eindringt. Der Gesetzgeber, der Normen zur Regelung des Zusammenlebens der Menschen aufstellt, mußte zu jeder Zeit einen Einblick in die gesellschaftliche Wirklichkeit haben. In den Berichten von Ge-

---

[62] Sein Buch „Die Grundlagen des Rechts und die Grundzüge seiner Entwicklungsgeschichte" trägt als Untertitel „Leitgedanken für den Aufbau einer allgemeinen Rechtswissenschaft auf soziologischer Basis" (1884). Vgl. H. L. A. Geck: Zur Sozialreform des Rechts, S. 61 (1957); G. Gurvitch: Sociology of Law, S. 100 (1942); A. F. Schnitzer: Vergleichende Rechtslehre, S. 13 (1945).

[63] A. Pitlo: Verdedig Themis, S. 15 (1964).

[64] Tijdschrift voor Privaatrecht, 1964, Nr. 1. Vgl. auch H. K. Köster in seinem Vortrag vor der Broederschap Cand-notarissen, 29. Mai 1964, S. 73.

[65] J. M. Polak: Moderne Wetgeving, in Bestuurswetenschappen 1963, S. 196; zuvor in Scientia, Bd. II, Kap. X, S. 308 (1957). J. Offerhaus: Aanpassing in het internationaal privaatrecht, 1963, S. 39.

[66] Vgl. in derselben Epoche W. Arnold in Kultur und Rechtsleben, S. 114 und 115 (1865).

setzgebungskommissionen, ministeriellen und parlamentarischen Niederschriften und anderen Dokumenten findet man dann auch bisweilen rechtssoziologisches Material und rechtssoziologische Beobachtungen[67], sie kommen ohne methodische, systematische, soziologische Untersuchungen zustande und sind deshalb oft unvollständig und nur von relativem Wert. In der modernen Gesellschaft, die so viel dynamischer, mobiler, komplizierter und undurchsichtiger ist, und in der die verschiedenen Gesetzgeber sich mit so viel mehr Problemen unmittelbarer und nachhaltiger beschäftigen müssen, sind rechtssoziologische Kenntnisse und rechtssoziologisches Verständnis für den Juristen als Rechtsschöpfer noch unentbehrlicher, soll die Rechtsfortbildung nicht ohne ihn stattfinden. Die Rechtssoziologie kann zum Verständnis der möglichen Folgen einer neuen gesetzlichen Regelung in der gesellschaftlichen Wirklichkeit beitragen[68] (Vorhersehbarkeit, Prognose).

Auch der Richter von heute, der das Recht auf konkrete Fälle anwendet, der es erklärt und zur Rechtsfindung beiträgt, muß die Ursachen, die Funktion und das Wirken des Rechts als einer gesellschaftlichen Kraft in der Gesellschaft kennen. Der Richter muß die gesellschaftlichen Verhältnisse, für die das Recht ja da ist, kennen; bei der Erfüllung seiner Aufgabe darf er deshalb die Ergebnisse der Rechtssoziologie nicht außer acht lassen. Für die weniger legistische, dogmatische und mehr teleologische, freiere moderne Rechtsprechung gilt besonders: „summoning of sociology to the aid of jurisprudence“[69].

Der Jurist, der als Verwaltungsbeamter bei der Vollstreckung der gesetzlichen Normen das Recht anwendet und oft auch erklärt, muß die tatsächlichen Verhältnisse, die ja ein Teil der rechtlichen Wirklichkeit sind, kennen[70].

Das gleiche, was über den Richter gesagt worden ist, gilt auch für den Juristen von heute, der als Rechtsbeistand vor Gericht auftritt: für seine Aufgabe bei Prozessen, in denen das moderne Recht zur An-

---

[67] M. Esser in seinem Beitrag zu: Méthode sociologique et droit, S. 209 (1958).

[68] H. J. Pot: Maatschappij en Recht. Beschouwingen over de maatschappelijke werking van het recht als studieobject der rechtswetenschap, S. 4 (1960). Daß Sinzheimer in seinem postumen, leider unvollendeten Werk: Theorie der Gesetzgebung. Die Idee der Evolution im Recht (1948) die Grundlagen einer Theorie der Gesetzgebung aufstellen wollte, wurde oben schon erwähnt.

[69] G. Gurvitch: Sociology of Law, S. 3 und 38 (1942). Vortrag vor der Vereniging voor Wijsbegeerte des Rechts, 1952 (XXXVII), S. 8 und 10. I. H. Hijmans: Het B. W. en het recht der werkelijkheid in 1838 en heden, in Gedenkboek Burgerlijk Wetboek 1838—1938, S. 175 und 176.

[70] Hierfür setzte sich u. a. S. O. van Poelje in Rechtsgeleerd Magazijn Themis 1954, S. 256, ein. Vgl. auch J. D. Dengerink in Rechtsgeleerd Magazijn Themis 1963, S. 21.

wendung kommt, muß er „the relation between law and living social reality“[71] kennen. Deshalb muß die Rechtssoziologie in der juristischen Fakultät gelehrt werden, und zwar nicht so sehr als Studienfach, damit später die Studenten selber Rechtssoziologen werden können, sondern um dem Studenten im Hinblick auf die gesellschaftliche Aufgabe, die er später einmal wahrnehmen soll, Verständnis für die Funktion des Rechts in der Gesellschaft beizubringen.

In den letzten Jahren wurde verschiedentlich der Nutzen der Rechtssoziologie herausgestellt. So schreibt z. B. C. M. O. van Nispen tot Sevenaer: „Die Rechtssoziologie hat zu unser aller Nutzen eine Institutionenlehre ermöglicht, durch die die rechtliche Wirklichkeit zu ihrem Recht kam[72].“ Dooyeweerd schrieb: „Die moderne Rechtssoziologie hat das Verdienst, die Aufmerksamkeit der Juristen auf typische Gebiete des Rechts gelenkt zu haben, die der traditionellen dogmatischen Rechtswissenschaft entgangen waren und die außerhalb des staatlichen Rechts liegen. Man denke besonders an das Betriebsrecht, das typisch wirtschaftliche Züge trägt und das weder zum bürgerlichen Privatrecht noch zum öffentlichen Recht gehört, und doch zahlreiche Verbindungen mit diesen beiden Bereichen staatlichen Rechts hat[73].“

In der normativen Rechtswissenschaft muß man genau zwischen Rechtssoziologie als empirischer Wissenschaft und Rechtssoziologie als soziologischer Interpretation unterscheiden. In der modernen Gesellschaft bedient man sich bei der Anwendung des normativen Rechts immer mehr einer teleologischen Interpretation (sie fragt nach der Tendenz, dem Ziel der betreffenden Norm, nach den damit zusammenhängenden Bestimmungen oder sogar dem ganzen Gesetz[74]) und einer soziologischen Interpretation (sie fragt nach den Erfordernissen und Bedürfnissen des gesellschaftlichen Lebens), wobei bei beiden auf die Erfordernisse des gesellschaftlichen Lebens geachtet wird, so daß der Jurist mehr rechtssoziologisches Verständnis braucht. Bei der Auslegung des Rechts muß man die gesellschaftlichen Grundlagen des Rechts und die gesellschaftlichen Erfordernisse und Bedürfnisse beachten. Manchmal werden rechtshistorische und teleologische oder soziologische Interpretationen nebeneinander und durcheinander angewandt,

[71] G. Gurvitch: Sociology of Law, S. 12 und S. 3 (1942). R. Steinmetz: Inleiding tot de sociologie, S. 50 (1952).

[72] Annalen van het Thymgenootschap XI, Bd. 1 (1952), S. 73.

[73] Algemeen Nederlands Tijdschrift voor Wijsbegeerte en Psychologie, Juni 1954, S. 191 und 192.

[74] Zur teleologischen Interpretation u. a. J. Offerhaus in Revue internationale de droit comparé 1955, Nr. 2, der gleichfalls auf eine rechtsvergleichende Interpretation hinweist und sagt: „Qui permet à l'évolution sociale telle qu'elle se développe à l'étranger de pénétrer chez nous.“ Auch H. Mannheim in Mens en Maatschappij, 15. Januar 1950, der zwischen Rechtssoziologie und soziologischer Rechtswissenschaft unterscheidet.

indem man sich sowohl auf die Absicht des früheren Gesetzgebers als auch auf die Tendenz und Funktion einer Norm beruft. Wir erinnern an dieser Stelle an den Zusammenhang zwischen rechtssoziologischer und rechtshistorischer Betrachtungsweise.

Früher ging man bei der Auslegung des Rechts von grammatikalischen, systematischen und historischen Gegebenheiten aus, heute legt man den Entscheidungen mehr soziologische Angaben zugrunde. Genau wie die nicht normative Rechtsgeschichte einerseits und die historische Interpretation in der normativen praktischen Rechtswissenschaft andererseits unterschieden werden müssen[75], besteht zwischen der empirisch-objektiven, nicht teleologisch vorgehenden Rechtssoziologie als eigenständigem Teil der Rechtswissenschaft und der soziologischen (teleologischen) Interpretation, die beurteilen will, wie man sich verhalten soll, ein Unterschied. Auf die Frage, ob die teleologisch-soziologische Interpretation die normative Rechtswissenschaft antastet, sie aushöhlt (in Verbindung u. a. mit Fragen der Rechtssicherheit), kann in diesem Artikel nicht eingegangen werden.

Wir wollen zum Schluß dieses Beitrages über Stellung und Bedeutung der Rechtssoziologie im Rahmen der Rechtswissenschaften darauf hinweisen, daß sich die zentrale normative Rechtswissenschaft in den letzten Jahrzehnten innerlich immer mehr soziologisch ausgerichtet hat[76]. Besonders stark soziologisch infiltriert wurde das Arbeitsrecht[77]. Auch das Steuerrecht zeigt viele soziologische Aspekte. Aber dies gilt genauso für ältere Gebiete des Rechts wie Staatsrecht (Gruppenpsychologie), Strafrecht (Kriminologie) und das Privatrecht. Die historisch-juristische Methode, die an die Stelle der juristisch-dogmatischen Methode getreten ist, wurde später immer empirisch-analytischer, psychologischer und soziologischer. Methodologisch wurden mehr und mehr soziologische Gesichtspunkte einbezogen. Eine mehr soziologisch gefärbte, normative praktische Rechtswissenschaft, d. h. mit stärkerem soziologischem Einschlag und soziologischer Orientierung, ist jedoch etwas anderes als empirische Rechtssoziologie.

---

[75] H. R. Hoetink in seinem Diesvortrag vom 10. Januar 1949: „Historische rechtsbeschouwing". Vgl. auch Rechtsgeleerd Magazijn Themis 1952, S. 266.

[76] E. Fechner: Rechtsphilosophie (Untertitel: Soziologie und Metaphysik des Rechts), S. 272 (1956); ebenso in seinem Artikel: Méthode sociologique et droit, S. 76 (1958).

[77] Es ist kein Zufall, daß Hugo Sinzheimer gleichzeitig ein berühmter Arbeitsrechtler und ein hervorragender Rechtssoziologe war.

IV.

DIE VERGESELLSCHAFTUNG VON RECHT UND STAAT*

§ 1 Die Bürger untereinander

Das Privatrecht ordnet das tägliche Zusammenleben der Gesellschaft. Es ist das „gemeine" Recht, das die täglichen Verhältnisse der Bürger untereinander im privaten, individuellen Bereich regelt. Durch miteinander zusammenhängende Faktoren aus dem Bereich der Technik und der Verwaltung (Industrialisierung, Mechanisierung, Automatisierung), durch Bevölkerungszunahme (sie verdoppelte sich von 1900—1960 reichlich), Bevölkerungszusammensetzung, Handel und Verkehr[1] (Ausbreitung, Beschleunigung, Intensivierung und Spezialisierung), Urbanisierung, Konzentration, politische Machtverhältnisse, Staatsordnung, Wirtschaftskrisen und ihre Folgen und Kriege veränderte sich die Gesellschaft. Sie wurde mobiler, dynamischer. Die Beziehungen der Menschen untereinander wurden enger miteinander verwoben, komplexer (dies fällt vor allem im Bereich der Wirtschaft auf, aber auch auf anderen Gebieten, wie z. B. dem Unterrichtswesen). Die Abhängigkeit der Menschen voneinander, die Gebundenheit der Menschen aneinander wurden stärker. Es entstand eine engere Zusammenarbeit, aus der sich andere Verhaltensweisen entwickelten. Es entstanden neue verschiedene gesellschaftliche Gruppen mit unterschiedlichen Interessen, Zielen und organisatorischer Zusammensetzung. Es gab mehr Vereinheitlichung und Nivellierung.

Zusammen mit dieser modernen, in rascherem Tempo verlaufenden Entwicklung der Gesellschaft veränderte sich auch das Privatrecht als Normenkomplex, die den täglichen Verkehr der Menschen untereinander regeln. Man braucht sich nicht zum historischen Materialismus zu bekennen um einzusehen, daß die konkrete Rechtsordnung zum Teil durch die sozialen und wirtschaftlichen Verhältnisse bestimmt wird. So

---

* Vermaatschappelijking van Recht en Staat, in Drift en Koers, Gedenkboek Nederlandse Sociologische Vereniging 1962, S. 265—285.

[1] Über die Eisenbahn und das Privatrecht bzw. die Telegrafie und das Privatrecht und seine Entwicklung im vorigen Jahrhundert vgl. meinen Artikel in Rechtsgeleerd Magazijn Themis 1939, S. 399—443, und mein Büchlein „Telegraaf en privaatrecht" (Ausgabe P.T.T. 1952).

vollziehen sich Veränderungen der Normen unter Beibehaltung der Grundwerte des Rechts. Eine Veränderung der Nuancen, eine Akzentverlagerung sind unverkennbar. Es fällt vor allem die „Sozialisierung", die „Vergesellschaftung"[2] des Privatrechts auf. Diese Entwicklung vollzog sich dahingehend, daß das Privatrecht weniger individualistisch wurde als zur Zeit seiner Kodifizierung (1838), und die Rechtssubjekte nach und nach immer stärker band. Diese Rechtsentwicklung ist unverkennbar, wobei man jedoch immer im Auge behalten muß, daß sie nicht gradlinig, kontinuierlich verläuft, sondern mal mehr oder minder intensiv ist, und daß sie nicht auf allen Gebieten des Privatrechts stattfindet (Pluralismus).

Das Eigentumsrecht wird vom Gesetzgeber hierzulande nicht als „sacré et inviolable" — wie in der „Déclaration des droits de l'homme et du citoyen" — aufgefaßt. Portalis und die anderen Verfasser des Code civil (1804) meinen nie einen Eigentumsbegriff, der frei von jeder Bindung ist[3]; desgleichen auch nicht unser B. W. (Bürgerliches Gesetzbuch) (1838). Vor allem nach 1900 kam es jedoch zu einer starken „Vergesellschaftung" des Eigentumsrechts in Zusammenhang mit verwaltungsrechtlichen Rechtsinstituten wie Enteignung von Staats wegen zum Allgemeinwohl, Einschränkung des Eigentums in Gesetzen und Verordnungen im allgemeinen Interesse; Vernichtung von Gegenständen aus Privateigentum im öffentlichen Interesse; Flurbereinigung — die immer mehr und mehr mit einer Raumordnung Hand in Hand geht — mit weiteren Eingriffen seitens der Regierung (neues drittes Gesetz von 1954) und Neuparzellierung (Walcheren, Schouwen-Duiveland). Es gibt viel häufiger Berührungspunkte zwischen der Regierung mit ihren immer ausgedehnteren Aufgaben und Aktivitäten und dem Privateigentümer. Außer dem Gesetzgeber trägt auch die Zivilrechtsprechung zu dieser „Vergesellschaftung" bei; eine Entwicklung, die noch anhält, denn es sieht danach aus, als ob sich das neue B. W. der Rechtsprechung über Belästigungen (Schwingungen, Lärm, Krach, Gestank usw.) anschließen wird; und daß weiterhin zu gegebener Zeit diese Neufassung des niederländischen Privatrechts einen Passus, den es in anderen Ländern schon seit langem gibt, enthalten wird, der den Rechtsmißbrauch behandelt, so daß das Eigentumsrecht durch die ungeschriebenen Normen dessen, was der Gesellschaft dienlich und was gegenüber dem anderen billig ist, eingeschränkt wird.

---

[2] Erstmalig anläßlich der Hundertjahrfeier des B.W. mein Buch: Een eeuw rechtsontwikkeling, 1938; dann eine zweite Auflage mit Supplement im Jahr 1949. Vgl. dazu die Dissertation (Doktorvater Prof. Dr. J. J. M. van der Ven) von B. J. A. W. V. W. Pinckaers: Eigendom in een nieuwe tijd (1960) und A. van Oven in Rechtsgeleerd Magazijn Themis, 1951, S. 577—579.

[3] Dies ist sehr schön in dem Buch von Raymond Derine: Grenzen van het eigendomsrecht in de negentiende eeuw (Antwerpen 1955) dargelegt; vgl. Rechtsgeleerd Magazijn Themis 1956, S. 626—632.

Betrachtet man das Eigentum zusammen mit seinen „Konnex-Instituten" (Renner), dann ergibt sich für den Eigentümer eine stärkere vertragliche Bindung. Dies ist der Fall für Grund und Boden, wovon in den Niederlanden mehr als die Hälfte verpachtet ist, wobei die privatrechtlichen Regelungen des Pachtverhältnisses (1937, 1941, 1958) starke öffentlichrechtliche Bestandteile enthalten; dies gilt gleichermaßen für Wohnhäuser und Betriebe, die zum größten Teil vermietet sind. Hier kam es nach beiden Weltkriegen zu einer Zwangsbewirtschaftung. Mit der jüngsten Gesetzgebung steuert man zwar eine Liberalisierung an, überlegt aber andererseits, ob es nicht zu einer bleibenden gesetzlichen Regelung von Miete und Vermietung von Betriebsgebäuden kommen muß. Auch die privatrechtlichen und öffentlichrechtlichen Regelungen des Ratenkaufs haben zunehmend, vor allem für haltbare Konsumgüter, an Bedeutung gewonnen (1936). So kommen wir geradewegs zu den obligatorischen Verträgen; vorab jedoch noch ein Wort zum heutigen dinglichen Eigentum.

Trotz aller Veränderungen der Befugnis des Eigentümers gegenüber dem Staat, gegenüber Dritten, gegenüber Vertragspartnern, und trotz aller Einschränkungen der Bewegungsfreiheit des Eigentümers, ist doch die private Sphäre, der „Eigenbereich", das Ethos des Eigentums noch immer erhalten geblieben. Die Eigentumsverhältnisse bleiben eine wichtige gesellschaftliche Realität, doch hat das Eigentum in bestimmter Hinsicht einen anderen Inhalt, eine andere Bedeutung, eine andere Funktion und Wirkung erhalten, was jedoch noch keinen Verfall („déclin"; Ripert) bedeutet. So haben Mobilien, aber auch Rechte wie Patente, Schutzmarken, Urheberrecht, Zuchtrechte, an Bedeutung gewonnen; Grundbesitz und Häuser bilden nicht länger das wichtigste Vermögen von Privatleuten und Familien[4]. Die Verlagerung von den Immobilien zu den Mobilien wird auch an der wachsenden Bedeutung des Kapitals deutlich: man denke an Anteile, Unteranteile, Obligationen, Zertifikate, Policen, Banksaldi, Sparfonds usw.[5]. Ripert sprach von einer „substitution de la créance à la propriété". Man muß folglich einerseits zwischen Verbrauchsgütern mit Gebrauchseigentum, die eine mehr persönliche Bedeutung für den einzelnen Menschen haben[6], und andererseits dem Eigentum an Kapital oder Produktionsgütern, die eher

[4] Was Somerset Maugham seinerzeit von den Franzosen in seinem Buch „The razor's edge" schrieb, trifft sicherlich nicht mehr zu: „The desire to own land, that is in the heart of every person of French blood".

[5] Ch. Glasz: Tien jaar ontwikkeling van de vermogensstructuur, in Tien jaar economisch leven in Nederland (Herstelbank 1945—1955). — A. van Oven: Aere perennius (Antrittsrede Leiden 1956); J. Valkhoff: Nieuwe beschouwingen over eigendom en eigendomsrecht, in Rechtsgeleerd Magazijn Themis, 1957, S. 21—37.

[6] „O, what a joy is it to own things" (Katherine Mansfield in „At the Bay").

unpersönlich sind (z. B. veräußerliche, von der Konjunktur abhängige Anteile; Papiere, Abschreibungen usw.), unterscheiden. Es gibt mehr Eigentum in Form von Anlagen: Besitz von Häusern, die man selber nicht bewohnt, von Land, das man selber nicht bebaut, wobei das Eigentum anders erlebt wird und als weniger „eigen" erfahren wird; die Aktieninhaber sind Eigentümer der Aktien: sind sie auch Eigentümer der A.G., wie in der Konzeption des 19. Jahrhunderts? So änderten sich die gesellschaftliche und die ethische Bewertung des Eigentums; so veränderte sich in gewisser Hinsicht auch das Eigentumsdenken.

Mit dem zunehmenden Wohlstand breitete sich das Privateigentum an Umfang aus. Es gab mehr und andere Eigentümer: die Arbeiter, die alten und neuen Mittelständler, die Beamten, alle besitzen mehr als das Lebensnotwendige, sie haben mehr Wohlstand und Komfort, andere Lebens- und Kaufgewohnheiten usw. Vor allem das Eigentum an Gebrauchsgütern mit Dauernutzung wuchs durch neue Kreditformen, Abzahlungssysteme, persönliche und dingliche Sicherheiten. Es bildete sich mehr Eigentum von juristischen Personen (Gegensatz: natürliche Personen), das auch wieder anders erfahren wird. Dies kommt bei der Behandlung der „Kollektivierung" noch zur Sprache.

Ein offenes Vertragssystem und Vertragsfreiheit blieben in der Regel erhalten, doch wurde in diesem Jahrhundert auch die Vertragsfreiheit mehr eingeschränkt[7]. Man richtete sich mehr nach dem tatsächlichen Kräfteverhältnis der Vertragspartner. Der Vertrag wird weniger abstrakt-juristisch gesehen. Man strebt nach einem besseren Gleichgewicht der Kräfte. Aus diesem Grund gibt es für bestimmte Vereinbarungen und dingliche Rechte mehr zwingendes oder beinahe zwingendes Recht, eine Entwicklung, die noch anhält (Miete von Betriebsgebäuden; Erbpacht im neuen B. W.?). Der Formzwang (z. B. notarielle Beglaubigung) nimmt wieder zu. Mit der Intensivierung des Rechtsverkehrs entstehen immer mehr zentrale oder nicht-zentrale öffentliche Register. Nach dem zentralen Testamentsregister gibt es jetzt auch ein zentrales Ehevertragsregister, ein zentrales Stiftungsregister usw.; das ist eine vorgeschriebene Form der Öffentlichkeit, die Pitlo als „eine der Folgen der Vergesellschaftung des Rechts" ansieht[8].

Mit Rücksicht auf eine größere Vereinheitlichung gibt es Standardverträge mit allgemeinen Vertragsbedingungen (für Transport; Versicherungen; Banken usw.); es gibt manchmal einseitig von einer Vertragspartei aufgestellte Bedingungen, die die Gegenpartei kennen muß,

---

[7] J. H. Beekhuis: Contract en contractsvrijheid (Rektoratsrede Groningen 1952). — P. W. Kamphuisen und F. M. J. J. Duynstee: Contractsvrijheid (Gutachten und Bericht 1957). S. Mok: Vrijheid en Gebondenheid in het arbeidsrecht (1946).

[8] A. Pitlo: Het systeem van het Nederlands privaatrecht, S. 56 (1958).

und die für sie à prendre ou à laisser sind (z. B. in Zusammenhang mit der zivilrechtlichen Haftung die berüchtigten Bovag-Klauseln [Verband der Niederländ. Autogaragenbesitzer]) oder die „Adhäsions-Verträge" (Saleilles). Auch hier wird im Recht eine gewisse „Kollektivierung" erkennbar, auf die wir gleich zu sprechen kommen.

Im Rahmen eines dirigistischen Wirtschaftssystems entstanden die sog. dirigierten oder normierten Verträge (nach Josserand)[9]. Die Regierung (eines Staates oder internationaler Gemeinschaften) bestimmt die Richtung verschiedener Verträge, die dadurch eine heteronome Beschaffenheit erhalten. Das Privatrecht wird vom öffentlichen Recht infiltriert (Savatier nennt diesen Vorgang „publication"). Es kommt häufiger zu Berührungspunkten zwischen Regierung und Privatleuten. Es gibt manchmal den Fall einer Angebotspflicht (bei bestimmten Beförderungsarten), eine Vertragspflicht (Versicherungspflicht bei bestimmten Beförderungsarten), das Verbot bestimmter Bedingungen und Absprachen (bei manchen Beförderungsarten; bei Ratenkäufen), eine erzwungene Verlängerung oder Erneuerung des Vertrages (Pacht, Miete, Arbeitsvertrag); die Festsetzung von Preisen (Pacht, Miete, Veräußerung des Bodens) und Löhnen oder Unfreiheit in der Wahl des Vertragspartners (Wohnraum; Pachtübernahme). Die Schaffung neuer Körperschaften war hierfür nötig: Pachtkammern, Bodenkammern, Mieterschutzkommissionen usw.

Durch den allgemeinen privatrechtlichen Tarifvertrag (C.A.O.) [1927] und seine Allgemeinverbindlichkeitserklärung durch den Staat [1937] wird der Arbeitsvertrag „normierter"; es handelt sich um einen zunehmenden Einfluß des Staats auf sozialem Gebiet. Auch im ersten Pachtgesetz (1937) dominiert der soziale Aspekt. In der späteren Pachtgesetzgebung (zuletzt 1958) und dem Gesetz über die Veräußerung des Bodens (1953) tritt daneben ein wirtschaftlicher Aspekt: rationeller Gebrauch des seltenen Bodens, Zunahme oder Abnahme der Zahl der nicht lebensfähigen landwirtschaftlichen Betriebe; jetzt gibt es Regelungen, die Verpachtung und Veräußerung betreffen; auf die Dauer vielleicht auch solche, die Erbschaft und Erbauseinandersetzung betreffen (Landwirtschaftserbrecht).

Das „pacta sunt servanda" gilt noch immer, jedoch weniger zwingend, wie man überhaupt weniger legistisch geworden ist. Die nicht mehr so stabile heutige Gesellschaft verlangt nach einem mobileren Recht, wobei man sehr auf den Begriff der Billigkeit, vielleicht auch auf veränderte Umstände und dergleichen achtet. Die „Vergesellschaftung" hält noch an, z. B. im Arbeitsvertrag (rechtliche Regelung der

[9] C. H. F. Polak: Het geleide contract (Antrittsrede Wageningen 1947). — J. Valkhoff: Overheidsinvloed op en overheidsleiding aan privaatrechtelijke rechtshandelingen (verbintenissen), (Gutachten 1948).

Entlassung, 1953; bezahlter Urlaub). Unser heutiges B. W. ist sicherlich kein „Code du patron" mehr, wie der Code Civil von 1804 bisweilen genannt wird. Die veränderten gesellschaftlichen Verhältnisse bringen jedoch manchmal eine neue Problematik mit sich: z. B. in letzter Zeit wieder das Streikrecht. Auch Benelux und Europäische Gemeinschaften bringen neue Regelungen und Fragen in Sachen Arbeitsrecht mit sich.

Im modernen Vertragsrecht geht man weniger abstrakt vom Individuum aus; der Mensch als Person[10], der von der Gemeinschaft zehrt und sich in der Gemeinschaft entfaltet, der Mensch, wie er lebt (existentiell[11]; die verschiedenen Richtungen des Existentialismus), wohnt (Mieter in Etagenwohnungen, in Häuserblocks), arbeitet (Arbeitsvertrag zwischen Individuen und kollektiver Arbeitsvertrag als Abmachung für eine ganze Gruppe, geschlossen zwischen Arbeitgeber- und Arbeitnehmerorganisationen; Pächter, die den Grund und Boden bearbeiten; Mieter von Betriebsgebäuden für ihre Unternehmen, wobei Ortsgebundenheit, Stadtplanung und Sanierung eine Rolle spielen), gewinnt eine zentrale Stellung. Das Bild des Menschen im Vermögensrecht ändert sich[12]. Zwar bleibt die Vertragsautonomie erhalten, doch bestimmt weniger als früher. Die Rolle des Privatrechts mit seiner Mannigfaltigkeit, Biegsamkeit, Eigeninitiative und Verantwortlichkeit der einzelnen als Partei bleibt, doch wird durch einige Einschränkungen der Freiheit manchmal dem Interesse des Menschen als Person und dem Interesse der Gemeinschaft, zwei Interessenslagen, die übrigens nicht absolut zu trennen sind, jedoch polar gerichtet und graduell verschieden sind, besser gedient als durch absolute Vertragsfreiheit: erhöhter Wohlstand, besserer Lebensstandard und Kultur sowie geistige Freiheit erwachsen hieraus. Man darf das nicht als „déclin" oder „décadence" des Vertrages ansehen, wie es zu sehr die Meinung von G. Ripert ist.

Auf Grund einer maßvollen und weiten Auslegung des Obersten Gerichtshofes (Hoge Raad) können Pensionen (Reuchlin-Entscheidung) und Lebensversicherungen (Harmsen-Entscheidung) in bestimmten Fällen eine natürliche Verbindlichkeit begründen. Auch die weite Auslegung der rechtswidrigen Handlung bewirkt, daß die sittlichen Normen (Moralanschauungen), gleichzeitig aber auch die ungeschriebenen Normen der gesellschaftlichen Sorgfaltspflicht und des Anstandes, mehr beachtet

---

[10] Ch. J. J. M. Petit: Het beeld van den mensch in de burgerlijke wetgeving (Antrittsrede Nijmegen 1947) und De persoon in het vermogensrecht (Diesvortrag Nijmegen 1952). H. Sinzheimer: Das Problem des Menschen im Recht (Antrittsvorlesung Amsterdam G. U. 1933).

[11] J. J. M. van der Ven am Ende seines Artikels: De vijftigjarige wet op de arbeidsovereenkomst, in Ars Aequi, Febr. 1959, S. 113. Vgl. J. J. Hommes: Een nieuwe herleving van het naturrecht, S. 178 (Diss. 1961).

[12] E. Mounier gab seinem Buch den Titel: De la propriété capitaliste à la propriété humaine (1937).

werden, so daß man im Verkehr untereinander mehr auf die Interessen der anderen, der Mitbürger (vgl. in diesem Zusammenhang die Haftpflichtversicherungen) achten muß.

Die anhaltende „Vergesellschaftung" — die 1901 begonnen hat — ist auch noch im Personen- und Familienrecht zu spüren[13]. Die zunehmende soziale Herrschaft des Staates brachte auf dem Gebiet des Kinderschutzes dem Amtsrichter weitreichende Aufsichtsbefugnis über die Amtsführung des Vormundes in Geldsachen. Die Adoption im Interesse des Kindes wurde als eine Maßnahme des Kinderschutzes gesetzlich geregelt. Das Regreßrecht wurde eingeschränkt. Auch auf diesem Gebiet wurden neue Einrichtungen geschaffen: Kammern für Kinderschutz (Raden voor de kinderbescherming) und Zentraler Adoptionsrat. Die Rechtlosigkeit der verheirateten Frau war mit der veränderten Position der Frau im gesellschaftlichen Leben nicht länger zu vereinbaren. Es gab hier bereits zahlreiche Ausnahmen. Seit dem 1. Januar 1957 haben Mann und Frau die gleiche Rechtsstellung. Der Ehevertrag kann mit Hilfe des Staates geändert werden. Die Verwandtschaftsbande wurden schwächer, die Bindung an die engere Familie stärker. Der Entwurf des neuen B.W. von Meyers gesteht dem am längsten lebenden Ehepartner einen Pflichtteil zu, was der Gesetzgeber 1923 noch nicht tat.

Die Gesellschaft wird kollektiver. Nach dem Zweiten Weltkrieg wurde der kollektive Bereich ausgeprägter: es gab mehr Gruppenbildung, verstärktes Gruppenbewußtsein, intensivere Organisation und viele kollektive Maßnahmen. Dadurch nahm quantitativ und qualitativ die Bedeutung der juristischen Personen, nach außen auftretender organisatorischer Einheiten, enorm zu; es gibt privatrechtliche und öffentlichrechtliche juristische Personen. Heute (1962) existieren ungefähr 22 000 Aktiengesellschaften, auf Gewinn gerichtete Kapitalzusammenschlüsse, auf Grund der beschränkten Haftung und der Dauerhaftigkeit die wichtigste unternehmerische Rechtsform in den Niederlanden, vor allem im Bereich der Industrie, des Bank- und Versicherungswesens, in der Schiffahrt; es gibt große, mittlere und kleine, offene und geschlossene, Mutter- und Tochtergesellschaften. Im Augenblick gibt es ungefähr 4500 Genossenschaften, nicht auf Gewinn gerichtete Zusammenschlüsse mit Mitgliedern, von denen fast 4/5 in der Landwirtschaft beschäftigt sind, mit zwei Zentralen (Eindhoven, Utrecht) und einem höchsten Organ (Nationale Coöperative Raad). Sie sind oft für Mitglieder und Nichtmitglieder von großer wirtschaftlicher und sozialer Bedeu-

---

[13] Siehe die rechtssoziologische Doktorarbeit (Doktorvater Prof. Dr. J. J. M. van der Ven) von G. Overdiep: Rechtsbescherming van de feitelijke verhouding tussen het onwettig kind en zijn ouders, gezien in het licht dier verhouding in Drenthe (1955).

tung. Es gibt stark 7000 seit 1956 gesetzlich geregelte Stiftungen: Schulen in Form von Stiftungen, Stiftungen in der Nachkriegswelt der Studenten, staatliche Stiftungen usw. Die Zahl der Vereinigungen mit Rechtsfähigkeit, worunter sich ungeheuer große (Rundfunkanstalten, Wohnungsbauvereine, A.N.W.B. [Allgemeiner Niederländischer Radfahrerverband]) und sehr kleine befinden, beläuft sich auf 60 000. Auf der Liste der Religionsgemeinschaften des Justizministeriums stehen heute (1962) nicht weniger als 90 Religionsgemeinschaften.

„Die juristischen Personen drücken der Gesellschaft ihren Stempel auf", schreibt Prof. J. M. Polak[14]. Tatsächlich ist ihre gesellschaftliche Bedeutung sehr groß geworden: im Wirtschaftsleben, beim Wohnungsbau oder im Sport. In den folgenden zwei Paragraphen wird auch einiges über die Bedeutung der Gewerkschaften gesagt werden. Durch den zunehmenden Bau von Etagenwohnungen entstand als neue Form des Miteigentums die Eigentumswohnung; hier gibt es u. U. eine Eigentümervereinigung mit Vereinsorganen, die Rechtsfähigkeit besitzt (V.V.E.). Versicherungsgesellschaften auf Gegenseitigkeit — im neuen B.W. gebührend geregelt — spielen bei Schäden (Krieg, Hochwasser) eine große Rolle.

Bei der Gestaltung des Rechts ist eine, oben schon beiläufig angedeutete, „Kollektivierung" des Rechts zu erkennen[15]. Auf Grund der wirtschaftlichen, sozialen und politischen Situation wird das Privatrecht immer weniger ein Recht des einzelnen. Während das heute gültige B.W. vom Jahr 1838 die juristischen Personen nicht explicite nennt, wird ihnen im neuen B.W. ein eigenes Zweites Buch (juristische Personen) gewidmet.

Oben wurde schon gesagt, daß mehr Eigentum von juristischen Personen (Gegensatz: natürliche Personen) entstanden ist. Dies Kollektiveigentum hat eine andere Beschaffenheit als das Eigentum der natürlichen Personen. Es besteht eine Trennung der Vermögenstitel der Kapitaleinleger und des Realkapitals. So ist bei der A.G. das Gesellschaftsvermögen von dem der Aktieninhaber getrennt. Es besteht hier eine weniger persönliche Beziehung. Die Aktionäre treten als Person zurück. Leitung und Geschäftsführung einerseits und Eigentum andererseits sind getrennt. Das Verfügungsrecht ist oft vom Eigentum getrennt. Privateigentum, Kapitalbesitz und Reichtum sind für die Machtausübung weniger bestimmend, Verfügungsgewalt und Kontrolle („Manager") sind wichtiger[16].

---

[14] J. M. Polak: Inleiding tot het Nederlands rechtspersonenrecht (1960). Daß eine derartige Einleitung jetzt geschrieben werden konnte, ist symptomatisch für die Entwicklung dieses Rechtskomplexes.

[15] W. C. L. van der Grinten: Collectivering in het privaatrecht (1957).

[16] F. Kübler: Aktiengesellschaft und Privateigentum, in ZHR 1968, S. 255 f.

Um einen kollektiven Arbeitsvertrag abzuschließen, müssen Arbeitgeber- und Arbeitnehmerverbände Rechtsfähigkeit besitzen. Der kollektive Charakter kommt schon in der übrigens nicht sehr genauen Bezeichnung dieses Mantelvertrages zum Ausdruck. Die Mehrheit bindet mit der Bestätigung des Staates die Minderheit durch die Allgemeinverbindlichkeitserklärung. Durch den von den Gruppen geschlossenen Tarifvertrag (C.A.O.) entsteht eine kollektive Bindung, z. B. kollektive Lohnfestsetzung. Die Betroffenen werden hier selber rechtsschöpferisch (außerhalb des staatlichen Rechts) tätig. Der freiwillige individuelle Vertrag büßt hierdurch an Bedeutung ein. Die Klassenkampfsituation wird hiermit verändert, der Tarifvertrag (C.A.O.) wurde von eminenter Bedeutung für den Arbeitsfrieden (College van Rijksbemiddelaars = Schlichtungskommission). Durch die öffentlichrechtliche Betriebsorganisation (P.B.O. = Publiekrechtelijke Bedrijfsorganisatie, Paragraphen 2 und 3) sind Lohnabsprachen durch untergeordnete öffentlichrechtliche Betriebskörperschaften möglich.

Auf wirtschaftlichem Gebiet gibt es durch Kartellierung (nationale und internationale), durch „Unternehmensabsprachen“ (Gesetz aus dem Jahr 1935), durch „Wirtschaftsabsprachen“ (Kartellbeschluß 1941), „Wettbewerbsabsprachen“ und „wirtschaftliche Machtpositionen“ (Gesetz über den wirtschaftlichen Wettbewerb aus den Jahren 1956/8) Machtkonzentrationen. Hier gibt es ebenfalls die Allgemeinverbindlichkeit, an die auch Dritte, Außenstehende, gebunden sind. Hierbei kann man eine Zusammenarbeit der Unternehmer und ein Zusammengehen der Privatunternehmer mit dem Staat beobachten. Mit P. J. Oud, C. H. Schouten u. a. kann man in diesen Erscheinungen Vorläufer der heutigen öffentlichrechtlichen Betriebsorganisation (P.B.O.) sehen.

Das Privatrecht ist unverkennbar als Normenkomplex immer mehr soziologisch infiltriert, mehr „von innen heraus soziologisch orientiert“. Diese Soziologisierung wird ganz deutlich beim Arbeitsrecht, einem Sonderbereich des Rechts. Bei der Anwendung und Auslegung des Rechts, damit bei der Rechtsfindung, bedienen sich die Richter neben anderen Methoden der Auslegung immer mehr der teleologischen und soziologischen Interpretationsmethoden, bei denen man die gesellschaftlichen Ziele im Auge hat; dies geschieht in Zusammenhang mit den heutigen gesellschaftlichen Zuständen, auf die ein Paragraph angewendet werden soll, kurz, man beachtet den Einfluß des Rechts auf das gesellschaftliche Geschehen[17].

Siehe meinen Artikel Nieuwe beschouwingen over eigendom en eigendomsrecht, in Rechtsgeleerd Magazijn Themis 1957, S. 21 f.
Auch J. J. M. van der Ven in Ars Aequi, 1958/9, S. 110 und 111.

[17] H. J. Pot: Maatschappij en Recht. Beschouwingen over de maatschappelijke werking van het recht als studie-object der rechtswetenschap (1960).

Wir wollen diesen Überblick der gesellschaftlichen Entwicklung, von der Warte des Privatrechts aus betrachtet, deshalb damit beschließen, daß wir nachdrücklich auf die Bedeutung der Rechtssoziologie, besonders der „deskriptiven" Rechtssoziologie, als einer Untersuchung der faktischen gesellschaftlichen Verhältnisse, hinweisen. Sowohl für den modernen Gesetzgeber (Rechtsfortbildung, Normengebung) als auch die moderne Rechtsprechung (Anwendung und Erläuterung des Rechts) sind Kenntnis der „Rechtswirklichkeit", Verständnis der faktischen Geltung des Rechts und der Wechselwirkung von Recht und tatsächlichen Verhältnissen unentbehrlich.

§ 2 Staat und Gesellschaft

Zusammen mit der Veränderung der Gesellschaft — wir beziehen uns hier auf den Anfang von § 1 — verändert sich die Verfassung, die Staatsordnung selber. Um die Jahrhundertwende (1900) waren Staat und Gesellschaft, waren die Bereiche der Obrigkeit und des einzelnen streng voneinander getrennnt. Nach 1848 herrschte der politische und wirtschaftliche Liberalismus mit einem Verzicht auf staatliche Einmischung vor. Es gab nur wenig Interventionismus des Staates in der Gesellschaft; die Verfassung nannte nur Unterrichtswesen und Armenpflege. Im sozialen Bereich gab es also etwas, im Wirtschaftsleben herrschte eine fast absolute Unternehmens- und Berufsfreiheit, obwohl dies nicht wie in der Schweiz (1874) als Grundrecht in der Verfassung verankert war. Unter der Herrschaft König Willems I. (sog. „landesväterliche Regierung") hatte es in den Niederlanden eine Reglementierung, auch des Wirtschaftslebens, gegeben, und zwar in Form von förmlichen Gesetzen (Patentgesetze, Tarifgesetze), aber besonders in Form von sog. Königlichen Verordnungen (Beschlußregierung; Blankettgesetz von 1818; A.G.; Handelskammer; Lebensversicherungen; Transport, Sicherheit, Behinderungen, Maße, Gewichte usw.). In der zweiten Hälfte des 19. Jhdts. war dies jedoch vorbei: es gab keinen Patentschutz mehr (1869), kein Konzessionierungssystem für den öffentlichen Transport, mit Ausnahme der Eisenbahnen (1880), keine Aufsicht über Lebensversicherungsgesellschaften mehr (1880), das Blankettgesetz wurde abgeschafft (1893).

Schon früh erhoben sich Stimmen nach stärkerer Integration von Staat und Gesellschaft. 1859 wandte sich Groen van Prinsterer gegen die atomistische und individualistische Gesellschaft. Auch A. Kuyper setzte sich in der zweiten Hälfte des vorigen Jhdts. für eine mehr organische Gesellschaft ein. Er sprach sich schon für ein Arbeitsgesetzbuch und eine öffentlichrechtliche Betriebsorganisation aus; dies war damals noch eine Vision, später kam es zu einer wohldurchdachten Regelung. Neue Organe entstanden schon 1897 mit den Arbeitskammern (Kamers van Arbeid), Körperschaften für einzelne Wirtschaftszweige auf regionaler Basis mit regionaler Vertretung der Arbeitgeber und Arbeitnehmer. Diese Vorläufer der heutigen öffentlichrechtlichen Betriebsorganisation (P.B.O.) waren in der Praxis kein Erfolg. Sie haben im sozialen und wirtschaftlichen Leben keine bedeutsame Rolle gespielt. Das betreffende Gesetz wurde 1923 beim Zustandekommen des Gesetzes über den Arbeitsfrieden (Arbeidsgeschillenwet) gestrichen.

Im 20. Jhdt. wurde die Verfassung weiter demokratisiert. Die Verfassungsänderung von 1917 brachte das allgemeine Wahlrecht für Männer und öffnete die Möglichkeit für ein allgemeines Frauenwahlrecht. Die Gesetzesinitiative Marchant führte dieses 1919 herbei. Es gab jetzt ein allgemeines Wahlrecht mit proportionaler Vertretung (1922), das sich auf politische Parteien, zumeist rechtsfähige Vereinigungen (funktionale Gruppenbildung), stützte. So bekamen andere Bevölkerungsgruppen als vorher mehr Einfluß auf Gesetzgebung und Exekutive. Andere Interessen konnten staatsrechtlich zur Geltung kommen[18].

Die Durchführung der Gesetze wird mehr dezentralisiert. So wurden die Handelskammern (Kamers van Koophandel en Fabrieken) in der Zeit von 1918 bis 1940 mit der Durchführung des Handelsregistergesetzes, des Gesetzes über die Binnenschiffahrt (Wet evenredige vrachtverdeling), das Ausverkaufsgesetz, das Gesetz über den Ratenkauf, das Warengütegesetz und einzelne Krisengesetze beauftragt. Auch der Gedanke einer Dezentralisierung der Gesetzgebung zugunsten der territorialen Körperschaften gewinnt Raum. Nach den beiden vorläufigen Gutachten der Niederländischen Juristenvereinigung (1917) öffnet die Verfassungsänderung von 1922 die Möglichkeit der Errichtung anderer Körperschaften (sog. „schappen“) mit Verordnungsbefugnis kraft Gesetz. So kann es neben der regionalen Gruppenbildung mehr funktionale Gruppenbildung geben: funktionale Dezentralisierung. Neue Organe entstanden schon 1933 mit den Betriebsräten, permanenten paritätischen Räten mit öffentlichrechtlichem Charakter, organisch zusammengesetzt aus Arbeitgebern und Arbeitnehmern und vom Staat eingesetzt. Nicht viele dieser Vorläufer der späteren öffentlichrechtlichen Betriebsorganisation (P.B.O.) kamen zustande; 1939 gab es nur etwa 18, dann kam der Krieg.

Schon bevor die Verfassung ihre Errichtung kraft Gesetz forderte, waren durch Königliche Verordnung wichtige Gutachter- und Berater-

[18] Was Königin Louise in Multatulis „Vorstenschool“ (1865) zu ihrer Mutter sagt, stimmt nicht mehr: „Ein Teil, ein kleiner Teil der Gesellschaft herrscht, regiert, intrigiert, erläßt Gesetze ... und überläßt den restlichen Teil, und zwar den größten, dem Elend.“

kommissionen für die Regierung ins Leben gerufen worden: für Fragen des Mittelstandes (Middenstandsraad), der Industrie (Nijverheidsraad), der Arbeit (Hoge Raad van Arbeid 1919). Im Jahr 1932 entstand der Ökonomische Rat, der bis zum Ausbruch des Krieges 1940 wichtige sachkundige Gutachten lieferte. Auch auf zahlreichen anderen Gebieten entstanden solche beratenden Körperschaften: für das Unterrichts- (Onderwijsraad) und Gesundheitswesen (Gezondheidsraad), ein Rundfunkrat und zahlreiche andere.

Zwischen den beiden Weltkriegen, vor allem infolge der Wirtschaftskrise (1929), und nach dem Zweiten Weltkrieg kümmerte sich der Staat stark um das Wirtschaftsleben. An die Stelle des Verzichts auf Einmischung trat die Intervention des Staates. Der Staat plant und lenkt, wir sprechen von Dirigismus. So änderte sich das Verhältnis zwischen Staat und Privatwirtschaft. Öffentliches Recht und Privatrecht durchdringen sich stärker, wie schon in § 1 deutlich wurde, z. B. beim dirigierten Vertrag.

Durch diese staatliche Wirtschaftslenkung entsteht ein riesiger Komplex wirtschaftlicher Ordnungsmaßnahmen, die teils zum Privatrecht, teils zum öffentlichen Recht gehören. Das ist das moderne sozial-ökonomische Recht, ein „Stapel Gesetze“ (M.P. Vrij), der umschrieben werden kann als die „Gesamtheit der Vorschriften, insbesondere der Vorschriften der Zentralregierung, der öffentlichrechtlichen Betriebsorgane oder der mit staatlicher Gewalt ausgestatteten Rechtspersonen (Vereinigungen und Stiftungen), deren Normen unmittelbar oder mittelbar die wirtschaftlichen Marktverhältnisse beeinflussen wollen“[19].

Das vollkommen freie Spiel der Kräfte wird nicht länger für annehmbar erachtet. Durch Eingriffe in den Marktmechanismus und Reglementierung des Wirtschaftslebens greift der Staat korrigierend ein. Regierung und Unternehmen geraten so in verschiedenen Bereichen miteinander in Berührung. Nach 1926 griff der Staat wieder in das Transportwesen ein (Autobusse, Lastwagen). Das Gesetz über den Personenverkehr (Wet Autovervoer Personen), die Gesetze über den Gütertransport mit Autos (Wet Autovervoer Goederen) und den Gütertransport durch die Binnenschiffahrt (Wet Goederenvervoer Binnenscheepvaart) bilden einen Gesamtkomplex von Ordnungs-, Koordinierungs- und z. T. auch Niederlassungsgesetzen für den differenzierten Inlandstransport neben den Gesetzen für Eisenbahn und Luftfahrt. Immer häufiger wird die Betriebsausübung nur genehmigt, wenn man bestimmte Voraussetzungen erfüllt, außerdem wird sie an allerlei Vorschriften gebun-

[19] A. Mulder: De handhaving der sociaal-economische wetgeving, S. 22 (1950). Sociaal-Economische Wetgeving 1952, S. 5 f.; 1953, S. 400; 1956, S. 18—21. Auch Rechtsgeleerd Magazijn Themis 1957, S. 13 und 17, und W. P. voor het bedrijfsleven, Zweiter Teil K—Z, S. 87 (1957).

den: Konzessionen, Genehmigungen mit Befreiungen, Freistellung, Voraussetzungen usw. Es besteht eine ganze Reihe von Niederlassungsgesetzen: Niederlassungsgesetz für Betriebe (Vestigingswet Bedrijven)[20], Betriebsgenehmigungsgesetz und das Gesetz über die Vermittlung von Versicherungen (Wet Assurantiebemiddeling). Neben der schon seit langem bestehenden staatlichen Aufsicht über die Lebensversicherungsgesellschaften, ist auch eine solche Aufsicht über die Haftpflichtversicherungsgesellschaften im Entstehen. Seit den Krisenjahren gibt es ein Eingreifen der Regierung in die Landwirtschaft. Ein Wirtschaftsstrafrecht mit eigenen Einzelrichtern und Wirtschaftsstrafkammern bei den Gerichten ist entstanden (Gesetz über Wirtschaftsstraftaten). Die Zahl der Gesetze wächst nicht nur, auch der Wirkungskreis der bestehenden sozialökonomischen Gesetze hat sich in den letzten zwanzig Jahren noch vergrößert. Über die stark wachsende Sozialgesetzgebung wird in § 3 noch einiges mitgeteilt werden können.

Diese Ordnungsgesetzgebung betrifft nicht nur wirtschaftliche und soziale Belange, sondern auch geistige Werte. Man sieht dies bei den aktuellen Fragen der Niederlassungsgesetzgebung (diesbezügliche Verordnungen und Erlasse der Zentralregierung) gegenüber der von der Verfassung garantierten Pressefreiheit. Sowohl der ministerielle Taschenbuch-Erlaß als auch die Königl. Verordnung über die Leihbibliotheken wurden vom Staatsgerichtshof als in Widerspruch mit Artikel 7 der Verfassung beanstandet; es sind dies zwei kaum begründete und juristisch schwache Urteile des höchsten Gerichts, das jedoch offenkundig der Unsicherheit die Sicherheit vorzog und die Sicherung des persönlichen Grundrechts des Bürgers über die Wirtschaftsordnung stellen wollte[21].

Die Zunahme der staatlichen Eingriffe auf wirtschaftlichem, sozialem, technischem und kulturellem Bereich kommt in der Einteilung der Ministerien zum Ausdruck. Es entstanden zahlreiche Ministerien, die es vorher nicht gab, so Ministerien für Soziales, Wirtschaft, Wohnungsbau, Volksgesundheit, Verkehr und Wasserbau, Unterricht, Künste und Wissenschaften, Gesellschaftliche Angelegenheiten, Fragen der öffentlich-rechtlichen Betriebsorganisation (P.B.O.) usw. Durch die schnelle und intensive gesellschaftliche Entwicklung ist auch das sozialökonomische Verwaltungsrecht seiner Beschaffenheit nach sehr dynamisch. Aus diesem Grund ist Delegierung oft unvermeidbar. Viele Regelungen erfol-

[20] K. Scheffers: De Vestigingswet als sociale controle-techniek, in Mens en Maatschappij Nov./Dez. 1957, S. 335 f.

[21] Pompe beginnt seinen Kommentar des Urteils des H. R. vom 22. März 1960 (N. J. 1960 Nr. 274) mit folgender Bemerkung: „In dem hier verhandelten Fall kann man einen Konflikt zwischen der liberalen Staatsauffassung des 19. Jhdts., die durch individuelle Freiheit charakterisiert wird, und der sozialen Staatsauffassung des 20. Jhdts. beobachten, die dirigistisch ist.“

gen durch Allgemeine Verwaltungsmaßnahmen (sog. Algemene Maatregel van Bestuur), so daß in vieler Hinsicht wieder durch Erlasse regiert wird („Beschlußregierung"), jedoch geschieht dies heute in einem demokratischen Staat mit ministerieller Verantwortlichkeit und parlamentarischem System. Dies ist nicht nur auf wirtschaftlichem und sozialem Gebiet der Fall, sondern läßt sich auch z. B. bei der neuen Unterrichtsgesetzgebung beobachten („Gesetz über den Wissenschaftlichen Unterricht" — Wet Wetenschappelijk Onderwijs; „Gesetz über die Fortbildung" — Wet Voortgezet Onderwijs). Viele Fragen werden auch durch ministerielle Verfügung geregelt. Dies führt zu einer gewissen Machtverschiebung zugunsten der Exekutive und droht den direkten Einfluß der Volksvertretung zu vermindern; deswegen gibt es Allgemeine Verwaltungsmaßnahmen, die erst nach einer Wartezeit wirksam werden, nur eine begrenzte Geltungsdauer haben oder später noch vom Parlament gebilligt werden müssen; deswegen gibt es den jährlichen ministeriellen Rechenschaftsbericht vor dem Parlament.

Gesetze, Allgemeine Verwaltungsmaßnahmen und ministerielle Verfügungen werden von der staatlichen Zentralregierung erlassen. Jedoch ist auch hierbei eine gewisse „Vergesellschaftung"[22] zu beobachten, weil es nämlich zu einem Zusammenwirken zwischen der Zentralregierung und ihren Organen und der Privatwirtschaft mit ihren Unternehmen und Berufszweigen kommt. Die organisierte Privatwirtschaft wird auf mancherlei Weise beim Zustandekommen und der Durchführung der staatlichen Normen eingeschaltet; der Gesellschaft wird ein Einfluß zugestanden.

Zahlreiche Regelungen und Maßnahmen der Regierung werden auf Antrag der Betroffenen selber ergriffen bzw. herbeigeführt. In § 1 wurde dies in Zusammenhang mit der Flurbereinigung deutlich, bei der obendrein die Interessenten bei der Ausarbeitung eingeschaltet werden. Niederlassungsverordnungen der Krone dürfen nur auf Antrag der Wirtschaft erfolgen. Man sieht dies u. a. auch daran, daß von Unternehmern aufgestellte Wettbewerbsregelungen nicht vom Minister von Amts wegen für allgemeinverbindlich erklärt werden können. In solchen Fällen stellen die Unternehmer, einzelne Körperschaften („schappen") oder private Vereinigungen, oft müssen es rechtsfähige Vereinigungen sein („Kollektivierung"), den Antrag; manchmal ist hierbei der repräsentative Charakter wichtig. Die Regelungen sind in diesen Punkten pluriform.

Eine engere Verflechtung der Zentralregierung und der organisierten Wirtschaft entsteht im Bereich des Staates und in anderen Sektoren

---

[22] Der Terminus hat hier nicht die gleiche Bedeutung wie Vergesellschaftung des Privatrechts in § 1; in beiden Fällen ist der Terminus m. E. jedoch verwendbar.

auch dadurch, daß man den Betroffenen ein Mitspracherecht oder ein Beratungsrecht in Form von Gutachten zugesteht. So wird der organisierte Einfluß der Gesellschaft auf die Regierung größer. Die Verantwortlichkeit dehnt sich aus. Dies sieht man nicht nur bei der Wirtschafts- und Sozialgesetzgebung, sondern auch im Unterrichtswesen und anderen Bereichen (Akademischer Rat — Akademische Raad[23]; Kunstrat — Raad voor de Kunst; Rat für Jugendfürsorge — Raad voor de Jeugdzorg). Für eine derartige Beratung ist vielfach die Bildung von Körperschaften nötig. Es entstehen verschiedene Beraterorgane: permanente oder ad hoc gebildete, amtliche, halbamtliche und private. Sachverstand, Selbständigkeit, Unabhängigkeit, Unparteilichkeit und Objektivität sind hier von Gewicht. Ihre Arbeitsweise, z. B. das Anhören („hearings") der Betroffenen oder ihrer Organisationen („Kollektivierung"), um Beschwerden vorzutragen, Interessen geltend zu machen und sachkundige Informationen zu geben, ist wichtig. Sind sie nun eine reale Kraft oder haben sie nur scheinbar Einfluß? Inwieweit ist die Regierung an ihren Rat gebunden? Auch bei der Durchführung staatlicher Maßnahmen werden Organisationen eingeschaltet: in Fragen des Wohnungsbaus die hierfür zugelassenen Vereinigungen, in Fragen der Sozialversicherung die Betriebsverbände, in Fragen des Unterrichts die Schulleitungen usw. Der Staat gewährt verschiedene Unterstützungen. Der Staat hat manchmal ein „Einspruchsrecht", z. B. der Minister bei den Organen der öffentlichrechtlichen Betriebsorganisation (P.B.O.). Dies sind insgesamt Erscheinungen einer „Osmose" (van Poelje), der Staat wird „vergesellschaftet".

Es schien wünschenswert, bei der Durchführung der so an Umfang und Bedeutung wachsenden Aufgaben der Regierung zu einer gewissen Dezentralisierung zu gelangen[24]. Neben der Dezentralisierung auf Landesebene geht man an Stelle des direkten Eingreifens der Zentralregierung zu einer funktionalen Dezentralisierung über. Hierzu haben Fragen des Demokratieverständnisses und der Zweckmäßigkeit geführt. Arbeitskammern (Kamers van Arbeid), Betriebsräte (nach Betriebszweigen organisiert), Organe der Sozialversicherung und andere müssen als Vorläufer der öffentlichrechtlichen Betriebsorganisation (P.B.O.) genannt werden. Der privatrechtliche kollektive Arbeitsvertrag, ein Vertrag zwischen Organisationen, der seinerseits zur weiteren Organisation der Wirtschaft beiträgt, kann mit Recht als „großer Förderer der

[23] Nach dem Gesetz über den Wissenschaftlichen Unterricht soll dieser Rat ein Bindeglied zwischen Universität und Hochschule einerseits und der Gesellschaft andererseits darstellen; er soll außerdem die Anpassung des wissenschaftlichen Unterrichts an die Bedürfnisse der Gesellschaft befördern.

[24] In seiner Rede vor dem Kongreß über die Regional Authorities sagte F. D. Roosevelt am 3. Juni 1937: „But it is not wise to direct everything from Washington."

P.B.O." genannt werden (W. F. de Gaay Fortman). Dieses Gesetz aus dem Jahr 1950 gilt im Prinzip für die gesamte Wirtschaft und ist die Grundlage für die Errichtung des dreigliedrigen Sozialökonomischen Rats (S.E.R. = Sociaal Economische Raad), der Beratungsorgan und ausführendes Organ (z. B. Gesetz über die Vermittlung von Versicherungen) ist und selber Verordnungen erläßt; das Gesetz ist ein Rahmengesetz: in horizontaler Ebene für Betriebe (bedrijfschap) und Hauptbetriebe (hoofbedrijfschap) (mehr auf sozialem Gebiet) und in vertikaler Ebene für Produktionsbetriebe (produktschap) (mehr auf ökonomischem Gebiet)[25].

Diese öffentlichen Körperschaften, im Prinzip paritätisch besetzt, werden von den Betriebsangehörigen, den eigentlich Betroffenen, gebildet. Sie besitzen Autonomie und unterliegen ihrer Beschaffenheit nach der Aufsicht des Staats. Durch die Vertreter dieser neuen öffentlichrechtlichen, mit Machtbefugnis ausgestatteten Körperschaften wird eigenes Recht, werden Regelungen für den jeweiligen Betriebszweig geschaffen. Bei der Durchführung von vielen Gesetzen wurden und werden sie in immer größerem Umfang eingeschaltet. Es findet eine Integration der Gesellschaft in den Staatsverband statt.

Die Ausbreitung der P.B.O. vollzieht sich nur langsam. In der Lebensmittelversorgung und der Landwirtschaft ist am meisten erreicht. Hier gab es auf privater Basis aus Krisen- und Kriegszeiten her schon eine starke Zusammenarbeit, hier bestand schon eine gewisse Regelung. Als erste „Betriebschaft" (bedrijfschap) wurde im Jahr 1954 die Landbauschaft (Landbouwschap) eingerichtet. Fast alle landwirtschaftlichen Erzeugnisse fallen heute unter eine Produktionschaft. Für Mittelstand, Einzelhandel und Gewerbe, wo es nur schwache freie Organisationen gab, sind auch verschiedene P.B.O.-Organe entstanden; im Großhandel erst wenige. Aufgrund der organisatorischen Verhältnisse und Interessen der Industrie ist in ihrem Bereich nur wenig öffentlichrechtliche Betriebsorganisation aufgekommen; weder Arbeitgeber noch Arbeitnehmer bekunden hieran viel Interesse.

Durch das immer weitere Eingreifen des Staates wächst unvermeidlich der Verwaltungsapparat. Der Beamtenstaat birgt Gefahren für den Rechtsstaat in sich[26]. Die Rechtssicherheit des einzelnen kann bedroht werden. Der Rechtsschutz des Individuums gegenüber der Regierung mit ihren vielen Verwaltungsaktivitäten ist ein aktuelles Problem. Es entsteht eine neue Verwaltungsrechtsprechung mit neuen Beru-

---

[25] Man hat auch eine Hauptproduktschaft (hoofdproduktschap) eingerichtet, die das Rahmengesetz aus dem Jahr 1950 jedoch nicht kennt.

[26] In zahlreichen Antrittsvorlesungen der letzten Jahre wird auf diese Gefahren hingewiesen (C. H. F. Polak, F. R. Böhtlingk, B. de Goede, H. D. van Wijk, J. L. H. Cluysenaer).

fungsgründen, es entstehen neue Körperschaften, z. B. der Berufungsausschuß (College van Beroep) für die Wirtschaft, bei dem für verschiedene Gesetze eine Berufung möglich ist. Die politischen, sozialen und wirtschaftlichen Verbindungen mit anderen Ländern sind stärker geworden. Dadurch kam es zu einer größeren internationalen Integration der nationalen Gesellschaft, die wirtschaftliche, soziale und kulturelle Aspekte hat. Internationale Körperschaften mit verschiedenen Befugnissen wurden ins Leben gerufen, wodurch wieder allerlei neue Probleme entstanden.

Neben den alten persönlichen und politischen Grundrechten des Bürgers entstanden jetzt auch soziale Grundrechte, die für den Staat bei der Sozialpolitik als Richtschnur dienen (Menschenrechtserklärung; Europäische Sozialcharta), untereinander verflochten und von einander abhängig. Die Grundrechte, bisher Garanten „einer nach Innen gerichteten individuellen Freiheit", erhielten eine „gesellschaftliche Funktion". Tammes weist eine „Sozialisierung" der Grundrechte nach[27].

Wenn auch in diesem Abschnitt wieder die gesellschaftliche Entwicklung in den Niederlanden vom Standpunkt des Rechts, diesmal des öffentlichen Rechts, betrachtet wurde, wird neben einer Modifikation der Staatsordnung und einer Veränderung der Regierungsweise auch eine gewisse Vermengung von Staat und Gesellschaft deutlich; sie zeigt sich besonders im Arbeitsrecht und im sozialökonomischen Recht, speziellen Teilen (hauptsächlich) des Verwaltungsrechts, das — mit der Verwaltungslehre als Hilfswissenschaft — so sehr an Umfang und Bedeutung zugenommen hat. In welchem Umfange Soziologie, Soziographie, Raumplanung (Raumordnung) und Demographie hierdurch an Bedeutung gewonnen haben, braucht nicht gesagt zu werden. Kenntnis und Verständnis der sozialen Verhältnisse sind für diese Rechtsgebiete unentbehrlich. Man will die wirtschaftlichen und sozialen Verhältnisse mehr als früher durch Rechtsnormen (aktive Wirtschafts- und Sozialpolitik) beeinflussen. Dabei müssen Juristen, Wirtschaftswissenschaftler, Soziologen, Agronomen, Psychologen usw. zusammenarbeiten. Besonders das Arbeitsrecht ist schon stark soziologisch infiltriert.

Wir müssen auch diesen Abschnitt beenden, indem wir auf die Bedeutung der Rechtssoziologie als Aspektsoziologie hinweisen. Eine Untersuchung, wie die geschriebenen und ungeschriebenen Rechtsnormen in der Gesellschaft funktionieren, ist nötig[28]. Es ist z. B. zu fragen, in-

[27] Het Europese verdrag tot bescherming van de rechten van de mens en het nationale recht in Mededelingen van de Ned. Vereniging van Internationaal recht Nr. 43, Nov. 1960.

[28] „Die Rechtssoziologie muß mit mehr Ernst betrieben werden", schrieb Hoeting in Geestelijk Nederland (1920—1940) II, S. 83 und 84 (1948).

wieweit sich die Menschen in der Gesellschaft nach den Normen, denen entsprechend man sich verhalten muß, richten oder nicht (Schwarzarbeit, Schlüsselgeld u. ä.). Viel Quellenmaterial findet sich in den Begleitschreiben und Erwiderungen der Regierung an die Kammern, den Dokumenten der Kammern, Berichten und Jahresberichten usw.[29]. Auch die Staatssoziologie darf nicht vernachlässigt werden[30]. Zum Schluß weisen wir hier im Zusammenhang mit dem Strafrecht auf die Entwicklung der Kriminologie hin, wo, gestützt auf Psychologie, Psychiatrie und auch die Soziologie[31], eine tiefere Durchdringung stattfindet.

§ 3 Betrieb, Unternehmen und Arbeit

Die Entwicklung von Recht und Gesellschaft vollzog sich in den Niederlanden auch in diesem Jahrhundert in Gestalt eines evolutionären Prozesses. Es gab keinen revolutionären Bruch wie in einigen anderen Ländern, doch gab es beschleunigte Entwicklungen, besonders durch die Wirtschaftskrise und die Depression (1929) und durch die beiden Weltkriege (1914—1918; 1940—1945)[32]. Die technische Entwicklung verlief immer schneller. Es entstanden Planwirtschaft und Mischwirtschaft. Die Produktion erfolgt durch Unternehmen. Es herrscht Pluralismus, denn neben den privaten Unternehmen gibt es öffentliche Unternehmen: staatliche Betriebe, daneben öffentliche Dienstleistungsbetriebe (z. B. Postscheck- und Girodienst) und Kassen, außerdem noch Mischbetriebe, halbstaatliche Betriebe wie Hoogovens und K.L.M. Nach dem Ersten Weltkrieg existierte die Idee einer Sozialisierung der Produktionsmittel, z. B. das Sozialisierungsgutachten (Wibaut) der sozialdemokratischen Partei (S.D.A.P.) (1920); Staatskommission Nolens (1920 bis 1927). Langsam wird der Akzent auf die Sozialisierung der Verfügungsgewalt anstatt auf die Sozialisierung des Eigentums gelegt. Nach dem Zweiten Weltkrieg hat man zwar noch die Sozialisierung der limburgi-

---

[29] J. J. M. van der Ven: Rechtssociologische aantekeningen bij de Arbeidwet 1919 (1958). Siehe auch Sociaal Maandblad, Mai 1958 und Oktober 1958.

[30] „Im allgemeinen besteht meiner Meinung nach in unserem Land eine zu geringe Neigung, den Staat unter gesellschaftlichen Aspekten, d. h. soziologisch zu betrachten" (Hoetink in: Geestelijk Nederland 1920—1940, II, S. 70; auch S. 83). Im Jahr 1934 erschien in Leiden Herman Hellers: Staatslehre.

[31] Im Jahr 1922 wurde Bonger, einer der Begründer der Nederlandse Sociologische Vereniging, zum ersten Ordinarius für Kriminologie und Soziologie in den Niederlanden berufen. „Verspreide Geschriften" von Prof. Dr. W. A. Bonger erschienen im Jahr 1950. Siehe auch Mens en Maatschappij 1940, S. 161; 1945, S. 289 und 1946, S. 65.

[32] H. Sinzheimer, der als a. o. Professor der Rechtssoziologie an der Universität Amsterdam (1933—1945) lehrte, nannte Kriege „Lokomotiven" im Lauf der Geschichte.

schen Minen, die sich in Privatbesitz befanden, erwogen (die Ende 1946 eingesetzte staatliche Couvée-Kommission), diese jedoch nicht durchgeführt. Der Großteil der Steinkohlenminen ist jedoch in staatlicher Hand. 1948 wurde die „Nederlandsche Bank" nationalisiert. Ein Gesetz über die „Beaufsichtigung des Kreditwesens" (Toezicht Credietwezen) wurde erlassen, wodurch es eine staatliche Aufsicht der Zentralbank über die Privatbanken gibt. Auch in sozialistischen Kreisen wird die Frage der Sozialisierung weniger dogmatisch betrachtet, verficht man die Sozialisierung gewisser Betriebe nur dann, wenn sie im allgemeinen Interesse wirklich offenkundig nötig ist. Zwar gibt es eine staatliche „Planung" (Zentrales Planungsbüro usw.), jedoch nicht nur auf wirtschaftlichem Gebiet, wenn man an die Entwicklungspläne denkt, die die Universitäten und Hochschulen nach dem Gesetz über den Wissenschaftlichen Unterricht (Wet op het Wetenschappelijk Onderwijs) aufstellen müssen. Die Verantwortlichkeit wird durch diese Vorgänge „kollektiviert".

Auch hinsichtlich der Rechtsform der Unternehmen herrscht Pluriformität, doch ist neben anderen Rechtsformen (offene Handelsgesellschaft, Kommanditgesellschaft auf oder ohne Aktien; Genossenschaften; Versicherungsgesellschaft auf Gegenseitigkeit; Reederei; Stiftung; Vereinigung) wirtschaftlich und soziologisch die Aktiengesellschaft die weitaus wichtigste. Nach dem Gesetz hat sie als Organe die Aktionärsversammlung, den aus einem oder mehreren Personen bestehenden Vorstand und, in den Niederlanden nicht gesetzlich vorgeschrieben, den (die) Aufsichtsrat(räte). Wenn die Aktionäre in der großen, meist offenen A.G. alle als Eigentümer zu betrachten sind, so ist erstens ihr Eigentum ein anderes als früher (vgl. § 1), haben sie zweitens oft keinen großen Einfluß in der A.G. Die Aktionäre bilden ein (stets) wechselndes Kollektiv; an der Unternehmensführung haben sie im allgemeinen kein Interesse; sie interessieren sich meistens oder ausschließlich für die zu kassierende Dividende als Gewinnanteil und für die Aktienkurse[33].

Durch verschiedene sog. „oligarchische" Klauseln in der Satzung der offenen A.G. wird der Einfluß der Aktionärsversammlung vielfach eingeschränkt und dem Vorstand übertragen („oligarchische" Klauseln = Bestimmung, daß die Benennung der Vorstandsmitglieder durch bindenden Vorschlag der amtierenden Vorstandsmitglieder oder Aufsichtsratsmitglieder geschieht. Anm. d. Übers.). Diese Machtkonzentration zu Lasten der Aktionäre ist eine Realität. In einem Gerichts-

[33] „Shareholders were seldom nasty unless startled — a long suffering lot" (Soames in Galsworthy: The white monkey). „Shareholders ... the word is comprehensive. Who are they, what are they, when are they?" (Sir Lawrence in demselben Buch).

urteil vom Jahr 1955 hat der Oberste Gerichtshof (H.R.) festgestellt, daß die höchste Machtbefugnis der Aktionärsversammlung eigentlich nur noch ein Slogan ist. Die Leitung liegt in den Händen des Vorstandes, der „Manager" der modernen Gesellschaft[34]. Das ist gut so und kann nicht anders sein, aber die Einsicht greift um sich, daß die Verantwortlichkeit der Vorstandsmitglieder besser geregelt werden muß[35]. Das Zweite Buch (Rechtspersonen) des neuen B. W. enthält eine dementsprechende Regelung[36]. Eine Aktiengesellschafts-Kammer (Vennootschapskamer), die von Staats wegen sachgemäße Kontrolle über den Jahresabschluß und die Emissionsprospekte von A.G.en mit großem Kapital ausübt, soll eingerichtet werden[37].

Auch bei zahlreichen anderen Vereinigungen gibt es ähnliche Probleme. Manchmal wächst die Mitgliederzahl ungeheuer. Strukturen und Arbeitsweise werden komplizierter. Es gibt verschiedene objektive und subjektive „oligarchische" Tendenzen. Der Abstand zwischen Vorstand und Mitgliedern vergrößert sich; das Band zwischen „Führern" und „Geführten" wird schwächer. In großen Genossenschaften tritt der Mitgliederrat an die Stelle der Mitgliederversammlung. Mit der wachsenden Personenzahl wird in den Gewerkschaften das Verhältnis Gewerkschaftsführer — Arbeiter problematisch.

Auch im Bereich des Rechts tritt das Unternehmen als organische Struktur mehr in den Vordergrund (Russel, de Gaay Fortman, Romme, van Campen u. a.). Dies wurde schon hier und da bei der Betrachtung des Privatrechts in § 1 (u. a. die beabsichtigte Regelung der Miete von Betriebsräumen) deutlich. Das Handelsregistergesetz und das Firmennamengesetz sprechen seit 1954 von „Unternehmen". Auch zahlreiche sozialökonomische Gesetze, die in § 2 behandelt wurden, gehen vom Begriff Unternehmen aus. Im Gesellschaftsrecht kommt das Unternehmen vor, besonders, wenn das Mitspracherecht des Faktors Arbeit im Unternehmen behandelt wird. Wir wollen uns jedoch vorher noch kurz allgemein mit der veränderten gesellschaftlichen Stellung der Arbeiter in der Gesellschaft befassen.

Der Staat greift immer mehr in den gesellschaftlichen Bereich ein. Die Sozialgesetzgebung[38] breitete sich nach 1900 weiter aus: sie betraf Arbeitszeit, Ruhe, Sicherheit, (bezahlten) Urlaub usw. Neben dem Arbeiterschutz gab es die Sozialgesetze: eine allgemeine Altersversorgung

[34] Vgl. Sociologische Gids, Nov./Dez. 1960.

[35] Het Jaarverslag, März 1955.

[36] Art. 2, 3, 3. 13 Abs. 3.

[37] P. Sanders in Festschrift Cleveringa.

[38] J. J. M. van der Ven: Rechtssociologische aantekeningen bij de Arbeidswet van 1919; Sociaal Maandblad Arbeid, Mai 1958 und Oktober 1958. Vgl. Mens en Maatschappij Jg. 34, Nr. 1.

praktisch der gesamten Bevölkerung mit wertbeständiger Grundpension unter Beibehaltung der persönlichen Verantwortlichkeit; allgemeine Versorgung der Witwen und Waisen; Kindergeld, das in einer umfangreichen und oft komplizierten Gesetzgebung geregelt ist. Man steuert eine Vollbeschäftigung an, doch kommt es zu Arbeitslosigkeit, so bekämpft seit 1932 das Gesetz über Arbeitslosigkeit zusammen mit der Pflichtversicherung der Arbeitnehmer die finanziellen Folgen der Arbeitslosigkeit. Für den Arbeitslosen wird gesorgt, auch für die Kranken (Krankenkassenverordnung) und Arbeitsunfähigen.

Der Natur der Sache entsprechend sind durch und im Gefolge dieser vom Staat aus sozialen Erwägungen eingeführten oder geregelten Sozialversicherungen verschiedene neue Körperschaften und Organe entstanden. Das Gesetz über Organisation und Koordination der Sozialversicherung führte als koordinierende Körperschaft einen dreiteiligen Sozialversicherungsrat ein. Die alte *Reichs*versicherungsbank wurde, das ist symptomatisch, eine *Soziale* Versicherungsbank. Die Gruppenbildung nahm zu: z. B. die aus Arbeitgeber- und Arbeitnehmerorganisationen gebildeten Betriebsvereinigungen (das Arbeiterversicherungsgesetz, das 1930 in Kraft trat). Die Durchführung geschieht nicht alleine von Staats wegen; die Aufgaben von staatlicher und privater Seite werden mehr miteinander verquickt. Die Invaliditäts- und Altersversorgung der Arbeiter wird immer mehr eine *Volks*versicherung. Es gibt mehr soziale Sicherheit für alle. Dadurch gewinnt das Privateigentum an Sachen eine andere Bedeutung (vgl. § 1)[39].

Die oben genannte Gesetzgebung ist zweifellos durch das veränderte Mitspracherecht bei der Lenkung des *Staates* (allgemeines Wahlrecht, Proportionalvertretung) herbeigeführt worden. Der Einfluß der Gewerkschaften, einer Interessengruppe, auf den Staat — Regierung und Parlament — wird größer. Dies führte zu Problemen des Demokratieverständnisses (pressure-groups). Die Gewerkschaften, privatrechtliche Zusammenschlüsse mit einer freien, nicht obligatorischen Mitgliedschaft, werden immer mehr bei der Gesetzgebung und Verwaltung (Gutachten, Diskussionen, Beratung und Durchführung) eingeschaltet. Sie sind nicht mehr wie früher das Kampforgan der Arbeiterklasse. Sie wachsen in den Staat und die Gesellschaft hinein. Sie wirken z. B. an der Festsetzung von Löhnen und Preisen mit usw. Wir sahen oben schon, wie eine kollektive Lohnfestsetzung die privaten Absprachen verdrängte. Nach der Befreiung arbeiteten Gewerkschaften und Arbeitgeberorganisationen eng mit dem Staat zusammen, um soziale Probleme zu lösen. Dies alles fordert von den Gewerkschaftsführern wie von ihren Mitgliedern eine andere Einstellung und andere Eigenschaf-

[39] J. Valkhoff in Rechtsgeleerd Magazijn Themis 1957, S. 34 f.

ten; es gibt mehr öffentliche Verantwortung, mehr soziales Bewußtsein ist nötig.

Das Mitspracherecht wird *im Betriebsbereich* größer durch die auf Unternehmen aufgebaute, nach Betriebsbereichen geordnete öffentlichrechtliche Betriebsorganisation (P.B.O.), die institutionelle Form des vergesellschafteten Wirtschaftsablaufs in den Niederlanden (vgl. § 2). Auf nationaler Ebene gibt es Mitspracherecht in dem dreigegliederten S.E.R., der 1950 eingerichtet wurde. Das Gesetz umschreibt die Aufgaben dieses höchsten Beratergremiums in allen sozialen und ökonomischen Fragen wie folgt: „einen dem Interesse des niederländischen Volkes dienenden Ablauf des Betriebslebens zu fördern sowie die Interessen der Betriebe und deren Angehörigen zu wahren". Neben einer beratenden Funktion wurden und werden weiterhin dem S.E.R. in verschiedenen Gesetzen Verwaltungsaufgaben übertragen. In wichtigen Fragen der Wirtschafts- und Sozialpolitik werden mit dem S.E.R. Vorüberlegungen angestellt. Das Verhältnis von S.E.R. — Regierung — Generalstaaten ist selber Ursache von Problemen, weil der S.E.R. in sozialen und wirtschaftlichen Angelegenheiten gegenüber der Regierung ein Beratungsgremium sein soll, die Regierung aber in eigener Verantwortung gegenüber der Volksvertretung, die sie kontrolliert, beschließen muß.

Die öffentlichrechtlichen Betriebskörperschaften mit ihren Organen, an denen Arbeitgeber- und Arbeitnehmerorganisationen in der Regel gleich stark (paritätisch) beteiligt sind, haben nach dem Gesetz die Aufgabe, „ein im Interesse des niederländischen Volkes liegendes betriebliches Funktionieren der Unternehmen, für die sie eingerichtet sind, zu fördern und die gemeinsamen Interessen der Unternehmen und ihrer Angehörigen zu wahren". Diese Körperschaften werden durch die zentrale Staatsregierung beaufsichtigt, doch die öffentlichrechtlich organisierte Wirtschaft hat bei der Machtausübung ein hohes Maß an Selbständigkeit. Neben Aufgaben wie Beratung, Leitung, Gutachten für höher gestellte Körperschaften und Mitarbeit bei der Durchführung der Erlasse von oben, sind sie befugt, Verordnungen zu erlassen, vor allem im sozialen Bereich. Für jede Körperschaft („schap") wird diese Befugnis im Gründungserlaß oder Gründungsgesetz genau festgelegt. Der für die Organisationen, die im S.E.R. und den „schappen" vertreten sind, geforderte Vertretungscharakter ist Ursache von Problemen. Das Mitspracherecht der Konsumenten bei der Leitung des Betriebes und im einzelnen Betriebszweig ist ein Problem. Es entstehen gesellschaftlich organisierte Verbraucherorganisationen; sie werden sich noch mehr integrieren müssen. Andere Probleme der P.B.O.[40] sind Öffent-

[40] Bericht Prof. Dr. B. M. Teldersstichting (1957) und Bericht des Centrum voor Staatkundige Vorming (Zentrum für politische Bildung), 1957.

lichkeit, Kosten usw. Neben den öffentlichrechtlichen *Betriebs*organisationen gibt es öffentlichrechtliche *Berufs*organisationen, z. B. die Anwaltskammer (Orde van Advocaten) mit eigenem Disziplinarrecht und eigener Disziplinargerichtsbarkeit, wie sie in zahlreichen Betriebs- und Berufsorganisationen entstanden sind.

Zum Schluß einige Bemerkungen über das Mitspracherecht der Arbeiter im einzelnen *Unternehmen* (Fabrik, Büro, Geschäft), eine reale Größe und selbständige Einheit des Wirtschaftslebens. Schon früher gab es von Arbeitgebern freiwillig gegründete und später im Tarifvertrag verankerte Personalzellen, Personalräte, Fabrikräte, Fabrikausschüsse, Kontaktkommissionen u. ä., die über interne Zustände des Unternehmens ein Urteil abgeben und Beschwerden und Wünsche der im Unternehmen tätigen Arbeiter bekanntmachen sollten. Jetzt gibt es als Beratungsorgane zwischen dem Unternehmen und den in ihm tätigen Arbeitern die Unternehmensräte; außerdem die aufsichtsführenden Betriebskommissionen, die stellvertretend für eine „Betriebschaft" arbeiten; ihre Mitglieder werden von Unternehmer- und Arbeiterorganisationen benannt. Das Sondergesetz über die Unternehmensräte (Wet op de Ondernemingsraden), das am 7. Juni 1950 in Kraft trat, trägt als ein Teil des wachsenden Unternehmensrechts mit verfassungsmäßigem Charakter zu unserer vergesellschafteten Unternehmensweise bei. In der nächsten Zukunft sollen etwa 5000 Unternehmensräte entstehen. Diese Zahl ist noch lange nicht erreicht (1962). Die Realisierung schreitet nur langsam voran.

Die Unternehmensräte basieren auf dem Gedanken einer stärkeren Bindung der Arbeitnehmer an das Unternehmen (u. U. durch Pensions- und Unterstützungskassen seitens des Unternehmers), verbessertes Kündigungsrecht usw. Gleichzeitig können sie vielleicht die Vermassung ein wenig kompensieren. Das Unternehmen wird immer mehr als eine *Gemeinschaft* der Arbeit angesehen. Der Arbeitgeber — in der Person des Unternehmers — und das im Unternehmen tätige Personal arbeiten im Unternehmen zusammen: dies ist eine „Vergemeinschaftung". Hier entsteht z. B. im Zusammenhang mit dem Unternehmensrat das Problem der Kommunikation. Andere Probleme, die das moderne Unternehmen betreffen, sind u. a. die Gewinnaufteilung (Beteiligung der Arbeiter?) und die Besitzverteilung.

Die rechtliche Regelung der A.G. basiert ihrer Beschaffenheit nach noch auf dem Gesellschaftsgedanken; die Arbeiter stehen mit ihrem Arbeitsvertrag eigentlich draußen. Ein neues Gesellschaftsrecht wird angestrebt, u. a. auch wieder, um die Verantwortung zu kollektivieren. Muß das Mitspracherecht des Arbeiters (in welchem Umfang soll er mit informiert werden, mit beraten, mit beschließen? soll dies im sozialen oder wirtschaftlichen Bereich oder in beiden gelten?) auch in der A.G.

zum Ausdruck kommen? Westdeutschland, wo man sich eher um die Reform des Unternehmens bemüht — bei uns schenkte man der Reform der Betriebe (P.B.O.) mehr Aufmerksamkeit — kennt Vertreter der Arbeiter im Vorstand. In den Niederlanden plädiert man für Mitglieder des Aufsichtsrats, die Arbeiter sind. Dabei erheben sich zahlreiche Probleme: wenn diese dem Personal angehören (direkte Mitsprache), werden dann die Machtverhältnisse nicht durcheinandergebracht? Wenn sie Außenstehende sind (indirekte Mitsprache), wo bleibt dann das tatsächliche Bewußtsein von Mitsprache? Wenn Gewerkschaftsfunktionäre Aufsichtsratsmitglieder sind, wie wird sich der Abstand zwischen ihnen und den Arbeitern bemerkbar machen? Gerät die nötige Homogenität der Unternehmensführung nicht in Gefahr? usw. In den Handelskammern (Kamers van Koophandel en Fabrieken), von denen es 37 gibt, regionalen öffentlichrechtlichen Körperschaften, die aus dem Wirtschaftsleben hervorgegangen sind und dessen Interessen dienen und diese befördern, können Arbeitnehmer als Mitglieder benannt werden (Gesetz vom Jahr 1950), was auch geschieht. In dem neuen Gesetz, das in Zusammenhang mit der Entwicklung der P.B.O. kommen soll, wird vorgeschlagen, die Vertretung der Arbeiter zu verstärken (Gutachten des S.E.R.).

Auch in diesem letzten Abschnitt wurde die gesellschaftliche Entwicklung in den Niederlanden wieder überwiegend von der Warte des Rechts, hier des Arbeitsrechts und des Verwaltungsrechts, betrachtet. Wie auch in den vorangehenden beiden Abschnitten ergibt sich eine engere Verbindung von Soziologie und Recht[41]. Dies gilt für die allgemeine Soziologie und die Rechtssoziologie. Neben der letztgenannten noch jungen Aspektsoziologie gibt es speziell die neue Betriebssoziologie (als Teil der Wirtschaftssoziologie)[42] und die ihr eng verwandte Betriebspsychologie (zusammen mit der Sozialpsychologie), beide von wachsender Bedeutung. Es geht hier sowohl um das menschliche Gruppenverhalten („human relations") im Betrieb als auch um die Wechselwirkung zwischen dem Betrieb und seiner sozialen Umwelt; um die Untersuchung von Problemen, die mit Produktivität, Arbeitsverfahren, Rekrutierung und Bildung von Betriebskontrolle, Arbeitseinteilung, Lohn, Pensionierung, Befriedigung durch die Arbeit, „Teamgeist" zusammenhängen und zahlreiche andere Gruppenprobleme.

---

[41] J. Gaudemet stellt ein „mouvement général des juristes vers la sociologie" fest (Droit, économie, sociologie, Travaux du VIe Colloque des facultés de droit et des sciences économiques Toulouse, 28.—31. Mai 1958, S. 22).

[42] P. J. Bouman: Sociologie, begrippen en problemen, Kapitel IV und V.

V.

DIE BEZIEHUNG ZWISCHEN DER SOZIALEN UND WIRTSCHAFTLICHEN ENTWICKLUNG UND DER ENTWICKLUNG DES RECHTS IN DEN NIEDERLANDEN*

Einleitung

Zur Zeit der Kodifikation des Rechts (1838) waren die wirtschaftlichen und sozialen Verhältnisse in den Niederlanden frühkapitalistisch. Die Landwirtschaft war vorherrschend, was noch aus dem Zivilgesetzbuch (B.W. 1838) hervorgeht. Die Industrie hatte noch keine Bedeutung. Handwerk herrschte vor. Für den Transport gab es die Binnenschifffahrt. Das Privatrecht wurde durch die individuelle Freiheit des Eigentümers (die nicht ganz unbegrenzt war), durch Vertragsfreiheit (durch Gesetz, die öffentliche Ordnung und die guten Sitten eingeschränkt), Testierfreiheit (durch die Bestimmungen über den Pflichtteil eingeschränkt) und Berufs- und Unternehmensfreiheit gekennzeichnet.

Unter der Regierung von König Willem I. wurde die wirtschaftliche Entwicklung von Staats wegen gefördert (wir sprechen von einem gemäßigten Merkantilismus). Privatleuten wurden Konzessionen erteilt. Aktiengesellschaften (es gab ca. 100), Lebensversicherungsgesellschaften und Makler wurden vom Staat beaufsichtigt.

Die Jahre von 1850 bis 1870 etwa bildeten die Übergangszeit zu einem modernen Kapitalismus; zwischen 1870 und 1900 entwickelten sich in dessen Gefolge Industrie, Verkehrswesen (Eisenbahnen, Dampfer) und Bank- und Effektenwesen. In den 70er Jahren entstanden u. a. ein Belästigungsgesetz zur Regelung der Beaufsichtigung bei der Errichtung solcher Anstalten, welche Gefahr oder Schaden verursachen können; ein erstes Gesetz über Genossenschaften, während die wirtschaftlich auf einer Ebene mit der Genossenschaft stehende Versicherungsgesellschaft auf Gegenseitigkeit Anerkennung als juristische Person fand; weiter das erste Arbeitsgesetz, nämlich die Beschränkung und teilweise Abschaffung der Kinderarbeit. Das Koalitionsverbot wurde

---

* Les rapports entre le développement social et économique et le développement du droit aux Pays-Bas in Netherlands reports to the VIIIth international congress of comparative law, Pescara 1970.

aufgehoben, was für die Gewerkschaftsbewegung wichtig war. Das Pfandrecht wurde modernisiert. Die Rechtsprechung erkannte die Hypothek als Kreditsicherung an. Es wurde vorgeschlagen, die staatliche Aufsicht über die (ca. 400) Aktiengesellschaften abzuschaffen. Sie hat sich jedoch immer gehalten. Es war die Zeit des Liberalismus. Der Interventionismus wurde auf ein Minimum beschränkt, es herrschte Wettbewerbsfreiheit, freie Preis- und Lohnfestsetzung.

Nach 1900 beschleunigte sich die wirtschaftliche Entwicklung immer mehr. Es entstanden mehr Großbetriebe. Der Handelskapitalismus mit freiem Wettbewerb herrschte weiterhin vor. Im Jahr 1909 wurde als Ergebnis der neuen sozialen Verhältnisse eine ausführliche Regelung des privatrechtlichen Arbeitsvertrags zwischen den einzelnen Arbeitgebern und Arbeitnehmern eingeführt, worin auch in einem Artikel der kollektive Arbeitsvertrag eine gesetzliche Grundlage erhielt. Diese Regelung des Arbeitsvertrags brachte für das Zivilgesetzbuch (B.W.) mehr zwingendes und fast zwingendes Recht mit sich. Es entstanden verschiedene Sozialgesetze (Schutzgesetze und Sozialversicherungsgesetze).

Die Jahre des Ersten Weltkriegs mit zunehmendem staatlichem Interventionismus bezeichneten einen Einschnitt. Mit dem Handelsregistergesetz entstand allmählich im Bereich des öffentlichen Rechts eine sozialökonomische Gesetzgebung. Die Handelskammern (Kamers van Koophandel en Fabrieken) erhielten eine gesetzlich geregelte Satzung. Das Recht der Aktiengesellschaften (im Handelsgesetzbuch) und das Recht der Genossenschaft (in einem eigenen Gesetz) wurden modernisiert. Die Zeit der Depression nach der verhängnisvollen Wirtschaftskrise des Jahres 1929 mit ihrer wirtschaftlichen und sozialen Auflösung brachte ein verstärktes, wenngleich noch zufälliges Eingreifen des Staates in den Marktmechanismus mit sich. Infolge des Versagens der freien Marktwirtschaft entstanden zahlreiche staatliche Maßnahmen in Form von (zeitlich begrenzten) Krisengesetzen und (dauerhaften) öffentlichrechtlichen sozialwirtschaftlichen Gesetzen, die den Wucher, Geschäftsniederlassung oder Kartellbildung betrafen. Eine Regelung des Ratenkaufs und des Mietkaufs im Zivilgesetzbuch und der Pacht in einem eigenen Gesetz brachten mehr zwingendes Recht für das Schuldrecht mit sich. Der Zweite Weltkrieg bedeutete das Ende der freien Marktwirtschaft.

Nach einer Zeit des Wiederaufbaus (1945—1950) entwickelte sich die Gesellschaft der Niederlande folgendermaßen: Die Bedeutung der Landwirtschaft nahm ab, die der Industrie nahm zu. Dadurch wuchs die Bedeutung der Mobilien gegenüber der der Immobilien. Vor allem der Bereich der Dienstleistungen breitete sich aus. Industrialisierung, Mechanisierung, Standardisierung, Automatisierung, Zusammenschluß, neue Kommunikationsmittel und Medien nahmen zu. Verkehr und Transport breiteten sich auf nationaler und internationaler Ebene aus, wurden intensiver und schneller. Das Lebenstempo veränderte sich beträchtlich. Die Bevölkerungsdichte nahm stark zu. Die Verstädterung schritt voran. Koexistenz und Interdependenz gewannen an Boden. Die Arbeitsform veränderte sich. Die Wirtschaft dehnte sich aus: Massenproduktion, steigende Einkommen, Massenkonsum, größere kollektive Bedürfnisse und kollektive Fürsorge (Wohlfahrtsstaat). Zugleich veränderte sich die Lebensweise: veränderte Einkommen, Ausgaben, Kauf-, Zahlungs- und Spargewohnheiten, Finanzierungen und Kreditgewährungen. Im allgemeinen gibt es noch Produktions-, Konsum-, Berufs-, Gewerbe- und Wettbewerbsfreiheit, wenn auch eingeschränkt, denn der Staat greift intensiver und systematischer in das soziale und wirtschaftliche Leben ein. Wir sprechen von einer sozialen und wirtschaftlichen staatlichen Politik, die sich aus Lohn-, Preis-, Transport-, Landwirtschafts-, Kartell- und Konjunkturpolitik zusammensetzt; sie ist national und supranational (EWG u. a.). Dieser Dirigismus und diese globale Reglementierung seitens des Staates brachten unter Beibehaltung der unternehmerischen Produktionsweise und der Marktökonomie neue Rechtsnormen und neue Körperschaften und Organe als Instrumente des Staates mit sich, die mit der Privatwirtschaft zusammenarbeiten.

§ 1 Dynamisierung des Rechts

Nach dieser summarischen und chronologischen Skizze der gesellschaftlichen Entwicklung in den Niederlanden von etwa 1838 bis 1970 wollen wir nun untersuchen, wie sich die Rechtsordnung im Zusammenspiel mit der wirtschaftlichen und sozialen Entwicklung der pluralistischen Gesellschaft gestaltete. Wir wollen des weiteren untersuchen, wohin die im allgemeinen schrittweise verlaufende Entwicklung des Rechts in Verbindung mit der ökonomischen und sozialen Struktur führte.

Das vorige Jahrhundert war statischer, das 20. Jhdt. ist dynamischer. Die gesellschaftlichen Veränderungen verlaufen schneller und sind oft einschneidender. Die Gesellschaft ist weniger stabil: man denke an Kriege, Revolutionen, Wirtschaftskrisen, Konjunkturschwankungen, Geldentwicklung, Geldentwertung, Inflation, Deflation und Aufwertung, Preis- und Lohnentwicklung usw. Im Inland und im Ausland treten häufiger unerwartete, nicht oder kaum vorhersehbare Ereignisse und Situationen ein.

Das Sachenrecht war immer der statischste Teil des Vermögensrechts; das Schuldrecht, dessen Bedeutung heute immer größer wird, ist etwas dynamischer. Das Handelsrecht war stets am dynamischsten. Die Parteien sind im allgemeinen an ihre Abmachungen und deren rechtliche Folgen gebunden, auch wenn die Folgen nicht vorhersehbar waren. Immer häufiger wird jedoch gesetzlich festgelegt, daß der Richter in bestimmten krassen Fällen, wo eine Partei die Folgen sicher nicht gewollt hätte und unverhältnismäßig und ungerechtfertigt benachteiligt würde, eingreifen kann. Das Zivilgesetzbuch von 1838 kannte einen solchen Eingriff eigentlich nur im Fall der Vertragsstrafe bei teilweiser Erfüllung. Später (1907) wurde der Richter ermächtigt, die Vorbehaltsklausel beim Arbeitsvertrag zu ändern oder sie sogar aus Billigkeitsgründen aufzuheben. Noch später (1936) wurde der Richter beim Ratenkauf und beim Mietkauf befugt, einen seiner Meinung nach übermäßig hohen Schadensersatzanspruch oder Strafe herabzusetzen oder aufzuheben. Übrigens erkennt das bestehende Recht den veränderten Umständen keinen Einfluß auf den Inhalt des Vertrags zu. So lautet die Rechtsprechung, daß man sich im Fall von veränderten Umständen nicht auf das Fortfallen der „causa" (nach Meinung des Obersten Gerichtshofs — Hoge Raad — das objektive Ziel eines Vertrages, das, was die Parteien mit dem Vertrag erreichen wollen) des Vertrags berufen kann. Die „causa" ist Voraussetzung für das Zustandekommen, nicht für das Bestehen des Vertrages. Wenn später die „causa" durch Änderung der Umstände fortfällt, ist der Inhalt des Vertrages unverändert bindend. Auch ein Hinweis auf die Bestimmung des Zivilgesetzbuches, daß Verträge nach Treu und Glauben ausgeführt werden müssen, hilft nicht. Bei einer 1908 vereinbarten Anleihe über einen großen Betrag in Mark wurde unter Berufung auf den Gesetzestext über Darlehen entschieden (Mark = Mark, Urteil des Hoge Raad vom Jahr 1931), daß sich der Darlehensgeber im Jahr 1924 mit einer Rückzahlung in Mark, die durch die verhängnisvolle deutsche Inflation nach dem Ersten Weltkrieg vollkommen wertlos geworden war, zufriedengeben mußte. Treu und Glauben und Billigkeitserwägungen setzen nicht die Normen des subsidiären Rechts außer Kraft. Auch in einem Fall, wo sich der Lieferant zur Zeit des Weltkrieges 1914/18 mit Erfolg auf höhere Gewalt berufen hatte und nach dem Krieg und dem Ende der Blockade wieder aufgefordert wurde, aufgrund des Liefervertrags noch für den gleichen Preis zu liefern, da es jetzt keine höhere Gewalt mehr gab, die ihn hinderte, konnte sich dieser Lieferant nicht auf die stark veränderten wirtschaftlichen Verhältnisse wie die bei Vertragsabschluß nicht vorhersehbaren hohen Preissteigerungen, Lohn- und Kostenzuwachs berufen (Urteil des Obersten Gerichtshofs (H.R.) aus dem Jahre 1926, und noch später [1964]). Das Gesetz erlaubt nach dem Urteil der Rechtsprechung nicht, ausdrücklich von den Parteien getroffene Vereinbarungen unter Berufung auf Treu und Glauben beiseite zu schieben. Der Paragraph über Treu und Glauben betrifft nur die Art und

Weise der Vertragsdurchführung. Durch die Erfahrungen des Ersten Weltkriegs klüger geworden, schützen sich die Vertragspartner immer häufiger dadurch, daß sie Verträge mit Vertragsbedingungen abschließen, die sie gänzlich entbinden oder ihnen eine Frist einräumen, durch Risikoversicherungen usw., weshalb es in und nach dem Zweiten Weltkrieg weniger Zivilprozesse über höhere Gewalt gab.

Die Festsetzung des Kaufpreises muß auf dem Willen beider Vertragspartner beruhen, wofern sie sie nicht einem Dritten überlassen haben. Während der Hoge Raad 1923 in einem Liefervertrag eine Klausel für ungültig erklärte, durch die der Verkäufer sich einseitig das Recht vorbehielt, den Preis später zu erhöhen, ohne daß gesagt wurde, warum und aufgrund welcher Umstände dies nötig sei, erkannte der Hoge Raad 1965 in einem derartigen Kaufvertrag eine solche Klausel an, weil jetzt genauer festgelegt war, warum und aufgrund welcher Umstände eine derartige einseitige Änderung nötig sei, nämlich infolge von Kosten-, Lohn- und Preisanstieg. In der heutigen mobilen Gesellschaft benötigt der Handel ein derartiges dynamisches Vertragsrecht. Man ist heute der Meinung, daß Verträge, die auf unbegrenzte Dauer abgeschlossen werden, für eine Zeitspanne gelten sollen, die im Hinblick auf die (veränderten) wirtschaftlichen Verhältnisse vernünftig ist.

Der Entwurf des neuen Zivilgesetzbuches, welches das Bürgerliche Recht und das Handelsrecht umfassen soll und noch nicht fertig ist — Buch I mit Personen- und Familienrecht trat vor kurzem in Kraft —, wird diesem Verlangen entgegenkommen. Obwohl die Bindung an den Vertrag weiterhin vorrangig ist, soll der Richter in höherem Maß die wechselnden, oft komplizierten und unvorhersehbaren gesellschaftlichen Situationen berücksichtigen können. Das Gesetz sieht vor, daß Schuldner und Gläubiger sich einander gegenüber nach Treu und Glauben verhalten müssen, und daß der Gläubiger sein Recht nicht ausüben kann, wenn er damit im gegebenen Fall unredlich handelt. Der Richter kann bei unvorhersehbaren Umständen einen Vertrag abändern und ganz oder teilweise für ungültig erklären, wenn die Aufrechterhaltung des Vertrages, so wie er vorgesehen war, unredlich oder unbillig wäre. Es gibt mehrere derartige Bestimmungen.

Das neue Bürgerliche Gesetzbuch — manchmal interpretieren die Richter einzelne Bestimmungen schon im Vorgriff darauf — soll mehr offene Termini und weit formulierte Bestimmungen (Blankobestimmungen) enthalten (Verkehrssitte, Schicklichkeit, Redlichkeit, Billigkeit usw.), die jede für sich stehen können oder miteinander zu einer Norm verbunden werden. Subsidiäres Recht oder Gewohnheitsrecht müssen unter bestimmten Umständen weichen, wenn ihre Anwendung offenkundig unbillig wäre.

Schon heute ist die Pachtgesetzgebung dynamisch geworden, was allgemein anerkannt ist. Die Anpassung an veränderte Umstände ist bei diesem Dauervertrag leichter möglich. Alle drei Jahre kann man sich an die Provinzialbodenkammer wenden und eine Revision der Pachtbedingungen verlangen, wenn Treu und Glauben eine derartige Revision erfordern oder veränderte Umstände sie rechtfertigen. Das Pachtgesetz enthält außerdem das Recht auf „Nachlaß", d. h. das Recht des Pächters auf Minderung der Pachtsumme, wenn bestimmte unerwartete Umstände in einem Pachtjahr eintreten („remissie"). Andererseits kann der Verpächter bei bestimmten veränderten Verhältnissen ebenfalls eine Revision verlangen. Auch das Mietrecht der Nachkriegszeit, soweit es in den noch nicht freigegebenen Kreisen des Landes gültig ist, sieht eine Revision des Mietzinses vor.

Auch im Privatrecht gibt es immer häufiger Fälle von Delegation der Gesetzgebung an die Krone (sog. Allgemeine Verwaltungsverordnungen — Algemene Maatregelen van Bestuur), wodurch eine schnellere Rechtsfortbildung und die dringend notwendige Abänderung des Rechts sowie seine Anwendung unter veränderten Umständen möglich werden. Im neuen Zivilgesetzbuch wird dies noch häufiger der Fall sein; die Verzugszinsen sollen z. B. durch A.M.v.B. (Allgemeine Verwaltungsverordnung) festgelegt werden und nicht durch ein Gesetz.

Gang und gäbe ist Delegation der Gesetzgebung an die Krone oder den Minister bei zahlreichen modernen sozialen und sozialökonomischen Gesetzen, wodurch die Regierung schneller und schlagkräftiger reagieren kann. Die früher für Verwaltung und Gesetzgebung gültige Trias der Gewaltenteilung verwischte sich.

In diesen neuen Bruchstücken des Verwaltungsrechts finden sich Rahmengesetze wie das auf der Verfassung beruhende Gesetz über die Betriebsorganisation (1950), das zwar den Sozialökonomischen Rat (S.E.R.) als höchstes Beratungsorgan der Regierung in sozialen und wirtschaftlichen Angelegenheiten konstituierte, jedoch auch gleichzeitig Rahmengesetz für die öffentlichrechtlichen Betriebskörperschaften (die sog. „schappen") ist, die über eigene Organe, die ihrerseits manchmal wieder nachgeordnete (funktional dezentralisierte) Verordnungsbefugnis haben, verfügen. Daneben gibt es Ermächtigungsgesetze wie ein Landwirtschafts- und ein Preisgesetz, wobei es vor allem auf die Handhabung ankommt. Das Preisgesetz ermächtigt den Minister, mit Rücksicht auf die Preisstabilität und zur Abwendung einer Inflation, wenn die allgemeine sozialökonomische Interessenslage dies seiner Meinung nach nötig macht, einen (konjunkturellen) Preisstop zu verhängen, der dann eine beschränkte Geltungsdauer hat. Das gleiche gilt auch für die Königlichen Verordnungen, die gewisse Wettbewerbsabsprachen zwischen Unternehmern nach dem Gesetz über den wirtschaftlichen Wettbewerb generell für unverbindlich erklären, z. B. Wettbewerbsabsprachen, die eine vertikale Preisbindung vorsehen. Eine eventuelle Verlängerung derartiger Verwaltungsverordnungen kann nur durch ein förmliches Gesetz erfolgen.

Ein eigener Konjunkturparagraph im Gesetz über den Ratenkauf ermöglicht ministerielle Verfügungen über den Ratenkauf, um die Höhe der Ausgaben zu bremsen. Wir haben schon verschiedentlich befristete Gesetze mit einem Endtermin für ihre Geltungsdauer gehabt.

In den staatlichen sozialen und sozialwirtschaftlichen Gesetzen sind, um eine flexible Anwendung dieser Gesetze zu ermöglichen, verschiedene Fälle einer Außerkraftsetzung durch ein staatliches Organ, einer individuellen Dispensierung eines Gesetzes auf Antrag und allgemeine Befreiungen von Geboten und Verboten (z. B. im Fall staatlicher Genehmigungspflicht), vorgesehen, wobei manchmal gewisse Bedingungen oder Auflagen damit verknüpft sind. Vor allem im Steuerrecht gibt es neben den Königl. Verordnungen und den ministeriellen Erlassen noch ministerielle Entscheidungen, Richtlinien und Direktiven. Diese allgemeinen Normen, die von Organen der Exekutive verfaßt und publiziert werden, bilden eine „Pseudogesetzgebung". Derartige Erscheinungen kann man auch in der Lohnpolitik und bei der präventiven staatlichen Aufsicht über die Aktiengesellschaften (vgl. § 4) beobachten.

§ 2 Die Vergesellschaftung des Rechts

Das Recht wurde sozialer, weniger individualistisch. Der Akzent liegt mehr auf der Gemeinschaft, die individuelle Freiheit wurde eingeschränkt. Im Schuldrecht wurde z. B. die Autonomie des Parteiwillens kleiner. Es entstand mehr zwingendes und fast zwingendes Recht, vor allem, um die wirtschaftlich Schwächeren zu beschützen oder im Interesse der Allgemeinheit: Arbeitsvertrag, Mietkauf, Miete, Pacht, A.G., Seerecht. Manchmal ist ein Vertragsabschluß obligatorisch, es besteht z. B. Beförderungspflicht und Versicherungspflicht bei verschiedenen Beförderungsgesetzen, außerdem gesetzliche Haftpflicht für den Autofahrer (im neuen Bürgerlichen Gesetzbuch [B.W.] ist auch eine Versicherungspflicht des Nießbrauchers vorgesehen).

In anderen Fällen ist es geradezu verboten, einen Vertrag abzuschließen: es besteht ein Zessionsverbot in der Sozialversicherungsgesetzgebung, ein Verbot zur Übernahme einer Bürgschaft und anderer Sicherheiten im Gesetzesentwurf über den Verbraucherkredit. Manchmal besteht keine freie Wahl des Vertragspartners (z. B. nach dem Ableben des Pächters). In anderen Fällen herrscht Unfreiheit bezüglich der Vertragsdauer; hier gibt es Verlängerung des Vertrages, neuen

Vertragsabschluß, Scheinvertrag oder Rechte und Pflichten kraft Gesetz (Beispiele: Mieterschutz im Nachkriegsmietrecht und Fortsetzung des Pachtverhältnisses im Pachtgesetz, das heute eine automatische Verlängerung kennt, wogegen der Verpächter Einspruch erheben kann; der Richter in Pachtsachen fällt dann eine Entscheidung.) Es gibt auch Fälle, wo der Vertragsgegenstand nicht frei ist: staatliche Genehmigungspflicht im Pachtvertrag mit negativem oder einschränkendem Ergebnis in Verbindung mit Flurbereinigung und Lage des Grundstückes. Im Arbeitsvertrag wird die Freiheit der Arbeitsbedingungen durch den Tarifvertrag und in noch größerem Umfang durch seine Allgemeinverbindlichkeit eingeschränkt. Standardverträge schränken im allgemeinen die individuelle Freiheit ein.

Charakteristisch ist die Entwicklung der Rechtsauffassungen, betrachtet man sie vor dem gesellschaftlichen Hintergrund der stets intensiver werdenden Beziehungen der Menschen untereinander in zahllosen Lebensbereichen, in der Rechtsprechung über die unerlaubte Handlung. Schon 1887 schlug Prof. Molengraaff in Zusammenhang mit dem unlauteren Wettbewerb erweiterte Kriterien für den Begriff „unerlaubt“ vor. Eine unerlaubte Handlung lag ursprünglich nur dann vor, wenn sie sich gegen das geschriebene Recht richtete. Durch das nun schon vor einem halben Jahrhundert ergangene höchstrichterliche Urteil des Obersten Gerichtshofs (Hoge Raad), das wiederum einen Fall von unlauterem Wettbewerb betraf, wurde dieser Begriff auch auf Handlungen oder Unterlassungen ausgedehnt, die mit Moralauffassungen, ungeschriebenem Recht und Schicklichkeit im Widerstreit waren. So kann man verschiedene Arten von unsozialem Verhalten ahnden. Die Erfordernisse des gesellschaftlichen Zusammenlebens werden jetzt maßgebend. Das ist auch bei Vertragsverhältnissen der Fall. Bei Werkverträgen haftet man z. B. für die Materialien, die man bei der Durchführung des Vertrags verwandt hat, außer wenn die Beschaffenheit des Vertrags, die Verkehrsauffassungen oder Treu und Glaube etwas anderes sagen. In einigen Fällen ergibt sich eine Haftung aus unerlaubter Handlung nicht aufgrund subjektiver Schuld, sondern aufgrund von Gefährdung und Risiko. Das ist für die moderne Industrie, für Verkehr und Transport wichtig. Das neue Bürgerliche Gesetzbuch soll Bestimmungen über gefährliche Gegenstände, Stoffe und Produkte enthalten. Auch Unternehmen können dann haftbar gemacht werden. Durch Versicherungsschutz (oft gesetzlich vorgeschriebene Haftpflichtversicherungen) wird dies Risiko gleichmäßig auf alle verteilt. Man will das Unfallrecht ganz neu fassen.

Auch die Entwicklung der Rechtsprechung über Naturalobligationen zeigt deutlich, wie das Privatrecht vor dem Hintergrund der veränderten gesellschaftlichen Auffassungen sozialer wird. Vor etwa 40 Jahren hat die Rechtsprechung die Naturalobligationen auch außerhalb des Gesetzes auf wichtige moralische und sittliche Verpflichtungen ausgedehnt. Auch wenn für den Arbeitgeber keine Pflicht aufgrund einer gesetzlichen Regelung zur Zahlung eine Rente besteht, kann unter bestimmten Umständen durch die Dauer des Dienstverhältnisses, die Art der geleisteten Arbeit oder des gezahlten Lohns usw. eine natürliche Verbindlichkeit entstehen, die der Arbeiter durch Umwandlung oder Novation juristisch einklagbar machen kann. So kann eine vom Mann zugunsten seiner Frau abgeschlossene Lebensversicherung eine natürliche Verbindlichkeit begründen, die nicht auf den Pflichtteil angerechnet werden darf, wenn diese Verbindlichkeit in casu vom moralischen Gesichtspunkt dringend erforderlich war. Der Hoge Raad beruft sich hierbei darauf, daß die Überzeugung, eine Witwe dürfe nicht unversorgt zurückbleiben, an Boden gewonnen habe. Andererseits gibt es immer mehr kollektive Versorgungsmaßnahmen wie die in den Tarifverträgen vorgesehenen Regelungen, Betriebs- und Unternehmenspensionskassen, staatliche Gesetze der Sozialversicherung für Bejahrte, Witwen, Waisen, Invaliden und Arbeitslose. Infolge dieser Maßnahmen wird sich in Zukunft die Zahl der natürlichen Verbindlichkeiten verringern.

Der Richter stellt heutzutage im allgemeinen die gesellschaftliche Position der Vertragsparteien bei der Rechtsfindung immer mehr als entscheidenden Umstand in Rechnung. Man sieht das bei den Freizeichnungsklauseln, beim Mieterschutz usw. Formzwang greift wieder stärker um sich (Mietkauf, Pacht, kollektiver Arbeitsvertrag). Es entstehen im Interesse Dritter mehr zentrale und nichtzentrale Register (Handelsregister, Stiftungsregister, Ehevertragsregister, Testaments-, Warenzeichen-, Patentregister).

Auch im Personen- und Familienrecht werden die gesellschaftlichen Realitäten mehr beachtet: z. B. beim Elternrecht, der Ehescheidung, dem Recht des unehelichen Kindes.

Die Vergesellschaftung des Eigentumsrechts im Sinne eines „Sozialerwerdens" ist allgemein bekannt. Sie läßt sich bei der in der Verfassung und im mehr als zwanzigmal geänderten Enteignungsgesetz geregelten Enteignung zum Allgemeinwohl, die jetzt zu anderen Zwecken, öfter und bequemer als früher erfolgen kann, beobachten; weiterhin an Einschränkungen in formalen staatlichen Gesetzen, in Bau- und Wohnverordnungen auf unterer Ebene (vorausgesetzt, daß einem nicht jeglicher Gebrauch und jede Nutznießung entzogen worden sind). Selbst im ungeschriebenen öffentlichen Recht; bei der Vernichtung im allgemeinen Interesse, bei der erzwungenen Flurbereinigung und Neuparzellierung durch staatlichen Eingriff, die in drei aufeinander folgenden

Gesetzen niedergelegt sind — bei allen diesen Regelungen wird der Akzent auf die soziale Komponente des Eigentums gelegt.

Diese soziale Komponente tritt auch im privatrechtlichen Eigentumsbegriff (dingliches Recht) durch die Rechtsprechung über Belästigung und Rechtsmißbrauch in den Vordergrund. Man kann sich gegen eine unrechtmäßige und schwere Belästigung, die sich nicht nur auf die Sache selber, sondern auch auf den normalen Gebrauch beziehen kann, zur Wehr setzen. Im Entwurf des neuen Bürgerlichen Gesetzbuchs wird von einer Belästigung gesprochen, die nach den Regeln des ungeschriebenen Rechts im gesellschaftlichen Zusammenleben als ungebührlich empfunden wird. Eine Belästigung im öffentlichen Interesse muß erduldet werden, allerdings gegen Schadensersatz. Das öffentliche Interesse war stets ein Kriterium im Staatsrecht; es wurde auch ein Kriterium im sozialen und sozialökonomischen Recht und wird es allmählich sogar im Privatrecht. Rechtsmißbrauch, der in den Niederlanden bis jetzt noch nicht gesetzlich geregelt ist, liegt nach dem Urteil des Obersten Gerichtshofs vor, wenn jemand sein Eigentumsrecht ohne ein billiges Interesse allein mit dem Ziel, dem anderen zu schaden, ausübt. Einige Richter gehen manchmal weiter und wenden Kriterien der Verhältnismäßigkeit an oder wägen die Interessenslage ab. Der Gesetzgeber wird diese Rechtsentwicklung im neuen Zivilgesetzbuch wahrscheinlich sanktionieren und vielleicht sogar noch weiter ausdehnen.

Die Rechtsstellung des wirklichen Benutzers (detentor) ist gegenüber der des Eigentümers noch gestärkt worden. Wir konnten dies schon am Beispiel des Pächters beobachten. Im Falle des Mieters weisen wir noch auf die analoge Ausweitung der Bestimmung „Kauf bricht nicht Miete“ auf jegliche Art der Veräußerung (z. B. auch Einbringung in eine Gesellschaft) hin; des weiteren auf die durch die Rechtsprechung erfolgte Einschränkung des Zurückbehaltungsrechts des Vermieters, wenn die Miete fällig ist (dies wird z. B. nicht mehr für Warenlager anerkannt, was für die Betriebsausübung und Kreditbeschaffung der selbständigen Kaufleute wichtig ist, woran der Gesetzgeber vom Jahr 1838 noch nicht dachte). Die Entwicklung von Geschäftszentren und Supermärkten usw. wird sicherlich weitere Veränderungen — auch für das Zurückbehaltungsrecht — mit sich bringen, da man dieses Recht jetzt mehr im Hinblick auf das Wirtschaftsleben und den Wohlstand sieht.

Das kaufmännische Unternehmen, immer mehr ein juristischer Begriff (vgl. § 5), wird verselbständigt und vergesellschaftet. Es gibt schon ein Gesetz über Unternehmensräte, das gerade revidiert wird. Ein Gesetzesentwurf ist in Vorbereitung, der auch den Arbeitnehmern in einer A.G. oder einer Genossenschaft die Möglichkeit gibt, eine Enquête zu veranlassen. Plädiert wird für Arbeitnehmer als Mitglied des Aufsichtsrats (Sozial-Kommissar).

§ 3 Kollektivierung des Rechts

Besonders nach 1900 machte sich immer mehr eine Kollektivierung bemerkbar. Zahlreiche z. T. große Organisationen sowohl privatrechtliche, z. B. Arbeitgeber und Arbeitnehmer (Tarifvertrag!), Unternehmer (Wettbewerbsabsprachen!), Straßenverkehrsteilnehmer, Rundfunkhörer, Fernsehzuschauer, Sportler, Verbraucher usw. als auch öffentlichrechtliche, z. B. Betriebsverbände im Bereich der Sozialversicherung, öffentliche Körperschaften auf sozialem und wirtschaftlichem Gebiet, Standesvertretungen (Anwälte, Wirtschaftsprüfer) usw., entstehen. Manchmal nehmen privatrechtliche Organisationen öffentlichrechtliche Interessen wahr, z. B. auf landwirtschaftlichem Gebiet; manchmal enthält ihre Struktur öffentlichrechtliche Elemente.

Das Gesellschaftsrecht breitet sich stark aus. Die Frage der Mitwirkung in der A.G. (es gibt heute — 1970 — ungefähr 35 000, davon 85 % geschlossene A.G.en) wurde 1928 neu geregelt; diese Regelung wird im Augenblick wieder modernisiert; 1925 wurde das Gesetz über die Genossenschaften (heute ungefähr 4500) erneuert; 1956 entstand ein erstes Gesetz über die Stiftungen; zur Regelung des Eigentums von Eigentumswohnungen entstand ein Eigentümerverband. In der A.G. wurde die Trennung von Vermögen und Firmenleitung noch größer. Bei der offenen Handelsgesellschaft wurde die Kontinuität durch Klauseln, die die Fortführung, Übernahme der Gesellschaft und Verbleib der Mitglieder betreffen, verstärkt. Die Rechtsprechung geht hier von einer Trennung zwischen Stammkapital und Privatvermögen aus. Im neuen Zivilgesetzbuch soll die o.H.G. eine juristische Person werden. Im Zivilgesetzbuch von 1838 kam die juristische Person als solche überhaupt nicht vor. Inzwischen ist ein ganzes Recht der juristischen Person entstanden, das sich überall in der Gesetzgebung verstreut findet. Das neue Bürgerliche Gesetzbuch wird der juristischen Person ein eigenes Buch widmen (II).

Das Eigentum von Personengesamtheiten nahm zu. Bau- und Wohngesellschaften, Kapitalanlagegesellschaften usw. Die Enteignung im öffentlichen Interesse zugunsten von Vereinigungen, Gesellschaften und Stiftungen wurde häufiger. Die Tarifverträge stützen sich auf den gemeinsamen Willen ganzer Vereinigungen als Basis für den individuellen Arbeitsvertrag, der dadurch an Bedeutung verliert. Es gibt Wettbewerbsabsprachen zwischen Unternehmern. Die Vormachtstellung der kollektiven Gruppen ruft den Staat auf den Plan (Exekutive und Legislative). Das gleiche gilt für die Konzentration (Fusionen, Übernahme einer Gesellschaft usw.), die Durchsichtigkeit (Publizität) und die organische Struktur der kollektiven Gruppen. In bestimmten Gewerbezweigen (Transport, Versicherungen, Banken, Handel) sind Standardverträge (allgemeine Geschäftsbedingungen u. a.) im Schwange. Im Versicherungsgewerbe gibt es die Policen der einzelnen Gesellschaften (es handelt sich juristisch um A.G.en oder Versicherungsgesellschaften auf Gegenseitigkeit) und Kollektivversicherungen, die von den Vereinigungen der Versicherer aufgestellt und eingetragen werden. Seit kurzem kann das Maklergewerbe von einer Gesellschaft oder einer juristischen Person ausgeübt werden. Bei Handelsvertretern unterscheidet das Handelsgesetzbuch (Wetboek van Koophandel) zwischen natürlichen und juristischen Personen (um den Handelsvertreter vor Schaden zu schützen; es geht weiterhin hierbei um zwingendes Recht zum Schutz des wirtschaftlich Schwächeren). Es gibt eine verstärkte Rechtsprechung innerhalb von Personengesamtheiten: bindende Gutachten, Disziplinarrechtsprechung usw.

Das soziale und das sozialwirtschaftliche Recht sehen in zahlreichen Fällen und in verschiedenen Formen eine institutionalisierte Gutachterfunktion der organisierten Wirtschaft (privatrechtliche und öffentlichrechtliche Organisationen) für den Staat vor (§ 5). Nach dem im Gesetz über die Wirtschaftskriminalität (1950) geregelten Wirtschaftsstrafrecht können nicht nur natürliche Personen, sondern auch juristische Personen, Gesellschaften, andere Personen- und Vermögenszusammenschlüsse bestraft werden.

Nicht nur der Schutz des Individuums vor dem Staat (Rechtsstaat), sondern auch der Schutz vor Organisationen wirft Probleme auf: Normenkontrolle, um sich gegen Unrecht im weitesten Sinn wehren zu können.

§ 4 Die Publizisierung des Rechts

Die Zunahme des öffentlichen Rechts wurde bereits deutlich; sie geschah neben, z. T. auch auf Kosten des Privatrechts. Es erfolgt eine Verschiebung des Privatrechts zum öffentlichen Recht hin, desgleichen eine Vermischung beider Bereiche. In öffentlichrechtlichen Gesetzen sind privatrechtliche Vorschriften wie Zessionsverbote, Formvorschriften und Schuldübernahme geregelt. Man findet aber auch in privatrechtlichen Gesetzen öffentliches Recht, z. B. die Teilnahme der Handelskammer bei der Vereidigung des Maklers oder die ministerielle Genehmigung (nihil obstat) einer Aktiengesellschaft. In höherem Maße als früher ist das allgemeine Interesse — in Fragen der Landwirtschaft, des Transportwesens, der Sozialwirtschaft — Vorbehalt oder Kriterium für Erfordernis oder Zweckmäßigkeit einer Maßnahme.

Wir haben schon beim Eigentumsrecht beobachtet, daß die Enteignung, die Einschränkung und Vernichtung von Eigentum sowie die Flurbereinigung öffentlichrechtlich geregelt sind. Verträge werden in das öffentliche Recht „eingebettet“ und ihm untergeordnet: aus autonomen Verträgen (freier Parteiwille) werden heteronome Verträge (Einschränkungen durch den Staat). Die Preisbildung ist im allgemeinen frei, wenn aber das allgemeine sozialökonomische Interesse es verlangt, kann eine ministerielle Preisregelung erfolgen; auch in den Verordnungen der öffentlichrechtlichen Betriebsorgane können Mindestpreise festgelegt werden. Im Rahmen einer dirigistischen Wirtschaft sind dirigierte Verträge entstanden, z. B. die Lohnfestsetzung im Arbeitsvertrag; die Allgemeinverbindlichkeitserklärung des Tarifvertrags; die Pacht, die in einem eigenen, teils Privatrecht, teils öffentliches Recht enthaltenden Pachtgesetz geregelt ist, das u. a. eine Prüfung der Pachthöhe und eine Parzellierung durch die Provinzbodenkammer (an Stelle der früheren privatrechtlichen Pachtämter) vorsieht und außerdem ministerielle Richtlinien enthält. Der Vertragsgedanke bleibt erhalten, aber es ist jetzt ein anders gearteter Vertrag.

Die privatrechtliche Regelung des Sachenrechts oder der Verträge wird manchmal als unzureichend angesehen, um wirtschaftlich Schwächere oder verschiedene Allgemeininteressen zu schützen. Neben, man kann auch sagen über dem Pfandrecht entstand ein Pfandhausgesetz; neben dem Darlehen ein Kreditgewährungsgesetz (es gibt jetzt einen Gesetzentwurf über Verbraucherdarlehen); neben dem Ratenkauf und dem Mietkauf im Bürgerlichen Gesetzbuch ein Gesetz über das Ratenzahlungssystem. Für die Mietpreise gilt in den noch nicht freigegebenen Kreisen ein Mietrecht. Das Gesetz über die Geschenkwerbung betrifft die Handschenkung. Für den im Handelsgesetzbuch (W.v.K.) und in Sondergesetzen geregelten Transport gibt es daneben noch staatliche Verordnungen über den Personenverkehr, den Gütertransport mit Autos, den Gütertransport durch die Binnenschiffahrt, die eine staatliche Konzessionierung, staatliche Tariffestlegung, Versicherungspflicht, Beförderungspflicht usw. vorsehen. Neben den Gesetzen über Auftrag und stellvertretung im Burgerlijk Wetboek und Wetboek van Koophandel entstand für Versicherungsagenten ein Gesetz über die Versicherungsvermittelung, das eine obligatorische Registrierung durch den Sociaal-Economische Raad vorsieht. Private Kreditinstitute werden registriert und unterliegen nach dem Gesetz über die Aufsicht im Kreditwesen der staatlichen Aufsicht. Am Anfang gab es in der Industrie privatrechtliche Verträge über Preisabsprachen, die der Zivilrichter auf ihr Zustandekommen überprüfen konnte. Jetzt gibt es Wettbewerbsabsprachen, die von der Regierung für allgemeinverbindlich oder für ungültig erklärt und suspendiert werden können. Regierung bedeutet hier die nationale Regierung oder das höchste Gremium der supranationalen Gemeinschaft (E.W.G.) mit ihren Organen. Die Vereidigung des Maklers und die ministerielle Genehmigung der A.G. wurden bereits genannt. Die letztgenannte Regelung kann allgemeine normierende Wirkung haben (vgl. § 2), z. B. bezüglich des Eigenkaufs von Aktien einer Gesellschaft durch die Gesellschaft selber, Sperrklauseln, Entlassung von Direktoren oder Mitgliedern des Aufsichtsrats. Vielleicht wird es noch mehr derartige ministerielle Genehmigungen geben. Sie kommen im schon verabschiedeten, jedoch noch nicht in Kraft getretenen Zweiten Buch des neuen Bürgerlichen Gesetzbuches (Juristische Personen) bei der Fusion gleichartiger juristischer Personen und der Umwandlung von Gesellschaften vor, beides Gegenstände, die bisher noch nicht geregelt waren. Ein ähnliches Verfahren wird für Standardverträge (bisher wird eine ministerielle Genehmigung nur für Transportdokumente, in denen auf allgemeine Transportbedingungen verwiesen wird, verlangt) vorgeschlagen. In einem geplanten privatrechtlichen Gesetzesentwurf über den Jahresabschluß und das Enquêterecht in A.G.en und Genossenschaften spielt der Wirtschaftsminister eine Rolle (z. B. bei der Zulassung und der Entlassung eines ausländischen Wirtschaftsprüfers). Für die Übertragung von Versicherungsbeständen ist staatliche Zustimmung erforderlich (Versicherungskammer).

Man nennt die gesetzliche Regelung von Patent-, Warenzeichen-, Firmennamen- und Zuchtrechten bisweilen auch ein öffentliches Handelsrecht (staatlicher Schutz, Patentrat, Rat zum Schutz der Zuchtrechte usw.). Alle diese Rechte sollen auf die Dauer zusammen mit einem Musterrecht in einem eigenen Buch des neuen Bürgerlichen Gesetzbuches als Rechte des menschlichen Geistes geregelt werden. Im Gesetz über die Firmennamen ist das öffentlichrechtliche Element inzwischen noch größer geworden, weil dieses Gesetz vor allem auf die Firmenwahrheit abzielt, die Handelskammer vor Gericht auftreten kann usw.

Viele öffentlichrechtliche Regelungen auf sozialem und wirtschaftlichem Gebiet sind strafrechtlich sanktioniert. Sie üben aber auch einen gewissen Einfluß auf das Privatrecht aus, weil ihre Übertretung bisweilen auch zivilrechtliche Nichtigkeit zur Folge haben kann, wenn das Gesetz oder seine Tendenz nichts anderes sagen. So ist ein Verkauf zu einem höheren als dem gesetzlich erlaubten Preis (Preisfestsetzung aufgrund des sozial-ökonomischen Preisgesetzes, das zum juristischen Arsenal des Staates zur Konjunkturbeherrschung gehört) nach dem Urteil des Obersten Gerichtshofes nichtig. Diese Ungültigkeit ist die Ursache verschiedener juristischer Probleme.

Auch in einem zweiten Fall kann man den Einfluß öffentlichrechtlicher Gesetze auf das Privatrecht beobachten, nämlich bei der Lehre von der Relativität der Unrechtmäßigkeit (sog. Lehre vom Schutzbereich der Norm), die der Hoge Raad der Niederlande vertritt. Fälle von Wettbewerb, bei denen das Gesetz übertreten wird, können zu Schadensersatzpflicht führen. So wurde jemand, der ohne die vom öffentlichrechtlichen Gesetz vorgeschriebene Genehmigung ein Autobusunternehmen führte, zu Schadenersatz gegenüber dem benachteiligten Konzessionsinhaber verurteilt, weil das Gesetz auch beabsichtige, vor zügellosem und daher auf die Dauer schädlichem Wettbewerb zu schützen. Auch jemand, der ohne die vom verwaltungsrechtlichen Gesetz vorgeschriebene Niederlassungsgenehmigung ein Unternehmen führte, wurde dem benachteiligten Konkurrenten gegenüber zu Schadenersatz verurteilt, weil das Niederlassungsgesetz, obwohl es nicht direkt davon spricht, doch auch den Wettbewerb betrifft. Das gleiche gilt für das Ladenschlußgesetz, dessen Hauptziel die Arbeitsverhältnisse, sekundäres Ziel jedoch gesunde Wettbewerbsbedingungen sind.

Wir nennen als drittes Beispiel zum Schluß die Schuldübernahme. Anders als Zession, Subrogation und Novation ist sie bisher nicht im Zivilgesetzbuch geregelt. In dem öffentlichrechtlichen Gesetz über die Lebensversicherungsgesellschaften (1922) kommt sie im Fall der vorläufigen Anspruchsregelung vor, die dort die Stelle der Stundung im Bankrottgesetz einnimmt. Der Entwurf des neuen Bürgerlichen Gesetzbuches regelt die Schuldübernahme.

In den vorgesehenen Einleitenden Bestimmungen des neuen Zivilgesetzbuches wird bestimmt, daß die Befugnisse des Privatrechts nicht nur durch die geschriebenen, sondern auch durch die ungeschriebenen Normen des öffentlichen Rechts eingeschränkt werden. Gegen den letzten Punkt besteht jedoch noch Widerstand.

Es gibt weitere Fälle, in denen das Strafrecht die Einhaltung der Gesetze gewährleistet, z. B. im Handelsrecht (Patente u. a.), im Steuerrecht, im Straßenverkehrsrecht oder bei der staatlichen Intervention im Wirtschaftsleben (Gesetz über Wirtschaftsstraftaten); alles Gebiete, die ihrerseits Probleme der Voruntersuchung, Verfolgung, Bestrafung und Strafzumessung kennen.

§ 5 Ökonomisierung des Rechts

Die Wirtschaft ist für die Rechtsordnung und ihr Funktionieren von immer größerer Bedeutung geworden. Bei verschiedenen Rechtsproblemen spielen wirtschaftliche Machtfaktoren und andere wirtschaftliche Faktoren eine größere Rolle. Es gibt mehr ökonomische Elemente in der Rechtsordnung. Nicht, daß Recht und Wirtschaft vermischt werden, aber Recht und Wirtschaft bedingen und beeinflussen sich gegenseitig, denn auch das Recht ist für die Wirtschaftsordnung und ihr Funktionieren von größerer Bedeutung geworden.

In der Mitte des 19. Jhdts., als der staatliche Interventionismus noch sehr gering war (vgl. die Einleitung), gab es nur sechs Ministerien. Im Jahr 1877, als das Wirtschaftsleben sich immer mehr in einer modernen kapitalistischen Richtung entwickelte, entstand neben dem Innenministerium ein Ministerium für Wasserwirtschaft, Handel und Gewerbe. Im Rahmen eines zunehmenden und intensiveren staatlichen Interventionismus' entstand im Jahr 1933 ein Sozial- und 1937 ein Wirtschaftsministerium. Zum Ministerrat gehört ein permanentes Gremium: der Rat für Wirtschaftsfragen (Raad van Economische Aangelegenheiden). Vor allem auf dem Gebiet des Wirtschaftsrechts ist bei der Vorbereitung und Durchführung der Gesetze bisweilen eine große Zahl von Ministern und Staatssekretären mit eingeschaltet.

Es gibt zahlreiche beratende Körperschaften, permanente oder ad hoc gebildete, staatliche, halbstaatliche oder private: den S.E.R. (Sociaal-Economische Raad), die öffentlichen Körperschaften der Standesvertretungen (Anwälte, Buchprüfer) und der Betriebe (hauptsächlich in der Landwirtschaft), die horizontal oder vertikal gegliedert sind, die regionalen Handelskammern, die der Beförderung der wirtschaftlichen Interessen von Handel und Gewerbe dienen, Kommissionen für wirtschaftlichen Wettbewerb, Versicherungsvermittlung u. a. Auch in diesem institutionellen Bereich des Rechts zeigt sich die stets größer werdende Bedeutung, die die Wirtschaft für den staatlichen Interventionismus hat. Es gibt durch diese verschiedenen beratenden Körperschaften ein Zusammenwirken zwischen Regierung und Privatwirtschaft.

Neben dem Arbeitsrecht, das sich zu einer sozialen Gesetzgebung entwickelt, dem Sozialversicherungsrecht und dem Gesundheitsrecht gibt es seit etwa 50 Jahren das sozial-ökonomische Recht, das direkt oder indirekt die wirtschaftlichen Verhältnisse reguliert oder beeinflußt. Hierdurch wird der Rahmen abgesteckt, in dem wirtschaftliche Ziele verfolgt werden sollen. Diese Rechtsnormen bedingen das Wirtschaftsverhalten der Menschen. Das sozial-ökonomische Recht besteht aus verschiedenen formalen Gesetzen mit unterschiedlichem Geltungsbereich, Zielen, Methoden, Interessenlagen (Produzenten, Verbraucher, Unternehmer, Arbeitgeber, Arbeitnehmer usw.) sowie aus kraft Delegation hierauf beruhenden Königlichen Verordnungen (Algemene Maatregelen van Bestuur) und ministeriellen Erlassen oder Verordnungen verschiedener untergeordneter Organe (durch regionale oder funktionale Dezentralisation). Es gibt in verschiedenen Unternehmenszweigen Niederlassungsgesetze mit Genehmigungspflicht, Zulassungsgenehmigungen, Bestätigungen, Ausnahmegenehmigungen, Befreiungen mit oder ohne Auflagen, Vorschriften usw., die alle die freie Marktwirtschaft einschränken. Wir sprachen bereits von Rahmengesetzen (§ 1) und Ermächtigungsgesetzen. Es seien an staatlichen Kontrollgesetzen noch das Gesetz über die Beaufsichtigung der Lebensversicherungsgesellschaften und seit kurzem das Gesetz über die Beaufsichtigung der Haftpflichtversicherungsgesellschaften genannt; weiterhin das Gesetz über die eingetragenen Kreditinstitute, durch welches eine sozialökonomische und wirtschaftsökonomische Kontrolle ausgeübt wird. Es gibt Gesetze, die bestimmte Gepflogenheiten des Wirtschaftslebens regeln, z. B. das Ausverkaufsgesetz oder das Gesetz über die Geschenkwerbung. Es gibt zahlreiche Gesetze für den Kleinhandel. Einige Gesetze gelten für das gesamte Wirtschaftsleben, andere nur für bestimmte seiner Bereiche. Einige Gesetze sind sehr umfangreich, ins einzelne gehend, perfektionistisch, wie das Gesetz über den Ratenkauf; andere wiederum sind sehr knapp und lapidar und erhalten ihre Ausformung erst durch die Rechtsprechung unter Aufsicht der Kassationsgerichte, z. B. das Gesetz über die Geschenkwerbung. Einige Gesetze finden nur sehr selten Anwendung wie das Gesetz über Industriekonzessionen.

Manchmal haben die staatlichen Regelungen und Maßnahmen den Zweck, den Wettbewerb einzuschränken, in anderen Fällen zielen sie geradewegs darauf ab, den Wettbewerb zu befördern. Das Gesetz über den wirtschaftlichen Wettbewerb, das der Ausdruck der Kartellpolitik der Regierung ist, hat einen strukturellen Charakter. Das Preisgesetz ist dagegen ein Teil des juristischen Instrumentariums des Staates zur Beherrschung der Konjunktur.

Zur Aufrechterhaltung des sozial-ökonomischen Rechts entstand in den Krisenjahren ein Wirtschaftsstrafrecht, das sich nach dem Krieg zu dem Gesetz über Wirtschaftsstraftaten vom Jahr 1950 weiterentwickelte. Zum Rechtsschutz des einzelnen gegenüber dem Staat entstand eine Verwaltungsrechtsprechung, z. B. durch den unabhängigen Appellationsgerichtshof in Fragen der öffentlichrechtlichen Betriebsorganisation, wobei es Spielraum für eine Normenkontrolle gibt. Eine Ausdehnung dieses Rechtsschutzes wird noch erwogen. Förmliche Gesetze darf der niederländische Richter nicht am Grundgesetz überprüfen, wohl aber die Königlichen Verordnungen (A.M.v.B.) — Niederlassungsbeschlüsse und Niederlassungsverordnungen wurden z. B. für ungültig erklärt, da sie dem Grundrecht der Pressefreiheit widersprachen. Der Staat kann sogar selbst gegenüber Bürgern, die durch die Verkündigung solcher Gesetze geschädigt wurden, aufgrund eines solchen unrechtmäßigen Hoheitsaktes schadensersatzpflichtig werden.

Das verselbständigte und autonom gewordene Steuerrecht, das oftmals auf Beziehungen mit ökonomischem Charakter angewandt wird, arbeitet häufig mit Vorstellungen, Argumenten und Kategorien sozialer und ökonomischer Beschaffenheit. Die Begriffsbildung wird hier stark durch das Wirtschaftsleben bestimmt. Der Begriff „wirtschaftliches Eigentum" hat sich vor allem im Steuerrecht entwickelt. Heute zeigt sich diese Spaltung in wirtschaftliche Interessen und juristisches Recht auch beim treuhänderischen Eigentum, bei den „oligarchischen" Klauseln, den Treuhandgesellschaften, der Beglaubigung, der Stellvertretung, der Vermögensverwaltung, der Geschäftsführung; alle diese Typen sind funktional aus verwandelten ökonomischen Bedürfnissen entstanden; oft sind sie gesetzlich noch nicht geregelt, aber in ihrer juristischen Problematik bereits erkannt.

So wird auch das Privatrecht „verwirtschaftlicht". Wir konnten dies schon für die Pachtgesetzgebung beobachten. Das gleiche gilt für den Mieterschutz. Ein Gesetzesentwurf für Miete und Vermietung von Betriebsgebäuden wird vorbereitet. Der Kundenkreis (goodwill) wird dabei als Rechtsinteresse geschützt. Man sieht ihn allmählich als absolutes subjektives Recht an. Auch das Unternehmen wird allmählich immer mehr ein Begriff des positiven Rechts (vgl. § 2). Es ist jedoch keine Sache im Sinn des Sachenrechts. Im Entwurf des Neuen Bürgerlichen Gesetzbuches ist es eine Gesamtheit von Gütern. Man kann beobachten, daß sich das Gesellschaftsrecht zu einem Unternehmensrecht hin entwickelt. Wirtschaftliche Überlegungen spielen bei der Frage der Gültigkeit von Verträgen über Preisabsprachen bei der Übernahme eines Auftrages, die den Wettbewerb beschneiden, und bei Freizeichnungsklauseln, die die Haftung im Falle von unerlaubter Handlung oder Nichterfüllung beschränken oder ausschließen, eine Rolle.

Der Wettbewerb ist im Prinzip frei. Das Recht setzt dem Mißbrauch jedoch Grenzen. Im öffentlichen Recht geschieht dies durch das sozialökonomische Gesetz über den wirtschaftlichen Wettbewerb; im Privatrecht durch die Rechtsprechung über die allgemeine Regelung der unerlaubten Handlung im Bürgerlichen Gesetzbuch (§ 2). Haftungsgründe können entstehen, wenn man einen Vertragsbruch heraufbeschwört, aus Vertragsbruch Nutzen zieht, Personal abwirbt, Betriebsgeheimnisse oder Geheimnisse der fremden Kunden ausspäht, sich durch Gesetzesbruch Vorteile verschafft, die nicht geschützten Produkte oder die Arbeitsweise eines anderen kopiert, sklavisch die Reklame eines anderen nachahmt oder übernimmt, Qualität, Quantität, Ursprung der Waren verschlechtert, die Warenbeschaffenheit vergleicht, unter Preis verkauft, sich aggressiver oder unerlaubter Verkaufsmethoden bedient, durch vertikale Preisbindung, exklusive Verkehrsregelungen, Behinderung der Betriebsausübung, Boykott oder Mißbrauch des Firmennamens. Zwischen der allgemeinen zivilrechtlichen Regelung (unerlaubte Handlung) und der Kartellgesetzgebung (Gesetz über den wirtschaftlichen Wettbewerb) gibt es Berührungspunkte. Die veränderten wirtschaftlichen Verhältnisse und Auffassungen haben bewirkt, daß beide heute anders beschaffen sind als in den Jahren der Depression vor dem Zweiten Weltkrieg.

Schlußbetrachtung

Bei dieser Skizzierung der gegenwärtigen Rechtsordnung in den Niederlanden, die sich in Verbindung mit der Sozial- und Wirtschaftsordnung entwickelt hat und noch entwickelt, konnten wir auf mehreren Sektoren eine wechselseitige Beeinflussung beider Bereiche feststellen. Durch Gesetzgebung und Rechtsprechung findet mit stets wachsender Dynamik eine neue Herausbildung von Recht statt. Differenzierung und Spezialisierung, die neue Teilgebiete und Teildisziplinen (oft mit eigenen Vereinigungen und Zeitschriften) begründen, z. B. das Arbeitsrecht, Wirtschaftsrecht, Landwirtschaftsrecht, Steuerrecht, Baurecht usw., werden größer. Demgegenüber wurden das Bürgerliche Recht und das Handelsrecht harmonischer und bilden fast eine Einheit. Auf internationalem Gebiet gibt es Bestrebungen nach Vereinheitlichung und Harmonisierung (Benelux, EWG) des Rechts.

Es gab nie eine bedeutende „Begriffsjurisprudenz" in den Niederlanden. In diesem Jahrhundert wurde der Richter noch freier. Man ist weniger legistisch. Der Gesetzgeber verwendet oft dehnbare Termini, ist vorsichtiger, wenn es um Gesetzeskonstruktionen geht. Der Richter interpretiert eher teleologisch, dynamisch, finalistisch und funktional. Man achtet mehr auf die Umstände eines Falls und kümmert sich mehr um die sozialen und ökonomischen Aspekte. Was zweckmäßig ist, wird zwar nicht ohne weiteres zu Recht, aber wirtschaftsbezogene Urteile und Beschlüsse werden in die juristischen Urteile immer mehr einbezogen.

Auch die Rechtswissenschaft entwickelt sich in diesem Sinn. Sie ist vorab normative Wissenschaft, jedoch auch Gesellschaftswissenschaft. Das Recht wird mehr in gesellschaftlichem, d. h. oft ökonomischem Zusammenhang betrachtet. Die Annäherung von Recht und Wirtschaft ist realistischer geworden. Infolgedessen muß sich der Gesetzgeber fragen, ob eine Rechtsnorm die gewollte wirtschaftliche und/oder soziale Auswirkung haben kann, und ein derartiges Urteil kann der Jurist oft nicht ohne die Hilfe des Wirtschaftswissenschaftlers oder des Soziologen fällen. Deshalb wird diese Aufgabe, auch für die Rechtsvergleichung, immer interdisziplinärer: Juristen, Wirtschaftswissenschaftler, Soziologen, Agronomen, Planungswissenschaftler, Psychologen und Anthropologen arbeiten zusammen.

VI.

MENSCH UND GESELLSCHAFT IM VERMÖGENSRECHT*

In der „Gedenkschrift zum Bürgerlichen Gesetzbuch 1838—1938" (Gedenkboek Burgerlijk Wetboek 1838—1938) veröffentlichte *Levenbach* seinen von ihm selbst bescheiden als „Versuch", „Entwurf", „Beitrag" bezeichneten, jedoch meisterhaften und jetzt bereits klassisch gewordenen Aufsatz[1] „Das Bürgerliche Gesetzbuch und die gesellschaftlichen Verhältnisse von 1838 bis heute". Zur selben Zeit erschien *Valkhoffs* Buch „Ein Jahrhundert Rechtsentwicklung" (Een eeuw rechtsontwikkeling) mit dem Untertitel: „Die Vergesellschaftung des niederländischen Privatrechts seit der Kodifikation" (De vermaatschappelijking van het Nederlandse privaatrecht sinds de codificatie). Seitdem sind die beiden Veröffentlichungen aus dem Jahre 1938 wiederholt gemeinsam genannt und behandelt worden. So sagte *Offerhaus* in seiner Rede als Vorsitzender der Tagung der Niederländischen Juristen-Vereinigung im Jahre 1964 in Zutfen: „Dies will natürlich nicht heißen, daß die veränderten Verkehrsverhältnisse nicht beachtet worden sind. Davon kann uns die Lektüre der Schriften von Levenbach und Valkhoff anläßlich des hundertjährigen Bestehens unseres Bürgerlichen Gesetzbuches überzeugen[2]."

In der kleinen Anmerkung über die Aufgaben der Rechtssoziologie aus der Feder von *J. M. Polak*[3] liest man: „Der Beeinflussung des Rechts durch die soziale Struktur haben verschiedene Autoren ihre Aufmerksamkeit geschenkt. Vor allem Levenbach und Valkhoff haben in einer Anzahl von Veröffentlichungen deutlich dargetan, daß Rechts-

---

* Mens en samenleving in het vermogensrecht, in Hedendaags Arbeidsrecht, S. 319—330, Erstabdruck in der Übersetzung von Ernst E. Hirsch in: Hirsch/Rehbinder: Studien und Materialien zur Rechtssoziologie, 1967, S. 223—235.

[1] Marius G. Levenbach, Het B. W. en de maatschappelijke verhoudingen van 1838 tot heden, in: Gedenkboek Burgerlijk wetboek 1838—1938, Zwolle 1938, S. 129—168.

[2] J. Offerhaus, De eisen van het maatschappelijk verkeer, in: Nederlands Juristenblad 1964, S. 735; Handelingen Ned. Juristen-Vereniging II, Zwolle 1965, S. 5.

[3] J. M. Polak, Nota betreffende de ontwikkeling der rechtssociologie, in: Handelingen van de Sociaal-Wetenschappelijke Raad der Koninklijke Nederlandse Akademie van Wetenschappen, Amsterdam, Sept. 1962.

begriffe wie Verwandtschaft, Familie, Obligation, Eigentum und Vertrag bemerkenswerte Einflüsse durch Veränderungen in der gesellschaftlichen Struktur (Vergesellschaftung) erfahren haben."

B. J. A. W. V. M. Pinckaers widmete in seiner Habilitationsschrift „Eigentum in einer neuen Zeit" (Eigendom in een nieuwe tijd, 1960) den oben genannten Schriften von *Levenbach* und *Valkhoff* ausführliche kritisch-analytische Betrachtungen[4].

Die moderne Entwicklung des Vermögensrechts als Teil des Privatrechts, oben auch einige Male mit dem Ausdruck „Vergesellschaftung" (vermaatschappelijking[5]) bezeichnet, wird im folgenden als bekannt vorausgesetzt. Diese geht in unserer stark dynamischen Gesellschaft noch weiter und wird zu gegebener Zeit sicherlich an verschiedenen Stellen im neuen, das bürgerliche Recht und das Handelsrecht umfassenden Bürgerlichen Gesetzbuch, an dessen Vorbereitung auch *Levenbach* mitwirkt, ihren Niederschlag finden. Die konkrete Rechtsordnung — geschriebenes und ungeschriebenes Recht — wird durch wirtschaftliche und soziale Verhältnisse mitbestimmt. Man braucht kein Anhänger des historischen Materialismus zu sein, um dies zu erkennen[6]. So veränderten sich mit der modernen Entwicklung der Gesellschaft die vermögensrechtlichen zwischenmenschlichen Verhältnisse in der Richtung nach größerer Interdependenz, Integration, Vereinheitlichung und Nivellierung in ihnen. Die Veränderung vollzog sich unter Erhaltung der Grundwerte des Rechts. Es fand eine Akzentverschiebung statt, charakterisiert, zuweilen typisiert durch Schlagworte wie: vom Kapital zur Arbeit, vom Eigentümer zum Benutzer usw. Diese Entwicklung ist nunmehr von jedermann akzeptiert, mehr oder weniger, bereitwillig oder zögernd, sofort oder allmählich. Die verschiedenen Prinzipien und Ideologien in bezug auf Leben und Gesellschaft lassen dies zu. Es geht um Interessen von Individuen, von Gruppen, von der Gesamtgemein-

---

[4] B. J. A. W. V. M. Pinckaers, Eigendom in een nieuwe tijd, 1960, Abschnitt V, § 1 B und E sowie § 2 B. Siehe Economist 1961, S. 466/467.

[5] Im Jahre 1949 erschien eine zweite, durchgesehene und erweiterte Auflage von ‚Een eeuw rechtsontwikkeling'. 1962 enthielt die Denkschrift der Niederländischen Soziologischen Vereinigung ‚Drift en Koers' mit dem Untertitel „Ein halbes Jahrhundert soziale Veränderung in den Niederlanden" einen Artikel „Vergesellschaftung von Recht und Staat" (S. 265—285). Raymond Derines Buch über „Grenzen des Eigentumsrechts im 19. Jahrhundert" (Antwerpen 1955) hat inzwischen zu einer neuen Besinnung auf die Vergesellschaftung des Privatrechts genötigt. Vgl. J. Valkhoff, Rezension des Buches von Derine, in: Rechtsgeleerd Magazijn Themis 1956, S. 631/132.

[6] Zur Zeit von Karl Marx erkannnten übrigens auch andere den Zusammenhang von wirtschaftlichen Verhältnissen und Rechtsverhältnissen, wie z. B. Reinhold Schmid, H. Dankwardt, W. Arnold, B. W. Leist. Siehe J. Valkhoff, Enkele wegbereiders van de rechtssociologie in het midden van de negentiende eeuw, in: Mens en Maatschappij, 1949, S. 65—88. Oben II.

schaft, aber auch regulative Daseins- und Gesellschaftsprinzipien spielen eine Rolle.

Bei der Rechtsbildung geht es um die praktische Anwendung dieser Prinzipien auf konkrete Lebensverhältnisse: um die Bildung einer konkreten Rechtsordnung in einer bestimmten Situation. Diese kann bei Aufrechterhaltung ein und desselben Prinzips verschieden sein. Moderne rechtliche Einschränkungen des Eigentums z. B. werden als solche auch durch römische Katholiken als gerechtfertigt anerkannt[7]. Dasselbe gilt für verschiedene neue Enteignungsverordnungen. Sozialisierung wird als solche von ihnen nicht unbedingt verurteilt: In gewissen Fällen kann sie zulässig, erwünscht, rechtmäßig sein[8]. Ebenso wie *Léon Duguit* stellen einige Katholiken bei der Beurteilung des Eigentums die Sozialfunktion an die Stelle des subjektiven Rechts[9]. So findet man unter den katholischen Autoren manchmal bei ein und derselben naturrechtlichen (aristotelisch-thomistischen[10]) Grundlage des Privatrechts auseinandergehende Auffassungen darüber, was positives Privatrecht sein muß, infolge einer verschiedenen Beurteilung der konkreten gesellschaftlichen Verhältnisse: wie diese sind, wie sie sein sollten. Mutatis mutandis findet man dasselbe bei den Kalvinisten: Als im Hinblick auf die augenblicklichen realen Verhältnisse für notwendig erachtet, wurden weitgehende Beschränkungen des Eigentums und der Vertragsfreiheit durch die Obrigkeit als vereinbar mit den kalvinistischen Prinzipien bejaht.

Hierbei rückt der politische Gesichtspunkt in den Vordergrund. Konservativismus und Progressivität spielen eine Rolle. Auch durch politische Macht und durch politischen Kampf wird die Rechtsbildung bestimmt[11]. Diese können die konkrete rechtliche Lösung beeinflussen. Bei ein und denselben normativen Lebensprinzipien sind zuweilen verschiedene Auffassungen hinsichtlich der rechtlichen Regelung und Ausführung von Gesetzen und Verordnungen in concreto möglich,

---

[7] C. M. O. van Nispen tot Sevenaer, Pachtrecht en private eigendom, in: Annalen van het Thymgenootschap 15 (1952), S. 1 ff.

[8] J. Ude und Lugmaier, De Weense School 1918—1931; Oswald von Nell-Breuning, J. H. Gilissen und andere.

[9] S. Renard, L. Trotabas, J. Verdier u. a.; C. M. O. van Nispen tot Sevenaer, in: Pacht en Grondgebruik, Ausgabe Deventer-Antwerpen 1964, S. 176 (functionele eigendom).

[10] Durch das Aufkommen von Personalismus, phänomenologischer Methode und Existentialismus.

[11] Hans Huber nennt das Privatrecht „unpolitisch" (in: Recht, Staat und Gesellschaft, Bern 1959, S. 6). Dies stimmt nicht ganz, wenn auch das Privatrecht weniger „politisch" ist als das öffentliche Recht. Vgl. Jean Dabin, Droit et politique, in Mélanges offerts à René Savatier, Paris 1965, S. 183—218; auch Ph. Malaurie, La jurisprudence combattue par la loi, in: ebd., S. 614 ff.

können verschiedene Wege eingeschlagen, Systeme ausgewählt, Sanktionen festgesetzt werden. Man sieht dies z. B. bei der Vorbereitung des Erbrechts im neuen Bürgerlichen Gesetzbuch (Buch 4). Trotz einem einheitlichen Prinzip können innerhalb von Gruppierungen verschiedene Auffassungen darüber vorkommen, was das Prinzip in concreto erlaubt. Rechtslehre und Rechtspraxis über den Rechtsmißbrauch weichen in einigen Punkten in Belgien von denen in den Niederlanden ab[12]. Die normativen Prinzipien selbst entwickeln sich in Verbindung mit der gesellschaftlichen Wirklichkeit, die sich verändert[13]. Sie müssen der sozialen Realität in einer bestimmten historischen Situation angepaßt werden. Bei beiden ist die zeitgenössische soziale Wirklichkeit mitbestimmend. Deshalb sind trotz ein und demselben Prinzip manchmal verschiedene Auffassungen im Recht möglich. Die konkrete Wirkung des Prinzips ist relativ, historisch-soziologisch bestimmt im Zusammenhang mit gesellschaftlicher Notwendigkeit oder Gewohnheit.

Darum soll man nicht voreilig die wenigen absoluten Lebensprinzipien bei der praktischen Behandlung und Lösung von konkreten Rechtsproblemen ins Spiel bringen; nicht bei der Rechtsbildung und rechtlichen Entscheidung in concreto, ob es paßt oder nicht paßt, sich auf sie berufen; nicht bei praktischen Rechtsfragen Prinzipien mißbrauchen[14]. Es ist nützlich, zunächst die gesellschaftliche Entwicklung in Verbindung mit der Technik, dem Verkehr, der Gruppenbildung usw. zu berücksichtigen; erst dann kann man sagen, ob das Prinzip als Richtschnur die neue Vermögensrechtsregelung zuläßt oder sich ihr wirklich widersetzt. In sehr vielen Fällen ergibt sich dann, daß zwischen Leuten mit verschiedenen Lebens- oder Weltanschauungen eine Synthese in dem Sinne eines gemeinsamen Standpunkts, eine allgemeine zustimmende Ausarbeitung, eine einstimmige bejahende Gestaltung vermögensrechtlich möglich sind[15].

Bei der am Anfang dieser Abhandlung angedeuteten Entwicklung des Vermögensrechts standen nicht immer ausschließlich die Gemeinschaft und Gesamtverantwortlichkeit im Vordergrund. Der private Bereich blieb anerkannt: bei dem Eigentum die Autonomie, die Privatsphäre, das eigene Ethos; bei den Verträgen die Vertragsfreiheit und

[12] Deshalb ist es schade, daß Derine in seinem Buch „Grenzen des Eigentumsrechts im 19. Jahrhundert" (Antwerpen 1955) die niederländische Rechtsentwicklung und Rechtsliteratur vernachlässigte. Siehe J. Valkhoff, Rezension des Buches von Derine, in: Rechtsgeleerd Magazijn Themis, 1956, S. 626 ff.

[13] J. J. Loeff, Verhouding staat en rechtsgemeenschap mede in verband met de katholieke staatsleer, in: Mens en Maatschappij 1955, S. 394.

[14] N. E. H. van Esveld, Ondernemend Nederland, Leiden 1959, S. 86; M. G. Levenbach, Mens en gemeenschap in het arbeidsrecht, Amsterdam 1958, S. 22.

[15] Marcel Henri Briegstein u. a., Wezen en grondslagen van het recht, Kampen und 's Gravenhage 1957, S. 13.

Eigenverantwortlichkeit der Menschen, worüber gleich mehr zu sagen ist. Auch in der Zukunft muß das so sein. Privatrecht muß immer bleiben, damit nicht alle Lebensäußerungen des Individuums totalitär geleitet werden. Als Grundlage des zwischenmenschlichen Verkehrs muß das Privatrecht eine bleibende Rolle spielen: mit seiner Vielheit, Mannigfaltigkeit, Geschmeidigkeit, Elastizität, persönlichen Initiative und Eigenverantwortlichkeit der einzelnen als Parteien; um die sehr verschiedenen Zwecke zu verwirklichen; zur Erhaltung der persönlichen Sphäre[16]. In der Rechtsordnung gelten allgemeine grundlegende Rechtsprinzipien, worin alles Recht seine Wurzeln hat, wie: Persönlichkeit gegenüber Gemeinschaft, Gleichheit vor der obrigkeitlichen Gewalt, Unterscheidung von Gut und Böse (*Paul Scholten*[17]); Freiheit — Bindung; „pacta sunt servanda", d. h. Gebundenheit an das gegebene Wort[18]; die „bona fides" (*J. Wiarda*[19]). Das Recht ist ein System mit einer gewissen Selbständigkeit und einem inneren Zusammenhang. Es geht nicht bloß um wirtschaftlichen Nutzen, um wirtschaftliche Wertung. Es findet eine rechtliche Wertung statt, wobei auch die Rechtsprinzipien ihre Rolle spielen müssen. Oft handelt es sich um einen Konflikt von Interessen, die übrigens nicht immer materiell, sondern durchaus ideell sind[20]. Die Interessen müssen innerhalb einer konkreten Situation bewertet, manchmal gegeneinander abgewogen, sanktioniert werden. Dies muß rechtens geschehen: gerecht. Die Beantwortung der Frage, welches Interesse schwerer wiegen muß als ein anderes oder andere, kann sich im Laufe der Zeit ändern: Not der großen Masse, der Arbeiter im Zusammenhang mit dem seinerzeitigen Entstehen des modernen industriellen Kapitalismus; die Mieter im Zusammenhang mit der Nachkriegswohnungsnot usw. Verschiedene Sonderinteressen spielen eine Rolle. Mehr allgemeine Interessen stellen sich gegen Privatinteressen (Enteignung, Vernichtung, Beschränkung, Flurbereinigung, Pachttausch usw.). Eine Harmonisierung der Interessen muß zu einem größtmöglichen Gleichgewicht durch das Recht angesteuert wer-

---

[16] Übergangen werden hier die außerhalb des Rechts liegenden wirklichen oder potentiellen Gefahren der Bedrohung der Person, wie z. B. diejenigen der Technik, der Vermassung, der Automatisierung und dergleichen in der modernen Gesellschaft.

[17] Paul Scholten, Verzamelde Geschriften, Teil I, Zwolle 1949, S. 395 ff.

[18] J. H. Beekhuis, Contract en Contractsvrijheid, Groningen und Djakarta 1953, S. 17; P. W. Kamphuisen, Contractsvrijheid, Preadvies Thymgenootschap 1957, S. 23; C. Asser und L. E. H. Rutten, Verbintenissenrecht, Zwolle 1954, S. 30.

[19] J. Wiarda, Aard en beteekenis van rechtsbeginselen, inzonderheid de beginselen van goede trouw en billijkheid, in ons positieve recht, Zwolle 1947.

[20] Artikel 1407 B. W. (Hoge Raad 21. Mai 1943, N. J. 1943 Nr. 455); Art. 5 b Handelsnaamwet (H. R. 20. Februar 1948, N. J. 1948 Nr. 226); Art. 6.1.9.11 Ontwerp Nieuw B. W.

den. Es darf nicht allein nach der Nützlichkeit geurteilt werden. Es geht auch um Dauerhaftigkeit, Redlichkeit, Gerechtigkeit[21]. Bei den Spannungen spielen die grundlegenden Rechtsprinzipien eine Rolle. Auch die Rechtsprinzipien stehen gegeneinander. Ob die konkrete rechtliche Lösung mit der Gerechtigkeit übereinstimmt, wird durch die faktischen Umstände und Verhältnisse mitbestimmt, wobei Einzel-, Gruppen- und Gemeinschaftsinteressen betroffen werden, Interessen gegeneinander abgewogen und Verantwortlichkeiten aufgeteilt werden müssen. Es muß eine Konkretisierung absoluter Rechtsprinzipien in einer bestimmten Rechtsordnung erfolgen. Es muß eine bestimmte Verwirklichung allgemeiner Rechtsprinzipien geschehen, ungeachtet irgendwelcher Lebensanschauungen und Konfessionen, und zwar derart, daß hier Interessenabwägung und Interessenbewertung stattfinden, doch nicht nur nach Erwägungen der Zweckmäßigkeit, sondern auch in Übereinstimmung mit der Gerechtigkeit, welche ihre Postulate stellt, insbesondere diejenige der Objektivität. Hierbei bedenke man, daß die Obrigkeit, die mit ihren rechtlichen Regelungen heute mehr als früher das Privateigentum und die Vertragsfreiheit einschränkt, einzelne Verträge heutzutage „dirigiert", „lenkt"[22], daß in Wirklichkeit heute die Obrigkeit die große Masse vertritt, daß der Staat heutzutage anders als vor etwa fünfzig Jahren der Staat aller ist. In dem heutigen demokratischen Staat wird die obrigkeitliche Gewalt nicht mehr als Tyrannei und Unterdrückung empfunden. Sie wird von der großen Masse als Macht bejaht und anerkannt.

Rechtsprinzipien wie „pacta sunt servanda" darf man nicht zu statisch betrachten. Auch ein Rechtsprinzip wie dieses unterliegt dem Einfluß von veränderten faktischen Verhältnissen: Lebensrhythmus, Gesellschaftsdynamik und dergleichen. In einer Gesellschaft hat dieses Prinzip absolutere Wirkung als in der anderen. Eine beweglichere Gesellschaft verlangt ein beweglicheres Recht. Dies sieht man heutzutage bereits bei der Miete und Pacht als Dauerverträgen. Es zeigt sich auch bei Vorschlägen für das neue Bürgerliche Gesetzbuch. Trotz neuer Ausnahmen bleibt das Prinzip erhalten. Wohl wird der Vertrag anders. Es findet eine Kollektivierung statt[23], nicht aus prinzipiellen Gründen, sondern aus der Notwendigkeit zur Verwirklichung höherer Werte, wie etwa der sozialen Gerechtigkeit, durch eine bestimmte

---

[21] W. J. Slagter, Rechtvaardigheid en doelmatigheid. Enige beschouwingen over het compromiskarakter van het recht, Deventer 1961; G. E. Langemeijer, Rechtvaardigheid en doelmatigheid, in: Nederlands Juristenblad 1965, S. 341—348.

[22] H. Kollmar, Das Problem der staatlichen Lenkung, 1961.

[23] W. C. L. van der Grinten, Collectivering in het privaatrecht, Nijmegen/Utrecht 1957. Vgl. auch B. J. A. W. V. M. Pinckaers, Eigendom in een nieuwe tijd, Nijmegen 1960, V, § 1 D und § 2 C. Außerdem J. Valkhoff, Collectivering in het privaatrecht, in: Maatschapijbelangen 1965, S. 434.

gesellschaftliche, soziale und politische Situation motiviert und geboten. Durch diese wird die konkrete rechtliche Gestaltung mitbestimmt, und nicht allein durch gewisse allgemeine Prinzipien. Dasselbe gilt für ein anderes Rechtsprinzip wie z. B. die „bona fides". Was Treu und Glauben besagen, ist unter verschiedenen gesellschaftlichen Verhältnissen unterschiedlich.

So wird auch die Vertragsfreiheit anders, weniger unbedingt, weniger dogmatisch aufgefaßt. Der Freiheitsbegriff ist sehr kompliziert. Man braucht nicht mehr ein und dieselbe philosophische Grundlage der Freiheit zu haben. Es geht vielmehr um bestimmte Freiheiten in einer bestimmten historischen Situation. Rechtliche Freiheit und wirtschaftliche Freiheit waren im 19. Jahrhundert vorherrschend. Sie waren historisch bedingt. Sie hingen zusammen. Sobald letztere geringer wurde, verminderte sich auch erstere: weniger oder mehr gelenkte Wirtschaft — weniger oder mehr „gelenkter Vertrag"[24]. Die nahezu absolute Vertragsfreiheit des französischen und des niederländischen Bürgerlichen Gesetzbuches, damals als gerechtfertigt und als der höchsten Wohlfahrt förderlich betrachtet — 19. Jh. mit freiem Wettbewerb —, abstrahiert von der gesellschaftlichen Stellung der vertragschließenden Parteien. Bei Vereinbarungen, wie z. B. beim Arbeitsvertrag und bei der Pacht, bestand aber infolge des Fehlens eines Machtgleichgewichts zwischen den vertragschließenden Parteien, für die Arbeiter bzw. die Pächter, faktisch eine lediglich nominelle Freiheit; von einer wirklichen Vertragsabschlußfreiheit war de facto für sie meistens keine Rede. Durch den vollkommen freien, autonomen Vertrag gerieten die Menschen als wirklich freie Personen mit Eigenverantwortlichkeit in Konflikte. Gerade durch die Beschränkung der Vertragsfreiheit kann die freie Entwicklung der Persönlichkeit auch gefördert werden[25]. Die Freiheit wird alsdann weniger abstrakt gesehen, sie besitzt jedoch mehr Wirklichkeit: wirtschaftlich, sozial, kulturell, geistig. Es geht um das Interesse von Menschen als Personen, auch um das Interesse der Gemeinschaft, Interessen, die nicht vollkommen voneinander zu trennen sind, nicht immer polar zueinander stehen, sondern auch öfters nur graduell voneinander abweichen. Wie wird diesen Interessen unter den historisch gegebenen Verhältnissen am besten gedient: durch vollkommene Vertragsfreiheit oder durch eingeschränkte Vertragsfreiheit? Existenzsicherheit, Wohlstand, besserer Lebensstandard und wirkliche, auch geistige Freiheit für alle, eine gerechtere gesellschaftliche Ordnung für jedermann sind zuweilen allein durch eine Gesetzgebung auf vermögensrechtlichem Gebiet zu erreichen, die dem Prinzip der Vertragsfreiheit weniger huldigt, Einschränkungen davon

[24] C. H. F. Polak, Het geleide contract, 1947. Economist 1947, S. 574—577.
[25] Erich Fechner, Rechtsphilosophie, Tübingen 1956, S. 274.

macht und zuläßt. Dann kann man für eine entsprechende Gesetzgebung sein, wobei man sich aber davor hüten soll, sich durch die Zielsetzung irreleiten zu lassen; man muß immer wachsam bleiben, weil die durch das Ziel gerechtfertigte Freiheitsbeschränkung Gefahren in sich birgt und leicht zu weit gehen kann. Ordnung, Planung, Lenkung und dergleichen, welche Einschränkungen der Vertragsfreiheit mit sich bringen, können die persönliche Freiheit de facto fördern, doch sie sind nur Mittel, nicht Zweck. Es gibt Grenzen, die nicht ohne geistige Gefahren überschritten und vernachlässigt werden können. Auch gibt es das Problem der Erfahrung und des Geltenlassens[26].

Absolute rechtliche Freiheit in der Gesetzgebung führte zur materiellen Ungleichheit der Parteien. Das Freiheitsprinzip kollidierte manchmal mit dem Gleichheitsprinzip. Durch Einschränkung der Vertragsfreiheit mußte dies dann in der konkreten Rechtsgestaltung kompensiert werden. Bei gewissen Abkommen mußte die schwache[27] Partei gestärkt werden: Arbeitsvertrag, Miete, Pacht[28]. Verletzungen der Vertragsfreiheit sind dann zulässig, aber sie haben wohlüberlegt und nicht regellos zu geschehen. Das Freiheitsprinzip ist wertvoll, doch zweckmäßigerweise gemildert durch andere Prinzipien, wie die soziale Gerechtigkeit, also nicht lediglich durch Notwendigkeit[29]. Die Vertragsfreiheit sei als ein Gut anerkannt. Ihr wesentlicher Wert werde nach Möglichkeit respektiert. Dabei können in der Rechtsordnung Grenzüberschreitungen vorkommen: eine Zeitlang zu niedrige Mietpreise, zu niedrige Pachtzinsen. Dann muß es wieder mehr im Interesse der anderen Partei (Vermieter, Verpächter) geregelt werden, und so geschieht es auch[30]. Man muß ferner mögliche Rückwirkungen auf andere Interessen als diejenigen der Beteiligten in Rechnung stellen: das Staatsinteresse hinsichtlich des Wassers, der Raumordnung und dergleichen. Neben den sozialen Interessen treten die wirtschaftlichen Gesichtspunkte mehr in den Vordergrund: Vermehrung, Erhöhung des allgemeinen Wohlstands; allgemeine Interessen der Landwirtschaft, ausreichende Ausbeute, Betriebsumfang, Parzellierung, Lage, Preise. Bei bestimmten Verhältnissen ist die soziale Gerechtigkeit zuweilen besser durch eine größere rechtliche Gebundenheit zu verwirklichen. Wirt-

---

[26] P. W. Kamphuisen, Contractsvrijheid, a.a.O., S. 23.

[27] Nicht immer durch den Gegensatz arm-reich, doch z. B. durch Knappheit an landwirtschaftlich nutzbarem Boden, an gewerblichen Räumen, Wohnungen; durch Ortsgebundenheit und dergleichen.

[28] C. M. O. van Nispen tot Sevenaer, Pacht en Grondgebruik, Ausgabe Deventer und Antwerpen 1964, S. 31 und 39.

[29] J. H. Beekhuis, Contract en Contractsvrijheid, a.a.O., S. 17.

[30] Mietgesetz von 1950 mit fünf gegenüber drei Räumungsgründen im Huurbeschermingsbesluit 1941; siehe auch Pachtgesetz von 1958 im Vergleich zu Pachtbesluit 1941 (Memorie van Antwoord 28 mei 1956, § 1).

schaftliche und rechtliche Freiheit können nicht überall unbedingt gelten.

Durch Beschränkung der Freiheit der Eigentümer und durch bestimmte Übereinkommen wird der allgemeine Wohlstand größer, gleichzeitig die Verteilung redlicher, mit anderen Worten: die soziale Gerechtigkeit größer. Wiederum gilt es aufzupassen, daß die Freiheit nicht zuviel beschnitten wird. Lenkung und Regulierung bergen Gefahren, u. a. von seiten des Apparats, der seinerseits vor allem für die Rechtssicherheit nötig ist.

Im allgemeinen ist die Betrachtungsweise auch in sozialistischen Kreisen weniger dogmatisch geworden. Man erinnere sich des Widerstands der damaligen Sozialdemokraten, außerhalb, aber auch innerhalb der Volksvertretung, gegen die gesetzliche Regelung des Arbeitsvertrages im Jahre 1907 und der vollkommenen Ablehnung der Pacht als System (noch mehr oder minder in den Sozialisierungsberichten der SDAP 1920), die als damalige gesetzliche Regelung der Vermietung von Ländereien tatsächlich nichts taugte. Die Sozialisierung der Produktionsmittel, d. h. die Überführung aus Privathand in die Hand der Gemeinschaft, ist jetzt in sozialistischen Kreisen kein Prinzip mehr, ebensowenig, wie sie übrigens aus Prinzip verwerflich ist. Probleme dieser Art sind nicht von *einem* Prinzip her zu lösen. Das Eigentumsrecht braucht sich nicht auf grundsätzlich alle Dinge zu erstrecken. Früher gab es Eigentum an Sklaven. Dies ist jetzt abgeschafft. Damit wird aber das Eigentumsrecht als solches in der Rechtsordnung nicht angetastet. Völlige Sozialisierung von allen Produktionsmitteln als Universalmittel ist schon lange kein gültiges Dogma mehr[31]. Etwas anderes ist es, ob man Sozialisierung, zwar nicht allgemein, aber etwa von Hausbesitz unter bestimmten Umständen oder von Pachtland auf die Dauer allmählich, aber unvermeidlich auf der Linie der Rechtsentwicklung liegen sieht[32]. Bei der Gemeinschaftsverwaltung geht es nicht dogmatisch allein um den zentralen Staat (die Staatsobrigkeit). Die persönliche Initiative bleibt unentbehrlich, die Kontrolle der Gemeinschaft kann notwendig sein. Auch territoriale und funktionelle öffentliche Körperschaften können tätig sein, und allerlei private Gesellschaften können eingeschaltet werden: repräsentative Vereinigungen, Stiftungen, mit eigener Verwaltung, mit Mitgliederräten, mit Mitgliedern, Personal, mit eigener Selbstverantwortlichkeit und Mitverantwortlichkeit. Das Verhältnis Individuum — Staat wird dadurch anders.

---

[31] J. Valkhoff, Van autonoom tot heteronoom contract, in: Socialisme en democratie 1951, S. 650; ders., Nieuwe beschouwingen over eigendom en eigendomsrecht, in: Rechtsgeleerd Magazijn Themis 1957, S. 29.

[32] J. Valkhoff, Ontwikkeling van het eigendomsrecht in oorlogstijd, 1945, S. 15 und 16.

Auch ohne naturrechtliche Grundlage ist es zweckmäßig, das Eigentum als grundlegend in der Gesellschaft anzuerkennen für den Wohlstand, für die Würde und Selbstverantwortlichkeit der Menschen als Personen, vorausgesetzt, daß das Eigentum konkret betrachtet und daß ein Unterschied gemacht wird, etwa zwischen Produktionsgütern und — mehr persönlichen — Konsumgütern oder zwischen beweglicher und unbeweglicher Habe. Man sollte im Eigentum das Eigenethos achten, das eigene Ich mit einem Gefühl für das „Eigene" und mit Anhänglichkeit daran[33]. Es dient als Ansporn zum Sparen, ermöglicht das Erben und die eigene Selbstverantwortlichkeit, welche letztere — es sei nun schon gesagt — nicht immer die gleiche ist. Aber nach dieser Rechtfertigung des Eigentums muß auch anerkannt werden, daß die Bedeutung des Privateigentums bei bestimmten Gütern anders ist als vor einem halben Jahrhundert. Zwar steht das Eigentum noch im Mittelpunkt des Vermögensrechts, aber seine gesellschaftliche und sittliche Wertung ist in bestimmten Punkten anders geworden. Man sieht dies z. B. beim Haus- und Grundbesitz, wobei die Sache jeweils anders liegt, je nachdem, ob der Eigentümer sein Stück Land nicht mehr selbst bewohnt oder bestellt und es mehr oder minder als „eigen" empfindet; oder etwa beim Anteilseigentum — Eigentümer der Unternehmung? — in den großen Publikumsaktiengesellschaften. Das Eigentum ist auf verschiedenen Gebieten weniger individuell, mehr sozial, weniger absolut, weniger unbeschränkt, weniger frei geworden: ein in mancher Hinsicht anderes Eigentum, mit anderem Inhalt als gesellschaftliche Wirklichkeit.

Auch den Begriff „Vertrag" darf man nicht dogmatisch betrachten; nicht abstrakt von einem bestimmten Prinzip her, sondern in Verbindung mit den konkreten Lebensverhältnissen der Menschen. Rechtsbegriffe sind nicht vollkommen statisch. Sie sollen sich den gesellschaftlichen Zuständen und Verhältnissen anpassen. So wird auch der Begriff Vertrag durch die historische Situation beeinflußt: Para- oder Pseudoverträge bei einigen Dauerverhältnissen; kollektive statt rein individuelle Verträge bei Mantelvereinbarungen wie Tarifverträgen, wodurch die individuelle Vereinbarung an Bedeutung einbüßt; Anerkennung des Einflusses der veränderten Verhältnisse, schon immer hier und da in Geltung, aber heutzutage immer mehr, historisch bedingt im Hinblick auf die dynamischer gewordenen gesellschaftlichen Verhältnisse; einige gelenkte Verträge mit heteronomem Charakter und öffentlich-rechtlichem Einschlag. Dies alles nicht aus Prinzip, sondern als durch die soziale und wirtschaftliche Situation motiviert und als notwendig zur Verwirklichung auch von höheren Werten. Die kon-

[33] Jean Paul Sartre, Les mots, Paris 1964, S. 70 und 71.

krete Rechtsgestaltung des Eigentums- und Vertragsrechts wird hierdurch mitbestimmt.

Im modernen Vermögensrecht wird der Mensch mehr in den Mittelpunkt gerückt[34]: der Mensch, soweit er in Wirklichkeit in sozialen Beziehungen mit anderen Menschen lebt, z. B. als Unternehmer (Pacht, Miete von gewerblichen Betrieben) oder als Arbeitnehmer; nicht als abstrakt gedachtes Individuum wie im alten, großenteils auf dem römischen Recht fußenden Privatrecht. Das Wesen des Menschen, des vollständigen Menschen[35], ist nicht durch die Rechtswissenschaft zu umschreiben. Wohl muß das Recht auf die Struktur des Rechtssubjekts Rücksicht nehmen — des ungeteilten Menschen mit seiner individuellen und sozialen Seite —, weil sowohl dem individuellen als auch dem sozialen Element in der menschlichen Persönlichkeit[36] Aufmerksamkeit geschenkt werden muß. Losgelöst von einem bestimmten philosophischen System oder einer bestimmten religiösen Überzeugung muß das Recht demgemäß das Wesen des Menschen, der menschlichen Natur, berücksichtigen, wobei dann Antinomien aufgehoben werden müssen, damit eine möglichst große Harmonie der sozialen Beziehungen entstehe. Spannungen können hierbei nicht vermieden werden. Es besteht nun einmal ein Dualismus: Wenn man den Menschen in der organisierten Gemeinschaft als Rechtssubjekt einerseits nicht völlig als auf sich selbst stehendes, isoliertes Individuum, andererseits auch nicht völlig als ganz und gar in der Gemeinschaft aufgehendes Gemeinschaftswesen betrachtet, gibt es stets Spannungen, und es muß nach einer möglichst harmonischen Lösung im Recht gestrebt werden. Prinzipien allein führen hier zu keinem Ergebnis. Das Recht ist nun einmal aufs Praktische gerichtet. Ohne „Prinzipienreiterei" und mit offenem Auge für die Relativität wird man sich meistens in concreto völlig oder größtenteils einigen. Individuelle Wahrnehmung von eigenen Interessen, Selbstbestimmung und Selbstentscheidung sind vorzuziehen, und die Interessen der Gemeinschaft werden dadurch häufig gefördert. In bestimmten Verhältnissen ist das letztere mehr, in anderen jedoch

---

[34] Gustav Radbruch, Hugo Sinzheimer, Giorgio del Vecchio, F. Theilhaber, I. Kisch, Ch. J. J. M. Petit, J. J. M. van der Ven. Am 8. Januar 1958 hielt Levenbach einen Vortrag über „Mens en gemeenschap in het arbeidsrecht". Im Jahre 1936 veröffentlichte E. Mounier sein „De la propriété capitaliste à la propriété humaine", Brügge und Paris 1936. H. Dombois schrieb 1964 „Mensch und Sache, zum Problem des Eigentums" in: Zeitschrift für die gesamte Staatswissenschaft 110 (1964), S. 239 ff. Kürzlich H. Hubmann, Das Menschenbild unserer Rechtsordnung, in: Festschrift für Hans Carl Nipperdey, München und Berlin 1965.

[35] Antoine de Saint Exupéry. Auch Jean Paul Sartre: „que tout homme est tout l'homme".

[36] H. Krabbe, De idee der persoonlijkheid in de staatsleer, 's Gravenhage 1908.

weniger der Fall. Nicht nur größerer materieller Wohlstand soll durch die rechtliche Regelung gefördert werden, sondern auch eine vernünftige — und damit billige — und gerechte Vermögensverteilung ist das Ziel (Lohn, Dividenden, Bodenverbesserungen und dergleichen). Das Gerechtigkeitsurteil ist ein gesellschaftliches Problem, und auch in Rechtsfragen ändert es sich bei Individuen und innerhalb der Gruppen im Laufe der Zeit; sowohl bei konfessionellen als auch bei nicht-konfessionellen, wo es doch stets um praktische Anpassung der regulativen Prinzipien an konkrete, durch das Recht zu regelnde Lebensverhältnisse geht.

Bei der höheren Wertung des Menschen als Person im modernen Vermögensrecht[37] müssen sowohl das individuelle Interesse als auch das Gemeinwohl berücksichtigt werden, wobei eine wechselseitige Durchdringung der Gemeinschaftsinteressen und der Sonderinteressen der Mitglieder der Gemeinschaft stattfindet. Ordnung und Lenkung durch verschiedene Gemeinschaftsorgane, auch durch den zentralen Staat selbst, sind oft notwendig in Verbindung mit der Verantwortlichkeit hinsichtlich des Individuums. Sie schaffen jedoch Probleme und beschwören Gefahren herauf, eine Folge des unentbehrlichen amtlichen Ordnungsapparats, etwa: Man muß vor Willkür, Parteilichkeit, Subjektivität in der rechtlichen Regelung und bei ihrer Anwendung auf der Hut sein. Starrheit in den Rechtsverhältnissen, im Rechtsverkehr, kann zu mehr Streitigkeiten zwischen den Bürgern führen. Garantien für die Objektivität, für den Menschen mit seiner eigenen persönlichen Verantwortung als Mensch sind unentbehrlich. Die Ordnung, die Organisation, der gewisse Zwang müssen auf allgemeinen Normen beruhen. Die Kriterien müssen so objektiv und verständlich und anwendbar wie möglich sein. Dann können Ordnung und Lenkung, in Verbindung mit einer leidlichen und gesicherten menschenwürdigen Existenz für alle, zu einer höheren Wertung des Menschen als Person und zu einer größeren Anerkennung der menschlichen Werte beitragen: der Mensch nicht als auf sich selbst gestelltes Individuum, nicht nur sich selber suchend, sondern Pflichten und Mitverantwortung bejahend; die Ordnung lediglich als Mittel zur Verwirklichung größerer Gerechtigkeit, nicht als Selbstzweck.

Die moderne Gesellschaft, in der wir mit unserer persönlichen Bestimmung und Verantwortlichkeit leben, hat ein anderes Tempo, eine andere Dynamik als diejenige im vorigen Jahrhundert. Es besteht eine viel größere Abhängigkeit eines jeden von jedem. Es bestehen weit mehr und verschiedenere Gruppen und Gruppierungen mit Gruppeninteressen, Gruppenverantwortlichkeit, oft mit Gruppenrecht. Man

---

[37] Harry Westermann auf dem 7. Deutsch-Niederländischen Juristentreffen 1955.

bildet einen Teil eines größeren Ganzen, gebunden an jeden und verbunden mit jedem. Kollektive Interessen treten mehr in den Vordergrund. Der Gegensatz Individuum — Gemeinschaft darf nicht zum Dogma gemacht werden. Auch hier ist Relativierung erforderlich. Man besitzt individuelle Rechte als Glied der Gemeinschaft, zur Entfaltung der menschlichen Persönlichkeit und damit zugleich zum Nutzen der Gemeinschaft. Man hat nicht lediglich Befugnisse, sondern auch Pflichten.

So bildet die *distributive Verantwortlichkeit* als solche eine wichtige Richtschnur für die Schaffung und Modifizierung des modernen Vermögensrechts. Bei seinem Tun und Lassen hat man auch das Wohl der anderen zu beachten. Dies bedeutet bei einem neuen Persönlichkeitsbild im Sachenrecht distributive Verantwortlichkeit, etwa des Eigentümers gegenüber anderen Eigentümern und Benutzern (Behinderung, Sachbeschädigung, Rechtsmißbrauch) und im Obligatonenrecht distributive Haftung von Vertragsparteien gegenüber jeder anderen Vertragspartei und in der modernen Gesellschaft manchmal gegenüber Dritten. Früher wirkte Verantwortlichkeit manchmal zwischenmenschlich mehr von selbst (z. B. patriarchalische Verhältnisse zwischen Verpächter und Pächter auf dem Lande). Es fehlte aber auch öfters ein individuelles Verantwortlichkeitsgefühl (z. B. im Verhältnis zwischen Arbeitgeber und Arbeitnehmer in den Anfängen des industriellen Kapitalismus). Bei den modernen, mehr versachlichten zwischenmenschlichen Massenverhältnissen wird im Vertragsrecht, das noch auf dem abstrakten[38], auf sich selbst stehenden Individuum basiert, der distributiven Verantwortlichkeit im Verhältnis von Menschen gegenüber Menschen wenig Beachtung geschenkt. Das moderne Privatrecht muß dies wohl tun.

„Nach unserer Deutung des Seins und Sinns menschlichen Daseins aus der Dialektik der konkreten Existenz: von je besonderer Natur der Sache und allgemeiner Bestimmung des Menschen, ist von jedem einzelnen in jedem Augenblick gefordert, daß er in allem, was er in der Welt treibt, jeweils nicht nur der besonderen Natur der Verhältnisse genügt, in denen er als ein je bestimmter Jemand: auf Mann oder Frau, auf Bruder oder Gatte, auf Käufer oder Mieter, auf Lehrer oder Schüler, sein Wesen vergegenständlicht, sondern dem darin wesenhaft an ihn gestellten Anspruch verantwortlich dadurch begegnet, daß er in allem, was er tut und läßt, zugleich seiner allgemeinen Bestimmung als dieser selbst und Mensch überhaupt entspricht und nicht widerspricht[39]."

---

[38] Carlos Gits, Recht, persoon, gemeenschap, Leuven 1949, S. 351 und 353.

[39] Werner Maihofer, Recht und Existenz, in: Vom Recht, Hannover 1963, S. 185.

Der Vertragsgedanke muß soweit wie möglich aufrechterhalten werden. Das Gefühl der Verantwortlichkeit (neben dem Persönlichkeitsgefühl) der Eigentümer, Benutzer, Vertragsparteien darf durch neue Rechtsregeln nicht behindert oder aufgehoben werden[40]; gerade Verstärkung ist notwendig. Wie ist dies bei dieser oder jener Regelung (z. B. des Verlängerungsrechts) hinsichtlich des Pächters? Wie kann (wieder bei dem Verlängerungsrecht) der Verpächter einen unverantwortlichen, schlechten Pächter loswerden? Diese Erwägungen sind nicht allein negativ, um den Pächter gegenüber dem wirtschaftlich stärkeren Verpächter zu schützen, sondern positiv in Verbindung mit der Zusammengehörigkeit[41] in den menschlichen Verhältnissen und mit der distributiven Verantwortlichkeit: der Ordnung, der Verteilung der Haftung.

Die Wirklichkeit der Lebensverhältnisse bestimmt, was in concreto nützlich oder notwendig ist. Die konkrete rechtliche Lösung ist nicht direkt, unmittelbar aus den Prinzipien abzuleiten. Andererseits wird sie nicht allein durch Zweckmäßigkeit oder Notwendigkeit bestimmt. Neben der Entfaltung der *vollen freien Persönlichkeit* des Menschen als Einheit von Körper, Seele und Geist und der *Solidarität der Menschen* in den gegenseitigen menschlichen Verhältnissen ist die *distributive Verantwortlichkeit* eine positive Richtschnur für die rechtliche Ordnung, die wir in der Gesellschaft wollen. Soll die Gesellschaft harmonisch sein, so muß man nach Harmonie zwischen diesen dreien streben und nach Recht — das natürlich auf demokratischem Wege zustande gekommen ist —, das diese Harmonie durch seine Regelung und Ordnung fördert und stärkt[41].

---

[40] P. W. Kamphuisen, Contractsvrijheid, a.a.O., S. 23.

[41] Über Nächstenliebe und Recht N. E. H. van Esveld, Arbeitsrecht en gerechtigheid, 1953. Siehe dazu die Besprechung in: Economist 1954, S. 470 und 471; W. M. d'Ablaing, Recht en rechtswetenschap, 1882, S. 15. Über Brüderschaft und Recht H. Winkel in seinem Vortrag vor der Vereniging voor Wijsbegeerte des Rechts, Über soziale Rechtmäßigkeit, Gerechtigkeit und Recht, in: Handelingen, 1948 (XXXII). Vgl. Carlos Gits, Recht, persoon en gemeenschap, Leuven 1949, S. 352. Vgl. weiter van der Grinten, Gedenkboek Alberdingk Thymgenootschap 1954, S. 290; Hijmans van den Bergh, Verslag Provinciaal Utrechtsch Genootschap 1954, S. 11.

VII.

DIE BEZIEHUNGEN DES EIGENTUMS IM XX. JAHRHUNDERT UNTER RECHTSSOZIOLOGISCHEN GESICHTSPUNKTEN*

Die Beziehungen des Eigentums sind in Wirklichkeit Sozialbezüge, die von Rechtsnormen beherrscht werden. In einigen primitiven Gesellschaften trifft man nur verschiedene Arten einer physischen Herrschaftsgewalt, die der Mensch über Sachen ausübt, jedoch kein Eigentumsrecht, an. In der gegenwärtigen Gesellschaft ist das Eigentum in allen Ländern ein *Rechtsinstitut*, obwohl die Stellung des Eigentums nicht überall die gleiche ist.

Die tatsächlichen Beziehungen des Eigentums gehören in den Teil des objektiven Rechts, der als Gesamtheit von Rechtsnormen das umfassendste (subjektive) Recht regelt, das jemand über eine Sache ausüben kann. Deswegen sind diese Beziehungen auch Gegenstand der Rechtssoziologie. Es ist Aufgabe der Rechtssoziologie, die Verhältnisse und Beziehungen des Eigentums in der Gesellschaft auf empirische Weise in ihren Sozialbezügen und in Verbindung mit den nicht-juristischen Phänomenen zu untersuchen.

Zwischen der rechtlichen Regelung des Eigentumsbegriffs innerhalb eines Gefüges von geschriebenen und ungeschriebenen Rechtsnormen und den zwischenmenschlichen Beziehungen, die durch diese Normen beherrscht werden, besteht eine Wechselwirkung. Die rechtlichen Bestimmungen im eigentlichen Sinn und ihre Entwicklung im 20. Jhdt. sollen hier nur zusammenfassend behandelt werden, da der vorliegende Aufsatz rechtssoziologisch und nicht rechtshistorisch oder rechtsvergleichend ist. Wir wollen dennoch versuchen, einige Eigentümlichkeiten und Tendenzen der Rechtsentwicklung aufzuzeigen, die vor allem in den westeuropäischen Ländern und den USA herausgegriffen wurden. Eine soziologische Betrachtung eines Abschnittes des Rechtslebens einer Gesellschaft, in casu des Eigentums, nimmt notgedrungen ebenfalls auf die Rechtsnormen selber Bezug.

Die Entwicklung des Rechts vollzieht sich nicht in allen Ländern gleich. In einigen Ländern weichen die Rechtsnormen voneinander ab.

---

* Les rapports de la propriété au XXème siècle au point de vue juridico-sociologique, in Actes du Troisième Congrès Mondial de Sociologie, Bd. II, S. 188—195 (1957).

Das bedeutet jedoch nicht, daß infolge dieser Unterschiede in der Regelung des Eigentumsrechts die tatsächliche Rechtslage verschieden ist. Die Gesetze können voneinander abweichen, während die tatsächlichen Beziehungen ganz oder fast gleich beschaffen sind und umgekehrt.

Im 19. Jhdt. war das Eigentum in vielen Ländern ein Recht, das völlig oder zum großen Teil von den früher bestehenden Lasten und Bindungen der Gemeinschaft (Feudalordnung, Sippe, Clan, Allmende) befreit war. Freie Erlangung, freie Benutzung und Nutznießung sowie freie Verfügung des Eigentümers standen jetzt an erster Stelle. Testierfreiheit wurde die Regel.

Es gab nur wenige Einschränkungen der absoluten Verfügungsgewalt des Eigentümers über das Eigentum, insbesondere bei Immobilien, wo es eine Enteignung im öffentlichen Interesse gegen eine angemessene und vorher festzulegende Entschädigung, eine Flurbereinigung, das Nachbarschaftsrecht u. ä. gab. Im übrigen herrschte eine überwiegend individualistische Auffassung des Eigentumsbegriffs vor, der dem Privateigentümer einen großen Ermessensspielraum ließ, der damit ein nahezu unantastbares Recht besaß. Diese Regelung des Eigentumsrechts wurde für die Entwicklung des allgemeinen Wohlstandes für am günstigsten gehalten, und sie hatte trotz einiger klar erkennbarer und schädlicher Nachteile Erfolg.

Im 20. Jhdt., teilweise schon im 19. Jhdt., kann man in zahlreichen Ländern eine Zunahme der juristischen Restriktionen des Privateigentums durch den Staat beobachten, was sich z. T. im geschriebenen Recht (Kodifikation, Gesetze, Erlasse; zentralisierte und dezentralisierte Gesetzgebung), z. T. im ungeschriebenen Recht (Rechtsprechung) niederschlägt. Diese Einschränkungen werden immer strenger. Man dachte, auf diese Weise sowohl den Interessen des anderen wie denen der Gemeinschaft (Gemeinwohl) zu dienen. Der Wille des Privateigentümers wird als weniger autonom betrachtet. Das Eigentum wird von einem nicht so absoluten („Relativierung") Blickpunkt aus betrachtet. Die Ausübung des Eigentumsrechts richtet sich weniger nach der subjektiven Vorstellung und dem Willen des Eigentümers, sondern mehr nach der objektiven Billigkeit und dem gesunden Menschenverstand. Der Akzent ruht, was das Eigentum angeht, auf den Pflichten des Eigentümers. So wandeln sich die Rechtsvorstellungen vom Eigentum. Léon Duguit ging sogar so weit, zu weit und zu partiell, das Eigentum ausschließlich in seiner „Sozialfunktion" zu betrachten und die Existenz eines subjektiven (Eigentums-)Rechts zu leugnen.

Die modernen Gesetzesregelungen des Eigentums „höhlten" auf die Dauer das Eigentumsrecht aus. Das Eigentumsrecht ist mehr oder weniger *„sozialisiert"*. Der französische Code Civil vom Jahr 1804 wird wie folgt beschrieben: „... dieses Gesetzbuch der Privateigentümer, das sich ausschließlich mit dem Reichtum und nicht mit der Arbeit, die ihn hervorgebracht hat, befaßt" (Picard); oder als „ein Gesetzbuch der Eigentümer und Rentenempfänger" (Ripert), „als ein Gesetzbuch der Bourgeoisie" (Raoul de la Grasserie) oder als „ein Gesetzbuch der Stärkeren" (Marx). Diese Bewertungen sind in den meisten modernen Staaten für das Eigentumsrecht nicht mehr gültig.

Diese neuen Verfügungen und Verbote im Bereich des Eigentumsrechts schränken die Nutzung und die Verfügungsfreiheit des Eigentümers ein. Entgegen dem Prinzip der Vertragsfreiheit verbietet man manchmal den Eigentümern, bestimmte Verträge abzuschließen. Der Staat zwingt manchmal dem Eigentümer gewisse Vertragserneuerungen oder -verlängerungen auf. Die Fähigkeit, sein Eigentum zu verwalten und frei darüber zu verfügen, wird von vorneherein der Kontrolle des Staates unterworfen. Die Rechtsposition des Nutzungsberechtigten wird oft zu Lasten des Eigentümers gestärkt. Die Gesamtheit der Rechte des Eigentümers wird kleiner oder weniger intensiv. Das Eigentumsrecht wird als weniger autonom betrachtet.

Diese neuen sich wandelnden Auffassungen vom Recht münden auf die Dauer in einen endgültigen Wandel der konkreten Rechtsvorschriften und werden von den Anhängern verschiedener religiöser oder politischer Credos anerkannt. Die Unterschiede in der konkreten Herausbildung des Rechts sind graduell, je nachdem ob man sie statisch oder dynamisch betrachtet. Die Auffassungen werden gleichzeitig vom Zeitgeist bestimmt (um 1920 gab es Sozialisierungstendenzen auch unter den Wiener Katholiken) und von wirtschaftlichen und sozialen Erfordernissen (gegenwärtig — 1956 — gibt es eine Sozialisierungstendenz auch in der politischen Vertretung der italienischen Katholiken). Infolgedessen wandelten sich die Rechtsauffassungen des Eigentums im 20. Jhdt., und auch in den Rechtsnormen, die das Eigentum betrafen, vollzog sich ein Wandel. Durch welche realen Faktoren (wirtschaftliche, soziale, politische, klimatische, geographische, geistige) wurde dieser Wandlungsprozeß beeinflußt? Welche sozialen Kräfte trugen zur Herausbildung bei? Welche Macht hatten diese kohärenten Kräfte, deren Wirkung sicherlich weder mechanisch noch unmittelbar war? Gibt es einen funktionellen oder kausalen Zusammenhang? Die tatsächlichen Lebensverhältnisse setzen sich im menschlichen Bewußtsein in Rechtsauffassungen und Rechtsnormen um. Das Rechtsempfinden und die schöpferische Intelligenz bewirken diese Umsetzung. Auf welche Weise läuft dieser Schöpfungsprozeß (Sinzheimer nennt ihn „Transformationsprozeß") ab? Das sind alles Fragen einer *genetischen* (Gurvitch; Sinzheimer) oder *dynamischen* (Horváth; Kraft) Rechtssoziologie.

Unter all den oben erwähnten sozialen Kräften nimmt die *Technik* eine Vorrangstellung ein. In dem Maß, wie die *Industrialisierung* fortschreitet, ändern sich mit den technischen Veränderungen auch die Beziehungen des Eigentums. Die Entstehung und Sammlung der Arbeitermasse, die mit diesem Wandel verbunden ist, führt überall zu Rechtsvorschriften zugunsten der Lohnarbeiter, die gegenüber den Unternehmern, den Eigentümern der Produktionsmittel, als wirtschaftlich schwach angesehen werden. Danach ergehen Rechtsvorschriften zugunsten anderer Gruppen wirtschaftlich Schwacher wie Mieter, Pächter, Ratenkäufer usw.

Die Entwicklung der *Verkehrsmittel* ist mit der modernen Technik eng verbunden. Nach der Indienststellung der Eisen- und Straßenbahnen im 19. Jhdt., lassen die neuen Verkehrsmittel (verschiedene Motorfahrzeuge, Flugzeuge) eine neue soziale Wirklichkeit entstehen (Bau von Straßennetzen, Brücken, Flugplätzen) und führen zu einer Ausdehnung der Einschränkungen des Privateigentums, besonders im Bereich der unbeweglichen Habe: man denke an Enteignung zum allgemeinen Wohl, Bauverbote und andere Begrenzungen des Eigentums. Mit dem Fortschreiten der Industrialisierung, einer größeren Konzentration und intensiverem Verkehr ist ein Anwachsen der *Bevölkerungsdichte* in verschiedenen Gegenden und eine Zunahme der *Verstädterung* (Urbanisierung) in zahlreichen Ländern verbunden. Die Probleme des Städtewachstums, der Wohnungsfrage, der Volksgesundheit usw. führen zu verschiedenen Veränderungen des Eigentumsrechts (Baugenehmigungen, Einhaltung der Fluchtlinie usw.). Verwaltung und Technik schaffen neue zwischenmenschliche Beziehungen und erzeugen eine größere „gegenseitige Abhängigkeit“ (Duguit). Die Beziehungen der Menschen werden intensiver, wir sprechen von „Integration“. Die „Vereinheitlichung“ wird stärker. So entstehen verschieden ausgerichtete Eigentumsbeziehungen, soziologische Beziehungen von Menschen, die Eigentümer sind.

Zusammen mit der Technik, der Industrialisierung, der Konzentration, der Vermassung, der Bevölkerungszunahme usw. kam es in verschiedenen Ländern zu einer Verlagerung der *politischen Macht* und zu einer Veränderung der *Staatsordnung*. Diese Ereignisse führten verschiedentlich zu einem Wandel des Eigentumsrechts in den Gesetzen und Verordnungen. Durch die Herausbildung des allgemeinen Wahlrechts konnten u. a. bestimmte Bevölkerungsgruppen, und zwar die wirtschaftlich Schwachen, einen größeren Einfluß auf die Lenkung des Staates und gleichzeitig auf die Gesetzgebung ausüben. Man kann von den Rechtsnormen, jedenfalls was das Eigentum angeht, nicht mehr behaupten, daß „der Reichtum sie diktiert“ (Linguet 1769). Die Gesetzgebung ist heute immer weniger ein „palladium de la propriété“ (Montesquieu 1748). Durch das Spiel der politischen Kräfte erfolgte eine „Demokratisierung“ und eine „Nivellierung“ (G. Ripert).

Wirtschaftskrisen beschleunigten die soziale Entwicklung und trieben gleichzeitig die Entwicklung der Auffassungen und Normen des Eigentumsrechts voran; besonders die Wirtschaftskrise des Jahres 1929, die in den Vereinigten Staaten ausbrach und sich über viele Länder der Erde ausbreitete. Einige neue Auffassungen und Normen des Eigentumsrechts, die für anormale wirtschaftliche und soziale Situationen bestimmt waren, blieben auch später noch in Kraft, als sich die Beziehungen wieder normalisiert hatten (New Deal, Roosevelt).

In einigen Ländern führte die *Revolution,* ein soziales Ereignis, zu einem endgültigen und prinzipiellen Bruch mit der existierenden Rechtsordnung des Eigentums. In der UdSSR brachte die Oktoberrevolution vom Jahr 1917 einen stufenweisen Wandel der Eigentumsnormen mit sich. Eine kurze Zeit lang wurde das Eigentumsrecht, d. h. das gesamte Privatrecht, abgeschafft; später, unter dem N.E.P. (1921), wurde es zum Teil wieder eingeführt. Heute sind in Sowjetrußland die gesamte Landwirtschaft (Sovchosen und Kolchosen), die gesamte Industrie, das Verkehrswesen, das Kreditwesen und der Außenhandel sozialisiert (Eigentum der Gesellschaft an den Produktionsmitteln), daneben gibt es Privateigentum, das in der Verfassung vom Jahr 1935 (Art. 10) garantiert wird. Das private Erbrecht wurde wieder eingeführt und hat sich seitdem weiterentwickelt. Das Sparen wird unterstützt. Von neuem weichen Vermögen und Einkünfte der Bürger erheblich voneinander ab.

Die *Kriege* brachten in zahlreichen Ländern neue Rechtsnormen bezüglich der Verfügungsgewalt des Eigentums mit sich, die den herrschenden Rechtsbegriffen widersprachen. Man machte sich Auffassungen zu eigen, die von der Überlieferung abwichen und bisweilen, auch in normalen Zeiten, in anderen Rechtsbereichen Eingang fanden.

In welchem Maß wurde mit den Änderungen der Rechtsauffassungen auch *„die Rechtswirklichkeit“* verwandelt (Sinzheimer: *„deskriptive“* Rechtssoziologie)? Sowohl mit wie ohne eine Änderung der geschriebenen Eigentumsnormen verwandelte sich die *Rechtslage* (Renner), d. h. das Sozialverhalten im Bereich des Eigentums. Die Sozialfunktion der Normen des Eigentumsrechts und ihre Wirkungsweise änderten sich. Die geschriebenen und ungeschriebenen Rechtsnormen über Immissionen z. B. (schlechte Gerüche, Rauch, Ruß, Lärm, Erschütterungen usw.) waren für eine andere soziale Wirklichkeit gültig.

So bezog sich das Recht der Enteignung auf andere soziale Verhältnisse als noch vor einem halben Jahrhundert. Das gleiche gilt auch für die gesetzlichen Regelungen des Rechtsmißbrauchs, die zuerst nicht fixiert waren und später in zahlreichen Ländern (Deutschland 1900, Schweiz 1907, UdSSR 1923, Italien 1942, Entwurf des neuen Zivilgesetzbuches in den Niederlanden) kodifiziert wurden.

Die konkreten Verhältnisse auf dem Wohnungssektor haben sich in verschiedener Hinsicht geändert. Dies führte häufig zu einer größeren Trennung von Eigentum und Verwaltung des Eigentums. Das Eigentum von Gesellschaften des Privatrechts (Wohnungsbaugesellschaften, Konsumgenossenschaften, A.G.en, Stiftungen, Eigentümerverbänden von Appartements) und auch der Körperschaften des öffentlichen Rechts (Gemeinden) vervielfachte sich. Was Kauf- und Mietpreise, Dauer und Ablauf der Mietverträge angeht, müssen sich die Eigentümer in einigen Ländern den Anweisungen des Staates unterwerfen („dirigierter Vertrag", Josserand). Die Vergesellschaftung des Eigentums bzw. der Verfügungsgewalt über Grund und Gebäude ist dort am stärksten, wo man dem Privateigentum nur noch eine soziale Funktion beimißt.

Der Funktionswandel des Rechtsinstituts „Eigentum" zeigt sich vor allem bei den „Konnexinstituten" (Renner) des Eigentums. Während das Eigentum ursprünglich nur als eine Beziehung von Subjekt zu Objekt betrachtet wurde, wird es jetzt eher als eine Beziehung von Eigentümer und anderen Personen, die sein Eigentum kraft eines Vertrages oder eines dinglichen Rechts benutzen, gesehen. Dies gilt insbesondere für Mietverhältnisse (Miete von Wohnungen, Miete im Bereich der Betriebe) und Pachtverhältnisse (Bodenbestellung), wo Fremde auf dem Eigentum wohnen und arbeiten (sog. „Belebung" oder „Vitalisierung" des Eigentums). Während das Eigentum an einer Sache statisch ist, ist seine Nutzung dynamisch („Dynamisierung"). Bei den Sicherungsgeschäften (Pfandrecht, Hypothek) wird das Eigentum weniger isoliert betrachtet. Aufgrund der Existenz einer Arbeitsgesetzgebung hat der Eigentümer heute weniger „Ausbeutungsmacht" (Horváth). Was man als die soziale Macht des Eigentümers über andere bezeichnen könnte, wandelt sich. Die Gesellschaft greift immer weiter in bestimmte Beziehungen des Eigentümers mit seiner Umwelt und der Individuen untereinander ein. Andere Verbindungen und Beziehungen entstanden („gegenseitige Abhängigkeit"). Verbindungen, die früher persönlicher gestaltet waren, gerieten in den Bereich des Geschäftslebens und wurden „kommerzialisiert" (Miete, Pacht, Arbeitsvertrag).

Die Arbeit gewinnt immer mehr an Bedeutung. Neben das Eigentum tritt an erste Stelle als konkretes Faktum der Mensch mit seiner Familie als Arbeiter in der Gesellschaft (Radbruch, Sinzheimer u. a.). Das ist in einigen Bereichen der Grund für ein Eindringen der Soziologie in das moderne Privatrecht. Die teleologische und soziologische Interpretation (sie untersucht Tendenz, Zweck und Funktion des Sozialen) der Rechtsvorschriften nimmt zu. Hier hat das Privateigentum ebenfalls de facto weniger schädliche Auswirkungen als früher.

Das Eigentum an Mobilien hat das Eigentum an Immobilien an Umfang übertroffen. Die Mobilien erhielten einen höheren sozialen Wert und eine größere Bedeutung als im 19. Jhdt. Heimisches und ausländisches Kapital nahmen in Industrie-, Handels- und Finanzunternehmen zu. Mit der Entwicklung und der zunehmenden Bedeutung der Aktiengesellschaften wurde auch das Finanzkapital vergrößert (Vermögenswerte: Aktien, Schuldverschreibungen, Zertifikate usw.). Die moderne Form der A.G. brachte eine Trennung von Geschäftsführung und Eigentum, von Gesellschaftsvermögen und Grundkapital mit sich (Berle und Means; 1922).

Für die Mehrzahl der Bevölkerung (Arbeiter, den früheren und heutigen Mittelstand, Beamte) wird es leichter, Vermögenswerte zu erwerben, u. a. durch Abzahlungsgeschäfte, neue Kreditformen und andere Sicherungsgeschäfte. Es wird möglich, mehr als das unbedingt Notwendige zu bekommen; es gibt mehr Wohlstand, Bequemlichkeit, es entsteht eine andere Lebensweise. Folglich interessiert sich ein größerer Personenkreis für das Eigentum, entwickelt eine Eigentümermentalität, weshalb sich ihre Gedanken mehr auf den Erwerb und die Wahrung ihres Eigentums richten, was bei denen, die nichts besitzen, nicht der Fall ist. Gleichzeitig kommt es zu einer hier und da unterschiedlichen Nivellierung und de facto einem größeren Maß an Gleichheit. Man kann eine Tendenz zur Streuung des Eigentums beobachten. Die Steuern bestimmen in verschiedenen Ländern die sozialen und wirtschaftlichen Reaktionen und zwar in dem Sinn, daß das Nationalvermögen eine Neuverteilung erfährt.

Zusammen mit der Produktion und Verteilung der Güter ändert sich auch die freie Verfügungsgewalt der Eigentümer, der Herren der Unternehmen, über Rohstoffe, Produktionsmittel (Maschinen, Werkzeug), Waren und Produkte. Dieser Wandel vollzieht sich unter dem Einfluß sozialer Kräfte wie Krieg, Vergrößerung der Absatzmärkte, Wirtschaftskrisen mit Arbeitslosigkeit und Stagnation. Der Wettbewerb wird geregelt. Infolge von Absprachen und der Befugnisse, die die Unternehmensführer selber haben (Trusts, Kartelle, Wettbewerbsabsprachen, wirtschaftlich einflußreiche Gruppen) oder infolge von Maßnahmen seitens der Regierung, wird der Wettbewerb weniger frei. Organisation, Planung, Dirigismus, Knebelung der Wirtschaft, Planwirtschaft usw. führen manchmal zu einer Einschränkung der Unternehmensfreiheit. Immer mehr staatliche und halbstaatliche Unternehmen entstehen, die eine Verschiebung vom Privateigentum zum Gemeineigentum mit sich bringen.

Die Unternehmensform der A.G. ersetzte das Privateigentum des Firmeninhabers durch das Eigentum der Gesamtheit der Aktionäre (Fassung des 19. Jhdts.). Im 20. Jhdt. wurde die Trennung zwischen dieser Form des Eigentums und der Verfügungsgewalt in verschiedenen Ländern noch durch sog. „oligarchische" Klauseln, Wahlvorschriften usw. betont. Auch hier kann man noch einmal eine „Relativierung" des Eigentums feststellen.

Trotz einschneidender quantitativer und qualitativer Veränderungen des Eigentumssektors des einzelnen, die manche Einschränkung mit sich brachten, ist das Privateigentum in der modernen Gesellschaft eine sehr wichtige Einrichtung geblieben, die dem Individuum in der Gesellschaft nützt. Wenn man über den wirtschaftlichen und sozialen Nutzen und die sozialethische Rechtfertigung des Eigentums urteilt, muß man zwischen verschiedenen Objekten des Eigentums unterscheiden; z. B. zwischen Mobilien und Immobilien, wobei die Verfügungsgewalt im letzten Fall eingeschränkter ist als bei den Mobilien. Was die Immobilien angeht, kann man zwischen einem Eigentümer, der sein Haus selber bewohnt oder selber seinen Grund bebaut und einem Eigentümer, der die Nutzung Dritten überläßt, unterscheiden. Der Besitzer des eigenen Hauses und der unabhängige Bauer empfinden ihr Eigentum mehr „als eigen" als der, dessen Eigentum von Fremden bewohnt oder bebaut wird. Der Pächter empfindet das Land und den Pachtbetrieb eher als ihm gehörig als der Vermieter, der in einer fernen Stadt wohnt. In diesen Fällen hat das Eigentum oft eine veränderte soziale Stellung, eine neue Funktion gewonnen und erfährt eine neue Einschätzung.

So unterscheiden sich ebenfalls auch Funktion, Nutzen und Bedeutung der Verbrauchsgüter (Häuser, Möbel, Kleider, Nahrung, Ausstattung einerseits) und der Kapital- und Produktionsgüter andererseits. Hier handelt es sich um Werte für den Umlauf oder für die Produktion. Sie sind eher rechnerische Größen (Amortisation) und sind unpersönlicher. Die Aktien haben einen unpersönlichen Charakter, sind Konjunktur- und Börsenschwankungen unterworfen und (für den Inhaber) veräußerlich. Das Verbrauchseigentum ist im Gegensatz dazu persönlicher. Hier zeigt sich das „Eigene" am Eigentum noch viel deutlicher. Das Eigentum an Gütern, die für einen regelmäßigen und dauerhaften Gebrauch bestimmt sind, schafft im Alltag des einzelnen viel stärkere Bindungen. Der Schwerpunkt bleibt in höherem Maße beim einzelnen.

Beim Verbrauchseigentum trifft man viel häufiger als beim Eigentum an Produktions- und Umlaufgütern eine Integration von Mensch und Sache. Hierbei spielen irrationale Faktoren eine Rolle: Vorliebe für und Treue zu bestimmten Verbrauchsgütern. Da die Stellung des Menschen z. T. davon abhängt, sind sie ein Stimulans. Sie fördern gleichzeitig die Initiative, Verantwortlichkeit und Würde des Menschen als Persönlichkeit. Sie verstärken die persönliche Atmosphäre eines Menschen. So bleibt das Eigentum als soziale, vom Privatrecht geregelte Einrichtung eine notwendige „Folge der Freiheit des Menschen" (Savatier).

Bibliographie

R. Derine: Grenzen van het eigendomsrecht in de negentiende eeuw (Antwerpen 1955).

H. Dombois: Mensch und Sache; zum Problem des Eigentums, in ZgStW 110, Heft 2 (1954).

L. Duguit: Les transformations générales du droit privé depuis le Code Napoléon (1912).

Ders.: Le droit social, le droit individuel et la transformation de l'état (1922).

H. Eichler: Umwandlung der Eigentumsbegriffe in der Rechtsauffassung und Gesetzgebung (1938).

L. Josserand: De l'esprit des droits et de leur relativité (1930).

G. Gurvitch: Sociology of Law (1942).

B. Horváth: Rechtssoziologie (1934).

G. Morin: La révolte des faits contre le Code (1920).

H. Peters: Wandlungen der Eigentumsordnung und der Eigentumslehre seit dem 19. Jhdt. (Diss. Zürich 1949).

G. Radbruch: Der Mensch im Recht (1927).

K. Renner: Die Rechtsinstitute des Privatrechts (1929).

G. Ripert: Le régime démocratique et le droit civil moderne (1936).

Ders.: Aspects juridiques du capitalisme moderne (1946).

Ders.: Le déclin du droit (1949).

Rouast: Rapport sur l'Evolution du droit de propriété, in Travaux de l'Association Henri Capitant pour la culture juridique française, 1945, S. 45—72.

R. Savatier: Du droit civil au droit public (1945).

Ders.: Les métamorphoses économiques et sociales du droit civil d'aujourd'hui (1948).

R. Schlatter: Private property. The history of an Idea (1951).

H. Sinzheimer: De taak der rechtssociologie (1935).

Ders.: Theorie der Gesetzgebung (1948).

Ders.: Das Problem des Menschen im Recht (1933).

J. Valkhoff: Een eeuw rechtsontwikkeling (1949).

Ders.: Ontwikkeling van het eigendomsrecht in oorlogstijd (1945).

J. J. M. van der Ven: Die Wertung des Menschen im Recht unserer Zeit (Politeia Bd. V, Heft 1/2, 1953).

VIII.

MARX UND ENGELS UND DAS BÜRGERLICHE GESETZBUCH*

Das Jubiläum, das das Bürgerliche Gesetzbuch in den Niederlanden feiern konnte (1838—1938), gab den Anlaß, einmal zu untersuchen, was Karl Marx und Friedrich Engels über das Bürgerliche Gesetzbuch geschrieben haben. Sie schrieben mehr als einmal über den Code Civil, dessen 100jähriges Bestehen schon zu Beginn dieses Jahrhunderts in Frankreich gefeiert worden ist. Es ist jedoch zur Genüge bekannt, daß das niederländische B.W. zum größten Teil mit dem Code Civil übereinstimmt. Nach dem Entwurf von 1816, der hauptsächlich das alte heimische Recht umfaßte, wurde der Entwurf vom Jahr 1820 geschaffen, der schon viel französischer war. Über das Gesetzbuch des Jahres 1830 drang viel französisches Recht in unser nationales Zivilgesetzbuch vom Jahr 1838 ein. Prof. J. van Kan hat genau untersucht, wieviel französisches Recht fortfiel, wieviel hinzukam. Er kommt zu dem Schluß, „daß in Wahrheit das französische Recht im Gefolge des neuen Gesetzbuches zurückgekehrt war“[1]. Wir können weiterhin in diesem reichhaltigen Beitrag lesen: „Die Hauptsache entstammt dem Code Civil[2].“ Noch knapper skizzierte Prof. P. Bellefroid die Entstehungsgeschichte des Zivilgesetzbuches, und auch er kommt bei der Untersuchung der Abweichungen zu dem folgenden Schluß: „Das bürgerliche Recht war in den Niederlanden jetzt zum größten Teil, in Belgien fast ausschließlich, französisches Recht[3].“

Es gab natürlich Unterschiede zwischen dem niederländischen Zivilgesetzbuch von 1838 und dem französischen Code Civil von 1804, sowohl nach Form wie nach Inhalt. Aufbau, Einteilung und Formulierungen sind nicht ganz identisch. Beide Gesetzbücher stimmen jedoch in der

---

* Marx en Engels over het burgerlijk wetboek, in Rechtsgeleerd Magazijn 51 Heft 6, 1938, S. 505—532.

[1] J. van Kan: Het Burgerlijk Wetboek en de Code Civil, in Gedenkboek Burgerlijk Wetboek 1838—1938, S. 245.

[2] Ebd. S. 263. Vgl. auch S. 243 („enge Anlehnung an den Code Civil“) und S. 244 („Französisches Modell“; „eine Bearbeitung des Code Civil“).

[3] P. Bellefroid: Het Nederlandsch Burgerlijk Wetboek van 1838 en Napoleon's Code Civil, in Rechtskundig Weekblad (Belgien) 22. Mai 1938, Nr. 36, S. 1477.

allgemeinen Anlage, ganz sicher in den Prinzipien, miteinander überein. Die Urteile von Marx und Engels über das französische bürgerliche Gesetzbuch von 1804 gelten demnach auch mutatis mutandis für das niederländische Gesetzbuch von 1838. Die Urteile von Marx und Engels sind eigentlich immer interessant, auch über juristische Begriffe und Rechtsinstitute, obwohl keiner von ihnen Jurist war. Lediglich Marx studierte eine Zeitlang die Rechte (1835/6), hörte Vorlesungen bei verschiedenen Professoren, wandte sich aber bald einer anderen Richtung zu[4]. Selbst wenn ihr Urteil veraltet scheint, und man das bei der Betrachtung der Gegenwart in Rechnung stellen muß, ist es doch eigentlich immer historisch interessant.

Ich hoffe jedoch, daß die folgenden Seiten nicht nur vom Standpunkt der Rechtsgeschichte interessant sind, sondern auch einen Beitrag für die noch junge Rechtssoziologie liefern.

Wir geben zu Anfang die wichtigsten Äußerungen von Marx und Engels über das Bürgerliche Gesetzbuch — nicht über das Recht im allgemeinen, sondern über das kodifizierte Recht — wieder, und zwar in der Reihenfolge, daß zuerst Marx und dann Engels zu Wort kommen. Die einzelnen Zitate werden bei beiden Autoren chronologisch behandelt, und zwar nach dem Datum der Veröffentlichung. Bei jedem Zitat findet man einige vorläufige Anmerkungen und Erläuterungen. Danach folgen einige Schlußfolgerungen, die ich glaubte ziehen zu dürfen. Sie betreffen zuerst die Bedeutung, die das Urteil von Marx und Engels für das Bürgerliche Gesetzbuch in ihrer eigenen Zeit hatte, zweitens ihre Methode (die Art und Weise, wie sie zu ihrem Urteil über das Bürgerliche Gesetzbuch kamen) und drittens den Wert ihres Urteils für das Zivilrecht in und außerhalb des Gesetzbuches für die heutige Zeit (wobei ihre eigene Methode, die historisch-materialistische, zur Erklärung dienen kann).

Man findet Äußerungen von *Marx* über das französische bürgerliche Gesetzbuch in den Artikeln, die er in der *Rheinischen Zeitung* schrieb. Prof. K. Vorländer nannte diese, in der zu Köln erschienenen Zeitschrift publizierten Artikel, „bedeutsam und scharfsinnig"[5]. 1842 schrieb Marx in dieser Zeitung: „Der Code Napoléon ist nicht aus dem alten Testament, sondern aus der Ideenschule der Voltaire, Rousseau, Condorcet, Mirabeau, Montesquieu und aus der französischen Revolution herausgegangen[6]."

---

[4] K. Vorländer: Karl Marx, Kapitel II (1929). Vgl. auch „Aus dem literarischen Nachlaß von Karl Marx und Friedrich Engels 1841 bis 1850", Erster Band, S. 10 f. (1923).

[5] K. Vorländer: Karl Marx, S. 52 (1929).

[6] Marx-Engels Archiv, Band II, S. 536 (1927).

Aus diesem Zitat werden zwei Dinge deutlich; erstens, daß nach Marx der Code Civil aus dem Ideengut von *Voltaire, Rousseau* u. a. hervorgegangen ist, und zweitens, daß er nach Marx' Urteil ein Produkt der Französischen Revolution ist. Was die Entstehung des Code Civil angeht, so wird im Verlauf dieser Betrachtung noch mehrfach deutlich werden, daß Marx und Engels den Code als ein Produkt der Französischen Revolution und ihrer Ideen betrachten. Sie erklären die Entstehung des Code Civil rechtssoziologisch. Sie sprechen öfter von „Soziologie" als von „Recht". Die Rechtssoziologie ist eine Sonderform der Soziologie. Es gab sie zu Marx' Zeiten noch nicht. Sie ist verhältnismäßig jung. Es ist sonderbar, daß Marx dann auch keinen einzigen Juristen nennt, weder Domat, noch Pothier, Bourjon, Portalis u. a. Er kannte ihre Schriften wahrscheinlich kaum. Marx wollte hier natürlich auch eher die philosophischen Grundlagen des Code angeben. Er wollte hier nicht als Jurist, nicht als *Rechts*historiker untersuchen, welche Rechtsnormen im einzelnen aus der Zeit der Revolution übriggeblieben waren, wie Prof. van Kan in der Festschrift für das B.W. (Gedenkboek Burgerlijk Wetboek 1838—1938) sagt, sondern er wollte als Soziologe nur andeuten, daß der Code als Ganzes durch die Französische Revolution ermöglicht wurde. Der Code enthielt das Recht, das der Zeit angemessen war.

Die Verbindung, die Marx als Soziologe und Philosoph zwischen den geschriebenen Normen des Code Civil und den Ideen der Französischen Revolution herstellt, ist im allgemeinen zutreffend. Später ist dieser Zusammenhang ausführlich z. B. von Bonnecase in seinem Werk „La pensée juridique française de 1804 à l'heure présente" (1933), S. 509 f., dargelegt worden. Duguit, der sehr von Comte und dessen Positivismus beeinflußt war, und andere französische Autoren betonten in unserer Zeit den Zusammenhang zwischen dem Code einerseits und der Déclaration des droits de l'homme et du citoyen, dem Naturrecht, der individuellen Freiheit und dem Rationalismus, andererseits. Zum Schluß ist es wohl angebracht, noch einmal nachdrücklich darauf hinzuweisen, daß Marx hier den tatsächlichen Einfluß philosophischer Ideen auf das gesellschaftliche Leben (die Französische Revolution als Teil der gesellschaftlichen Wirklichkeit) anerkennt. Der geistige, ideelle Faktor ist auch beim Entstehen und dem Wandel der Rechtsnormen (des Code Civil) nicht ausgeschaltet. Die geistigen Ideen werden hier als Triebkräfte der Rechtsentwicklung angesehen.

In der *Rede*, welche Marx 1849 *vor den Kölner Geschworenen* hielt, findet man den ziemlich bekannten Abschnitt, daß nicht die Gesellschaft auf dem Recht, sondern das Recht auf der Gesellschaft beruht. Marx sagt im einzelnen über das Bürgerliche Gesetzbuch: „Hier der Code Napoléon, den ich in der Hand habe, er hat nicht die moderne bürgerliche Gesellschaft erzeugt. Die im achtzehnten Jahrhundert entstandene, im neunzehnten Jahrhundert fortentwickelte bürgerliche Gesellschaft findet vielmehr im Code nur einen gesetzlichen Ausdruck. Sobald er den gesellschaftlichen Verhältnissen nicht mehr entspricht, ist er nur noch ein Ballen Papier. Sie können die alten Gesetze nicht zur Grundlage der neuen Gesellschaft machen, so wenig als diese alten Gesetze die alten Zustände gemacht haben[7]."

Marx erklärt hier also das Bürgerliche Gesetzbuch aus der Gesellschaft. Diese Gesellschaft ist die (moderne) „bürgerliche Gesellschaft", die Marx an anderer Stelle als die „Gesellschaft der freien Konkurrenz" oder eine Gesellschaft mit freiem „Austausch der Arbeitsprodukte zwischen gleichberechtigten Waarenarbeitern"[8] bezeichnet hat. Später wird ein Marx-Schüler, der italienische Marxist Prof. Labriola, das französische bürgerliche Gesetzbuch als „le Code Civil, qui est le livre d'or de la société qui produit et vend les marchandises"[9] bezeichnen. Die Gesellschaft hat sich, seitdem Marx die oben angeführte Kritik am Bürgerlichen Gesetzbuch übte, im weiteren Verlauf des 19. und vor allem auch des 20. Jhdts. einschneidend verändert. Gerade die historisch-materialistische Methode, die Marx selber anwendet, führt zu dem Schluß, daß sich dann auch das bürgerliche Recht seit seiner Niederschrift sehr verändert haben muß.

In den von Marx 1852 geschriebenen Artikeln, welche später im Jahr 1869 in Buchform unter dem Titel *Der achtzehnte Brumaire des Louis Bonaparte* veröffentlicht wurden, beschreibt Marx das Elend der Bauern in Frankreich in der Mitte des 19. Jhdts. In diesem Zusammenhang kommt er auf die Hypothek zu sprechen und schreibt: „Die bürgerliche Ordnung, die im Anfang des Jahrhunderts den Staat als Schildwache vor die neuentstandene Parzelle stellte und sie mit Lorbeeren düngte, ist zum Vampir geworden, der ihr Herzblut und Hirnmark aussaugt und sie in den Alchimistenkessel des Kapitals wirft. Der Code Napoléon ist nur noch der Kodex der Exekution, der Subhastation und der Zwangsversteigerung[10]."

Marx schildert hier die Rechtswirklichkeit. Er will beschreiben, wie die Rechtsnormen in der Gesellschaft funktionieren. Das ist eine rechtssoziologische Aufgabe. Sein Ziel ist es zu zeigen, wie sich das normative Recht (hier das französische bürgerliche Gesetzbuch) auf die tatsächlichen Lebensverhältnisse (hier die der armen französischen Bauern)

[7] F. Mehring: Karl Marx, S. 186 (1918).

[8] K. Marx: Das Elend der Philosophie, S. XI (Ausgabe 1919).

[9] A. Labriola: Essais sur la conception matérialiste de l'histoire (1. Ausgabe 1897; 2. Ausgabe 1902), S. 196.

[10] K. Marx: Der achtzehnte Brumaire des Louis Bonaparte, S. 106 (Ausgabe 1919).

auswirkt. Marx will in einer kurzen Zusammenfassung prägnant, und infolgedessen nicht ohne Überspitzung, zeigen, daß das Bürgerliche Gesetzbuch in Wirklichkeit für die Bauern unter diesen ganz konkreten Verhältnissen eigentlich keine nennenswerte Bedeutung hatte. Wenn er sich noch näher damit auseinandergesetzt hätte, hätte er darauf hinweisen können, daß ganze Bereiche des Rechts wie das Ehegüterrecht, das Erbrecht u. a. für sie vollkommen uninteressant waren; daß es überhaupt keine oder nur sehr wenige Bestimmungen gab, die sie gegen Machtmißbrauch und Willkür schützten; daß ergänzende Rechtsvorschriften doch auf Seite geschoben wurden usw. Nur das Vollstrekkungsrecht ist für sie Wirklichkeit, so schreibt Marx, bittere gesellschaftliche Wirklichkeit.

Das französische bürgerliche Gesetzbuch wird hier also in Zusammenhang mit der wirtschaftlichen Lage, und zwar der der armen französischen Bauern, geschildert. Diese Beurteilung ist nicht schmeichelhaft: der Code ist ein Gesetzbuch des wirtschaftlich Stärksten, insbesondere des Gläubigers. Später wird bei den Schlußfolgerungen, die für unsere Zeit gezogen werden, noch angedeutet werden, inwieweit die heutige Rechtslage, wo sich doch die wirtschaftlichen Zustände im Vergleich zu damals verändert haben, eine andere geworden ist, und inwieweit diese von Marx gegebene Beurteilung heute noch haltbar ist.

Nach diesen drei Zitaten aus dem Werk von Marx folgen drei aus dem von *Engels*. In dessen Werk *Herrn Eugen Dührings Umwälzung der Wissenschaft*, das 1878 erschien, wird der Code Napoléon als „das einzig modern-bürgerliche, auf den gesellschaftlichen Errungenschaften der großen französischen Revolution ruhende und sie ins Juristische übersetzende Gesetzbuch, das modere französische Recht ...“[11] charakterisiert.

Dieses Urteil hier ist schmeichelhaft: „einzig moderne“, „moderne“. Engels wird es später mehrfach wiederholen. Auch hier wird der Code, wie schon in Marx' Rede bei dem Prozeß in Köln, als Gefüge geschriebener Rechtsnormen erklärt, die der gesellschaftlichen Wirklichkeit entnommen sind, und zwar der Französischen Revolution. Engels arbeitete diese Idee später noch aus. Man findet hier den auch sonst in den Werken von Marx und Engels vorkommenden Gedanken, daß das Recht die gesellschaftliche Wirklichkeit „ins Juristische übersetzt“, wobei es der späteren Rechtssoziologie vorbehalten blieb und noch größtenteils vorbehalten ist zu analysieren, wie sich dieser „Übersetzungsprozeß“ vollzieht. Marx und Engels sagen jedoch noch häufiger, daß das Recht eine „Anerkennung“ oder ein „Ausdruck“ der gesellschaftlichen Wirk-

[11] F. Engels: Herrn Eugen Dührings Umwälzung der Wissenschaft, S. 107 (Ausgabe 1923).

lichkeit ist, was schon aus der Prozeßrede Marx' in Köln deutlich wurde[12].

Ausführlicher behandelt Engels den Code Civil in seinem 1845/6 entstandenen, doch erst 1888 publizierten Werk *Ludwig Feuerbach und der Ausgang der klassischen Philosophie*. „Wird der Staat und das Staatsrecht durch die ökonomischen Verhältnisse bestimmt, so selbstverständlich auch das Privatrecht, das ja wesentlich nur die bestehenden, unter den gegebenen Umständen normalen ökonomischen Beziehungen zwischen den einzelnen sanktioniert. Die Form, in der dies geschieht, kann aber sehr verschieden sein. Man kann, wie in England, im Einklang mit der ganzen nationalen Entwicklung geschah, die Formen des alten feudalen Rechtes größtenteils beibehalten und ihnen einen bürgerlichen Sinn geben, ja dem feudalen Namen direkt einen bürgerlichen Sinn unterschieben; man kann aber auch, wie im kontinentalen West-Europa, das erste Weltrecht einer warenproduzierenden Gesellschaft, das römische, mit seiner unübertrefflich scharfen Ausarbeitung aller wesentlichen Rechtsbeziehungen einfacher Warenbesitzer (Käufer und Verkäufer, Gläubiger und Schuldner, Vertrag, Obligationen usw.) zugrundelegen. Wobei man es zu Nutz und Frommen einer noch kleinbürgerlichen und halbfeudalen Gesellschaft entweder durch die gerichtliche Praxis auf den Stand dieser Gesellschaft herunterbringen kann (gemeines Recht) oder aber mit Hilfe angeblich aufgeklärter, moralisierender Juristen es in ein, diesem gesellschaftlichen Stand entsprechendes, apartes Gesetzbuch verarbeiten kann, welches unter diesen Umständen auch schlecht sein wird (preußisches Landrecht); wobei man aber auch, nach einer großen bürgerlichen Revolution, auf Grundlage eben dieses römischen Rechtes, ein so klassisches Gesetzbuch der Bourgeoisgesellschaft herausarbeiten kann, wie der französische Code Civil. Wenn also die bürgerlichen Rechtsbestimmungen nur die ökononischen Lebensbedingungen der Gesellschaft in Rechtsform ausdrükken, so kann dies je nach Umständen gut oder schlecht geschehen[13]."

Engels stellt hier nicht etwa öffentliches und privates Recht als prinzipiell ungleich und verschieden einander gegenüber, sondern zuerst einmal Staatsrecht und Privatrecht. Das tut auch Prof. P. Scholten in seinem Algemeen Deel § 8, wobei dann im Anschluß an Hamaker das Privatrecht als das „gemeine Recht" („normale Beziehungen") verstanden wird. Außerdem werden hier verschiedene Rechtssysteme auf originelle Weise typisiert, an erster Stelle das englische Recht. England war

---

[12] K. Marx: Das Elend der Philosophie, S. 66. Vgl. dazu auch Engels in: Ludwig Feuerbach und der Ausgang der klassischen Philosophie, S. 61/2 (Ausgabe 1927).

[13] F. Engels: Ludwig Feuerbach und der Ausgang der klassischen Philosophie, S. 61 und 62 (Ausgabe 1927).

zu dieser Zeit das wirtschaftlich und technisch fortschrittlichste Land. Marx und Engels erlebten diese Entwicklung des modernen Industriestaates England in der viktorianischen Ära aus der Nähe und sehr intensiv mit. Engels ist von den antiquierten Rechtsnormen in diesem modernen Land betroffen und stellt dies sich inhaltlich allmählich, von Fall zu Fall verändernde, wenig doktrinäre und theoretisch durchdachte Recht dem nach Form und Inhalt radikal erneuerten französischen Privatrecht gegenüber. Er, und übrigens auch Marx, geben dem plötzlichen Bruch mit der Vergangenheit, wie er in Frankreich stattgefunden hat, den Vorzug.

Scharfsinnig beurteilt Engels hier auch das römische Recht, und er ist voller Lob. Die gleiche Beurteilung kann man später auch bei Labriola finden: „... ce droit romain qui fut, qui est et qui sera la forme typique et classique du droit de toute société marchande ..."[14]. Das römische Recht wird als Grundlage des französischen Code Civil von 1804 betrachtet. Dies stimmt jedoch nicht ganz, weil auch Bruchstücke des Gewohnheitsrechts[15] und des Kirchenrechts im Code zu finden sind, sondern nur im allgemeinen. Prof. van Kan, der die Elemente des römischen Rechts, der Französischen Revolution usw. in unserem Zivilgesetzbuch zusammenstellte, spricht vom römischen Recht als der „gemeinsamen Wurzel"[16]. Dies gilt ebenfalls wieder für beide Gesetzbücher, sowohl für den französischen Code Civil als auch für das niederländische Zivilgesetzbuch.

Nach einer ironischen und abschätzigen Beurteilung des Preußischen Landrechts kommt Engels dann auf den französischen Code Civil zu sprechen. Engels weist darauf hin, daß dieses Gesetzbuch nach der großen bürgerlichen Revolution entstanden ist. Erst die Revolution ermöglichte es, dies moderne Privatrecht zum Recht des ganzen Landes zu machen. Das Urteil Engels' über den französischen Code Civil ist wieder voller Bewunderung: „klassisch" nennt er dies Gesetzbuch, „gut" beurteilt er den juristischen „Ausdruck" der wirtschaftlichen Verhältnisse. Die Form wird sehr gelobt, ein Urteil, das später andere Sozialisten aufgreifen. Engels' Bewunderung mag auch für unser Zivilgesetzbuch gelten, obwohl dies formal etwas anders und etwas schlechter ist als der französische Code Civil. Engels sieht den Code als das Gesetzbuch einer bestimmten gesellschaftlichen Gruppe, nämlich der Besitzer der Produktionsmittel. In der Zusammenfassung werden wir Gelegenheit haben, kurz zu untersuchen, inwieweit das Bürgerliche

---

[14] A. Labriola: Essais sur la conception matérialiste de l'histoire, S. 197.

[15] Hierauf wies auch E. Ehrlich: Grundlegung einer Soziologie des Rechts, S. 340 (1929) hin.

[16] J. van Kan: Het B. W. en de Code Civil, in Gedenkboek Burgerlijk Wetboek 1838—1938, S. 243 f.

Gesetzbuch heute, im Jahr 1938, noch ein Gesetzbuch des „bourgeois", ein Gesetzbuch der Kapitalisten genannt werden kann.

Noch weitgehender als in der hier zitierten und kurz kommentierten Stelle wendet sich Engels in seinem Werk *Ludwig Feuerbach und der Ausgang der klassischen Philosophie* gegen die „Juristen des Privatrechts", bei denen der „Zusammenhang mit den ökonomischeen Tatsachen erst recht verloren geht". Marx und Engels behielten den Zusammenhang zwischen „bürgerlichen Rechtsbestimmungen" und „ökonomischen Lebensbedingungen" immer im Auge. Es ist ihr Verdienst, auf diesen Zusammenhang nachdrücklich hingewiesen zu haben. In dieser Hinsicht waren sie Bahnbrecher der späteren Rechtssoziologie.

In einem Artikel *Über historischen Materialismus,* den Engels 1893 in *Die Neue Zeit* XI, Bd. 1, S. 46 f. veröffentlichte, findet man folgende Bemerkungen über den französischen Code Civil: „In England fanden die ununterbrochene Kontinuität der vorrevolutionären und nachrevolutionären Institutionen, und der Kompromis zwischen Großgrundbesitzern und Kapitalisten, ihren Ausdruck in der Kontinuität der gerichtlichen Präzedenzfälle wie in der respektvollen Beibehaltung der feudalen Gesetzesformen. In Frankreich machte die Revolution einen vollständigen Bruch mit den Traditionen der Vergangenheit, fegte die letzten Spuren des Feudalismus weg und schuf im Code Civil eine meisterhafte Anpassung an modern kapitalistische Verhältnisse des alten römischen Rechtes, jenes fast vollkommenen Ausdrucks der juristischen Beziehungen, die aus der von Marx als Warenproduktion bezeichneten ökonomischen Entwicklungsstufe entspringen; so meisterhaft, daß dies revolutionäre französische Gesetzbuch noch heute in allen Ländern — England nicht ausgenommen — als Muster dient bei Reformen des Eigenthumsrechts." Die folgenden Äußerungen Engels' betreffen mehr das öffentliche Recht, die Grundrechte und die persönliche Freiheit.

Wie man sieht, gleicht dieses Engelszitat in vieler Hinsicht dem Zitat aus *Ludwig Feuerbach* vom Jahr 1888. Wiederum charakterisiert er treffend das englische Recht im Vergleich zum französischen, das er dem englischen offenkundig vorzieht. Er äußert sich bewundernd über dies „revolutionäre" Gesetzbuch der Franzosen und nennt es „meisterhaft". Die Entstehung des Code wird wieder ökonomisch („Waarenproduktion") erklärt. Der Nachdruck ruht wieder auf dem Einfluß der Französischen Revolution, die einen radikalen Bruch mit der Vergangenheit ermöglichte: Diskontinuität in der Rechtsentwicklung. Der Eindruck dieser Vorgänge ist in der Generation von Marx und Engels noch ganz frisch. Wir treffen wieder zweimal den Begriff „Ausdruck". Engels weist darauf hin, daß der Code Civil von 1804 noch 90 Jahre später anderen Ländern bei Justizreformen als Vorbild diente. Prof. Glasson hat in einem 1886 erschienenen Werk, Le Code Civil et la question ouvrière, ebenfalls darauf hingewiesen, daß der Code Civil auch bei anderen Gesetzgebungswerken als Vorbild diente: „Notre Code a servi de modèle à la plupart des législations étrangères. C'est la meilleure preuve de sa superiorité." Engels erkennt, wie wir sahen, diese Überlegenheit des Code Civil rasch.

Marx und Engels haben ihr Urteil über den Code Civil, das bürgerliche Gesetzbuch ihrer Zeit, verschiedenenorts und zufällig in wirtschaftlichen, politischen oder historischen Werken formuliert. Man findet es nicht systematisch in einer rechtshistorischen oder rechtssoziologischen Abhandlung; die Äußerungen stehen verstreut. Ihr Urteil ist nicht schmeichelnd, wenn sie dies kodifizierte Privatrecht im Rahmen der (kapitalistischen) Rechtswirklichkeit betrachten. Immer ist es jedoch voll Bewunderung, wenn es um das Rechtssystem als solches geht. Es stimmt dann mit dem vieler französischer Juristen vor und nach der Abfassung des Code überein. Marx und Engels schätzen in hohem Maß die Sauberkeit, Klarheit, Deutlichkeit und den praktischen Aufbau des Code Civil. „Der Code wird immer ein Monument der Gesetzgebung bleiben, die kernige und schöne Sprache des Gesetzgebers wird von einem späteren Gesetzgeber nicht so leicht übertroffen werden", sagte in den Niederlanden C. Asser in seiner Antrittsvorlesung im Jahr 1892[17].

Es ist jedoch übertrieben, wenn er dann noch hinzufügt, daß „... unsere Gesetzbücher insgesamt betrachtet den französischen bei weitem vorzuziehen sind". Prof. Glasson schreibt in seinem oben schon genannten Werk über den Code Civil: „L'ensemble grandiose du monument, l'harmonie de ses proportions ..."[18]. Dieses Lob auf den Code Civil, das noch durch viele ähnliche Äußerungen ergänzt werden könnte, datiert ungefähr aus der gleichen Zeit wie die Urteile von Marx und Engels über den „modernen" Code.

Marx und Engels schätzten offenkundig den Gedanken einer Kodifizierung und insbesondere sein Ergebnis in Frankreich sehr. Dies kann auch für die Niederlande und ihre Rechtskodifikation gelten. Es ist auch nicht zu verwundern, daß Marx, wie aus zahlreichen Passagen in seinen Schriften hervorgeht, sehr gegen die historische Schule war. Auch

---

[17] C. Asser: Wetenschap en wetgeving, S. 13 (1892). Anders als C. Asser äußert sich C. W. Opzoomer: Onze achterlijkheid in de kunst van wetgeving (1873): „Wenn man unser (bürgerliches) Gesetzbuch mit dem französischen vergleicht und bedenkt, wie viele Jahre reicher Erfahrung dazwischen liegen, dann wendet man sich beschämt von der Arbeit ab, die in unserem Vaterland geleistet worden ist. Das französische Gesetzbuch ist für seine Zeit ein Meisterwerk, unser Gesetzbuch ist, gerade in Anbetracht des späteren Zeitpunkts, sehr mangelhaft." Diese letzte Bemerkung ist ungerecht. Unser Gesetzbuch ist zwar formal schlechter als der Code, doch ist es in mancherlei Hinsicht im Hinblick auf die hierzulande gestellten Anforderungen inhaltlich verbessert.

[18] E. Glasson: Le code civil et la question ouvrière, S. 5 (1886).

Heinrich Heine zeigte gerne seine Abneigung gegen diese Schule und bezeugte seine Bewunderung für den Code Napoléon. Im dritten der „Briefe aus Berlin“, der 1822 geschrieben wurde, wendet sich Heine gegen die Deutschen, die den Code Napoléon für ein „schlechtes Gesetzbuch“ halten und dieses französische Gesetzbuch, das in den Rheinlanden verwandt wurde, als eine der „Fesseln der französischen Tyrannei“ ansehen[19]. Sowohl Marx als auch Engels und Heine waren für den Hegelianer Gans und gegen von Savigny. Aber von Savigny trug den Sieg davon.

Zu diesem Urteil von Marx und Engels über den Code Civil fügt sich dann später auch das von *August Bebel*. Auch er lobt in einem Artikel in *Die Neue Zeit* 1895—1896 den Code als verständlich und aus einem Guß. Bebel weist darauf hin, daß der Code Civil als Gesetzeswerk mit all den Vorurteilen und Grundsätzen bricht, mit denen ganz allgemein das revolutionäre bürgerliche Frankreich gegenüber dem feudalistischen und absolutistischen Frankreich gebrochen hatte, und daß diese Gesetzeskodifikation für die gesamte Nation wirklich *ein* Recht schuf. Anders lautet Bebels Urteil über das deutsche Bürgerliche Gesetzbuch von 1900: „... eine vielfach mangelhafte und unvollständige Kompilation der bisher vorzugsweise geltenden Rechte, namentlich des Landrechts, des Code Civil und des sächsischen Rechts. Es ist schwerfällig und schwerverständlich in seiner Sprache und ist beeinflußt von allen möglichen Rücksichtnahmen auf veraltete, dem modernen Geiste widersprechenden sozialen und politischen Einrichtungen[20].“ Bebel hält das deutsche BGB für mangelhaft und nicht für auf der Höhe der Zeit. Er ist der Meinung, daß dieses Gesetzbuch in einigen Punkten den Interessen der Arbeiter widerspricht.

Bebel erklärt den Unterschied zwischen dem im Anfang des 19. Jhdts. verfaßten französischen Code Civil und dem deutschen BGB vom Ende dieses Jahrhunderts auf folgende, sehr dogmatische und wissenschaftlich nicht zu vertretende Weise: In Frankreich besorgte gegen Ende des 18. Jhdts. eine junge, streitlustige, emporstrebende Bourgeoisie mit Hilfe eines zentralistischen Staates die Gesetzeskodifikation im ganzen; in Deutschland erfolgte diese am Ende des 19. Jhdts. durch eine alt ge-

---

[19] Auch in „Französische Zustände“ und „Lutetia, Brief vom 19. Mai 1841“. D. van Eck: Napoleon im Spiegel der Goetheschen und der Heineschen Dichtung, S. 103 (1933).

[20] A. Bebel: Das bürgerliche Gesetzbuch und die Sozialdemokratie, in Neue Zeit Bd. II, 1895/96, S. 555. Vgl. die ähnliche Charakterisierung des Deutschen Gesetzbuches von Ehrlich: Grundlegung einer Soziologie des Rechts, S. 341 (1929). Ein identisches Urteil über das B.G.B. fällte auch L. Wertheimer: Entwicklungstendenzen im Deutschen Privatrecht, in W. P. N. R. 3171/3, S. 604: „Es ist keine kühne geniale Neuschöpfung, wie etwa der Französische Code Civil. Das B.G.B. war schon am Tage seines Inkrafttretens vielfach unmodern“ (1929).

wordene, kampfesmüde, durch den Klassenkampf erschreckte Bourgeoisie, die ihren Tod bereits vorausahnte (sic!), Rückhalt suchte und Selbstgenügsamkeit als höchste Klassen- und Staatsmoral verkündete! Auch Bebel spricht sich für eine Kodifikation aus, die für die moderne bürgerliche Gesellschaft die Einheitlichkeit des bürgerlichen Rechts als notwendige Folge der lebensnotwendigen nationalen Einheit mit sich bringt. Neu war jedoch, daß Marx und Engels zu ihrer Zeit das Bürgerliche Gesetzbuch aus den gesellschaftlichen Verhältnissen, der Gesellschaft heraus, erklärten. Ihre Erklärung war konkret und kausal. Eine ähnliche soziologische Erklärung sollten andere erst um 1900 liefern.

Neu war auch, daß Marx und Engels zu ihrer Zeit das Zivilgesetzbuch aus einer bestimmten historischen Gesellschaftsordnung heraus erklärten („bürgerliche Gesellschaft...", „Warenproduzierende Gesellschaft", „Bourgeois-Gesellschaft", „Gesellschaft der Warenproduzenten", „kapitalistische Gesellschaft", „Gesellschaft der kapitalistischen Produktionsweise"), d. h. daß sie nicht von einer abstrakten Gesellschaft ausgingen, sondern auch hierbei den Begriff der Klasse (auch wieder konkret-historisch aufgefaßt) ins Spiel brachten. Die Juristen ihrer Zeit hingegen gingen abstrakt vor und gaben im allgemeinen mehr oder weniger mystische Erklärungen für das Entstehen des Code Civil: die Einheit der Nation, des Volkes usw.

Im allgemeinen kann man sagen, daß das Urteil von Marx und Engels über den Code Civil zu ihrer Zeit richtig war. Später hat manch anderer, der nicht Marxist war oder ist, den französischen Code ganz übereinstimmend beurteilt. Wir lassen einige Beispiele folgen: Picard schreibt in seinem 1898 erschienenen Buch über den französischen Code: „C'est le Code de l'individualisme bourgeois et capitaliste[21]." Wenn dieser Autor an anderer Stelle in seinem Buch folgende Kennzeichen des Code Civil nennt: „propriété inconditionnée, succession livrée à l'arbitraire de la volonté humaine, droits supérieurs donnés au créancier[22]", stimmt diese Aussage über das Eigentum mit dem Ende des oben genannten Zitats von Engels (1893) überein und läßt, was die Position des Gläubigers als des wirtschaftlich Stärkeren betrifft, an Marx' bewußt betonte Charakterisierung des Code Civil als eines „Kodex der Exekution, der Subhastation und der Zwangsversteigerung" (1852; 1869) denken. Raoul de la Grasserie nannte 1906 den französischen Code einen „Code de la bourgeoisie"[23], genauso urteilt Engels in diesem Zusammen-

[21] M. E. Picard: L'évolution historique du droit civil français, S. 68 (1898).

[22] Ebd. S. 69. Vgl. auch S. 29 und 93 („respect excessif de la propriété individuelle ..., de la liberté égoiste ..., de la créance ..., de la procédure d'exécution, même quand elle est barbare"; „Code du capital"; „excès de la liberté (en fait pour le riche seul) de la propriété, de la créance").

[23] Raoul de la Grasserie: Les principes sociologiques du droit civil, S. 344 (1906).

hang in *Ludwig Feuerbach* („klassisches Gesetzbuch der Bourgeoisgesellschaft"). Morin schreibt im Jahr 1920, um den individualistischen Charakter des Code Civil anzudeuten: „Il est le code de l'individu" (Gegensatz: „code des groupements")[24]. Zum Schluß zitieren wir noch Ripert aus seinem bemerkenswerten Buch aus dem Jahr 1936: „C'est un Code de propriétaires et de rentiers . . .[25]"

Prof. Bellefroid schrieb 1938 sowohl über den Code Civil als auch über unser B.W.: „Die subjektiven Vermögensrechte jedoch, die von beiden Gesetzbüchern geschützt werden, sind hauptsächlich Rechte der Besitzbürger." W. H. Drucker schrieb 1921 fast gleichlautend über das niederländische Zivilgesetzbuch: „Das B.W. ist ein Gesetzbuch des Besitzbürgers"[26]. In dem nach Form und Inhalt gelungenen und zugleich fesselnden Beitrag von M. G. Levenbach in der Festschrift *Gedenkboek Burgerlijk Wetboek 1838—1938* kann man über unser B.W. lesen: „Es ist vor allem ein Gesetzbuch des Besitzbürgers[27]." Nachdem so die gesellschaftliche Charakterisierung des B.W. zusammengefaßt ist, heißt es weiter: „Es herrscht dort letztlich individuelle Freiheit."

Beachtlich ist — und das sollte nicht unterschätzt werden — die Tatsache, daß Marx und Engels schon so viel früher zu solchen Urteilen über das bürgerliche Gesetzbuch gelangten. Es stellt sich natürlich die Frage, wie dies möglich war. Die Erklärung hierfür ist zweifellos in ihrer Methode der Deutung von Geschehnissen, Institutionen und Erscheinungsformen, auch Erscheinungsformen des Rechts, zu suchen. Als erste haben sie immer wieder das Recht nicht nur historisch, sondern auch kausal in Zusammenhang mit dem Wirtschaftsleben, der Technik und den konkreten Klassenverhältnissen in der Gesellschaft erklärt. Daß sie dabei auch den Ideen einen Einfluß zugestanden, wurde oben an Hand von Marx' Beitrag in die *Rheinische Zeitung* deutlich. Auf ihre Erkenntnis der Rückwirkung der Rechtsnormen auf die wirtschaftliche Basis sowie der Bedeutung der Tradition in der Rechtsentwicklung u. ä. kann hier nicht eingegangen werden. Es genügt, auf meine 1928 erschienene Dissertation zu verweisen.

Die Entwicklung der Gesellschaft hat jedoch seitdem nicht stillgestanden. Die wirtschaftlichen und sozialen Verhältnisse, und damit auch die Klassenverhältnisse in der Gesellschaft, haben sich einschneidend verändert. Nun lehrt die marxistische Rechtsbetrachtung, „daß jede

---

[24] G. Morin: La révolte des faits contre le Code, S. XI (1920).

[25] G. Ripert: Le régime démocratique et le droit civil moderne, S. 399 (1936).

[26] W. H. Drucker: Vooruitzichten op het gebied van het privaatrecht, in Rechtsgeleerd Magazijn 1921, S. 108.

[27] Gedenkboek Burgerlijk Wetboek 1838—1938, S. 138.

Form der Produktion ihre eigenen Rechtsverhältnisse ... erzeugt“[28]. An anderer Stelle warnt Marx davor, die Rechtsgeschichte unter keinen Umständen losgelöst von der Wirtschaftsgeschichte zu betrachten. Dann muß, soll die historisch-materialistische Betrachtungsweise des Rechts richtig sein, sich auch in unserem Land das bürgerliche Recht stark verändert haben. Damit stellt sich die Frage, ob das von Marx und Engels zwischen 1842 und 1893 formulierte Urteil auch noch für das bürgerliche Recht der Gegenwart zutrifft, wenn sich die bürgerlichen Rechtsverhältnisse und Rechtsnormen tatsächlich einschneidend verändert haben. Ist dieses Urteil, wo jetzt seit den ersten Äußerungen von Marx über die Kodifizierung des Privatrechts in Frankreich schon fast 100 Jahre verstrichen sind, nicht veraltet und deshalb für das heutige Privatrecht ungültig?

Auch das niederländische Bürgerliche Gesetzbuch hat sich in den letzten 100 Jahren in einigen Punkten modifiziert, aber außerhalb des Gesetzbuches hat sich in unserem Land das bürgerliche Recht noch mehr geändert. Das Gesetzbuch reicht heute keineswegs mehr völlig aus, um das heutige bürgerliche Recht der Niederlande kennenzulernen. Es gibt auch außerhalb des Gesetzbuches zahlreiche geschriebene privatrechtliche Rechtsnormen; die meisten sind erst nach dem Tod von Marx (1883) entstanden. So ging es auch in Frankreich. Ehrlich schreibt: „Auch auf die französischen Gesetzbücher aus dem Anfang des XIX. Jahrhunderts hat die Zeit mächtig eingewirkt. Wer nichts kennt, als den Code civil, hat von dem vor den französischen Gerichten geltenden bürgerlichen Recht nur eine höchst mangelhafte Vorstellung[29].“ Er verweist hier auf die Rechtsprechung.

Auch späteren sozialistischen Autoren entging diese Tatsache nicht. K. Renner lenkt die Aufmerksamkeit auf die Tatsache, daß man sich fragen und untersuchen müsse, „inwiefern nicht auch auf dem Gebiete des Rechtes in dem Schoße der alten Gesellschaft die neue vorbereitet ist“[30]. Er weist darauf hin, daß nach dem Tod von Marx (1883) die „rechtliche Struktur der Gesellschaft umgestaltet“[31] ist. Tatsächlich geschah dies erst nach dem Tod von Marx. Was die Niederlande betrifft, geht dies u. a. aus einer Rede C. Assers im Jahr 1892 hervor, in welcher dieser sagte: „Und bis heute kann man leider nicht feststellen, daß in

---

[28] K. Marx: Zur Kritik der politischen Ökonomie, Einleitung, S. XIX (Ausgabe 1909).

[29] E. Ehrlich: Grundlegung einer Soziologie des Rechts, S. 350 (1929).

[30] K. Renner: Die Rechtsinstitute des Privatrechts, S. 176 (1929). Auch S. 179: „Im Schoße der Gesellschaft selbst haben sich Elemente einer neuen Ordnung entwickelt.“

[31] Ebd., S. VIII. Dort heißt es weiter: „Wir leben mitten im Umschlag des bürgerlichen in das soziale Recht.“ Diese Entwicklung begann aber erst nach dem Tod von Marx.

der Entwicklung des bürgerlichen Rechts seit der Einführung unserer nationalen Gesetzgebung im Jahr 1838 viel zustande gekommen ist[32]." Noch 1906 sagte Prof. A. A. H. Struycken: „Unser bürgerliches Recht ist noch weit davon entfernt, sozial zu sein[33]."

Das geschriebene Privatrecht, das sich vor allem außerhalb des Gesetzbuches entwickelt hat, ist heute nicht mehr in dem Maße ein Recht des Eigentümers, wie das für den Code nach der Auffassung vieler Leute der Fall war. Marx hatte 1847 geschrieben: „In jeder historischen Epoche hat sich das Eigenthum anders und unter verschiedenen gesellschaftlichen Verhältnissen entwickelt. Das bürgerliche Eigenthum definieren, heißt somit nichts anderes, als alle gesellschaftlichen Verhältnisse der bürgerlichen Produktion darstellen[34]." Nun, das Eigentumsrecht hat sich vor allem unter dem Einfluß der sich wandelnden Technik, des zunehmenden Verkehrs, des Bevölkerungsanstiegs, des Städtebaus usw. einschneidend verändert. Die Normen des Gesetzbuches blieben unverändert, aber zusammen mit der gesellschaftlichen Wirklichkeit hat sich auch die rechtliche Wirklichkeit verändert. Durch die Enteignungsgesetzgebung und -handhabung, durch zahllose Gesetze und Verordnungen, die das Eigentum einschränken, durch Gesetzgebung und Rechtsprechung, die in vieler Hinsicht zugunsten des Benutzers (z. B. des Mieters) gegen den Eigentümer entscheiden, sind im Alltag ganz andere Eigentumsverhältnisse entstanden.

Renner schreibt — und das gilt auch für das Eigentum —: „Die Kritik des Sozialisten hat sich eben bei jedem Rechtsinstitut vor allem nicht an den Normbestand, sondern an die Funktion zu halten[35]." Die Funktion des Eigentumsrechts hat sich in den letzten 100 Jahren sehr verändert. Renner selber hat dies meisterhaft und gründlich nachgewiesen. Marx und Engels haben nur zufällig einige soziologische Äußerungen getan. Dieser spezielle Zweig der Gesellschaftswissenschaft steckt auch heute noch in den Kinderschuhen.

Das Arbeitsverhältnis, ein „Konnexinstitut" des Eigentums[36], war im französischen Code Civil wie auch im niederländischen Zivilgesetzbuch (B.W.) kaum geregelt. „A vrai dire, l'ouvrier a été presqu'entièrement oublié dans notre code civil", schreibt Prof. Glasson im Jahre 1886. Und

---

[32] C. Asser: Wetenschap en wetgeving (1892).

[33] A. A. H. Struycken: Handelingen Nederlandsche Juristen-Vereeniging, 1906, I, S. 192, und Verzamelde Opstellen IV (1927), S. 105.

[34] K. Marx: Das Elend der Philosophie, S. 149 (1919). Vgl. auch S. 141: „Eine Definition des Eigenthums als eines unabhängigen Verhältnisses, einer besonderen Kategorie, einer abstrakten und ewigen Idee geben wollen, kann nicht anderes sein als eine Illusion der Metaphysik oder der Jurisprudenz."

[35] K. Renner: Die Rechtsinstitute des Privatrechts, S. 98 n. 1 (1929).

[36] H. Sinzheimer: De taak der rechtssociologie, S. 66 und 83 (1935).

er fügt hinzu: „Il ne faut pourtant pas s'en étonner[37].“ Das römische Recht hatte sich nie mit dem Arbeitsvertrag beschäftigt. Pothier erst recht nicht. Durch die industrielle Entwicklung wurde die Beziehung zwischen Arbeitgeber und Arbeitnehmer ganz umgestaltet, wurden Arbeitsverträge sehr häufig und außergewöhnlich wichtig. Zwar hatte die Rechtsprechung in Marx' späteren Lebensjahren, insoweit sie gegenüber dem geschriebenen Recht eine gewisse Freiheit besaß, auch neues Recht zugunsten des Arbeiters hervorgebracht, doch dieser Zustand war höchst unbefriedigend. Noch 1886 — also drei Jahre nach Marx' Tod —, mußte Glasson, Professor der Rechtswissenschaft, in einer Rede vor der „Académie des sciences morales et politiques“ (Institut de France) für eine gesetzliche Regelung des „louage de service“ (beim Dienstvertrag und der dazugehörigen Dienstleistung) plädieren und hatte noch viele Widersacher gegen sich.

In diesem Jahrhundert wurden zahlreiche neue geschriebene Rechtsnormen aufgestellt, die das Arbeitsverhältnis betreffen, und zwar innerhalb wie außerhalb des Gesetzbuches. Die Beziehungen zwischen Arbeitgebern und Arbeitnehmern sind viel weniger individualistisch geworden. „Bei Marx — und tatsächlich auch zur Lebenszeit von Karl Marx — dingt der Kapitalist den Arbeiter einzeln auf dem Arbeitsmarkt gegen einen individuell vereinbarten Lohn und begibt sich mit ihm heim in die Werkstatt; das ganze Arbeitsverhältnis ist individuell geregelt[38].“ In den letzten Jahrzehnten ist der Gedanke der Kollektivität immer mehr in den Vordergrund getreten, man denke an die Gewerkschaften, die Tarifverträge, die Verbindlichkeitserklärungen ihrer Bestimmungen, die Arbeitsämter, die Versicherungspflicht usw. „Aus dem Privatvertrag ist durch die komplementären Institutionen der Tarifverträge, der Arbeitsvermittlung, der Sozialversicherung usw. ein Rechtsinstitut öffentlich-rechtlicher Natur geworden, innerhalb dessen der individuelle Privatwille gewiß noch einen großen, aber ständig weichenden Raum einnimmt und das staatliche Element beinahe wichtiger ist als das private, das kollektive wichtiger als das individuelle[39].“

Das Privatrecht ist nicht nur auf dem Gebiet der Arbeitsverträge, sondern ganz allgemein weniger individualistisch geworden. Seit der Kodifizierung sind Körperschaften mit allerlei neuen Zielsetzungen, neuen Mitteln und Funktionen entstanden. Die einzelnen Menschen blieben nicht abseits stehen, sie schlossen sich dauerhaft zu Körper-

[37] E. Glasson: Le code civil et la question ouvrière, S. 6 (1886).

[38] K. Renner: Die Rechtsinstitute des Privatrechts, S. 61 (1929).

[39] Ebd. Die Reglementierungen der Arbeit, von der Marx in Das Elend der Philosophie (S. 174, Ausgabe 1919) spricht, sind seitdem gesetzlich geregelt, aber später durch die Herausbildung des Tarifvertrages weniger bedeutsam geworden. Auch was die Strafen betrifft, von denen Marx in diesem Zusammenhang spricht, ist die Freiheit des Arbeitgebers eingeschränkt.

schaften zusammen, in denen das Individuum als solches mehr oder weniger aufgeht. Diese eigenständigen Körperschaften mit eigenem Vermögen, eigenen Rechten und Pflichten spielen seitdem eine große Rolle im Privatrecht. Die 60er und 70er Jahre des vorigen Jahrhunderts waren in den Niederlanden für diesen Prozeß, durch den das Privatrecht mehr zu einem Recht „de l'organisme"[40] wurde, wichtig: es entstand ganz allgemein ein Vereinsrecht (1855), im einzelnen z. B. die Versicherungsgesellschaften auf Gegenseitigkeit und Genossenschaften (1866, 1876), Entwürfe für die A.G. (1871; 1879).

Immer mehr gesetzliche Regelungen setzen heute derartige Körperschaften voraus. Zahlreiche gesetzliche Regelungen fördern sie noch. Der Staat bezieht sie immer häufiger bei der Durchführung von Gesetzen, bei der Initiative zu staatlichen Maßnahmen, ein. Zu Marx' Zeit gab es noch nichts oder kaum etwas Vergleichbares. Aber Marx sah das Wachstum derartiger Zusammenschlüsse voraus, auch im Recht und der Gesetzgebung. In Zusammenhang mit der gesetzlichen Anerkennung der Koalitionsfreiheit in England, die er aufgrund des dort bestehenden Wirtschaftssystems und des freien Wettbewerbs erklärt, schreibt Marx 1847: „ Je mehr die moderne Industrie und die Konkurrenz sich entwickeln, desto mehr Elemente treten auf, welche die Koalitionen hervorrufen und fördern; sobald die Koalitionen eine ökonomische Tatsache geworden sind, von Tag zu Tag an Bestand gewinnend, kann es nicht lange dauern, bis sie auch eine gesetzliche Tatsache werden. Somit beweist der Artikel des Code pénal höchstens, daß die moderne Industrie und die Konkurrenz unter der Konstituante und dem Kaiserreich noch nicht genügend entwickelt waren[41]." Die Zunahme der Körperschaften (Gewerkschaften, Genossenschaften usw.) ist ökonomisch zu erklären. Diese Zunahme ist, wie sich zeigt, sowohl ein wirtschaftliches wie ein juristisches Faktum. Beide sind in hohem Maß Realität. Die wirtschaftlichen Verhältnisse veränderten sich jedoch. Damit änderten sich auch die Auffassungen vom Recht. Auch die Rechtsbeziehungen wurden anders. Erst waren beide frei. Nun sind sie gebunden. Später, in unserer Zeit, erfolgt die Zunahme der Zahl von Vereinigungen parallel mit dem Rückgang und der Abnahme der Wettbewerbsfreiheit (Tarifvertrag, Unternehmerabsprachen, Niederlassungsgesetze). Auch in dieser Hinsicht wird das Privatrecht vergesellschaftet. Auch das sah Marx schon voraus. „Es ist darum verkehrt, die Assoziationen *schlechtweg* als Sozialisierungsformen zu behandeln. Wahr dagegen ist, daß Karl Marx sehr oft, wo es sich um bloße Assoziationsformen des Kapitals handelt, von „Vergesellschaftung" spricht. Marxens „Vergesellschaftung" darf daher nicht schlechthin als Sozialisierung gelesen wer-

[40] G. Morin: La révolte des faits contre le Code, S. 218 (1920).

[41] K. Marx: Das Elend der Philosophie, S. 159 (Ausgabe 1919).

den, obwohl er immer in der Assoziierung eine Vorstufe der Sozialisierung sieht[42]". Im modernen Privatrecht wird die Freizügigkeit immer mehr eingeschränkt. Dies geschieht auch, um der von Marx und Engels so leidenschaftlich bekämpften Unterdrückung und Ausbeutung Einhalt zu gewähren. Die Einmischung des Staates ist auch im Bereich des Privatrechts größer geworden. Zwingendes Recht, wodurch die Vertragsfreiheit in Fesseln gelegt wird, hat im Bereich des Privatrechts zugenommen. Auch das Zwangsvollstreckungsrecht — man denke an Marx' Ausdruck „Kodex der Exekution, der Subhastation und der Zwangsversteigerung" — wird vom Gesetzgeber und der Rechtsprechung (z. B. die Lehre vom Rechtsmißbrauch) in mancherlei Hinsicht eingegrenzt. Das gegenwärtige Privatrecht berücksichtigt die Ungleichheit, die vielfach zwischen den Parteien beim Vertragsabschluß besteht, viel mehr. Die Pfändung des Arbeitslohns ist z. B. aus Humanitätsgründen gegenüber dem Arbeiter als Schuldner beschränkt. Die Lohnabtretung (Zession, Verpfändung) des Arbeiters wird gesteuert, um ihn gegen sich selber zu beschützen. Ein Teil des Arbeitslohns kann aus der Konkursmasse ausgenommen werden. Der Zwangsvollstreckung sind also, was den Arbeitslohn angeht, Grenzen gezogen. Noch im Jahr 1886 — Marx starb, wie bereits angedeutet, 1883 — mußte Prof. Glasson hierfür in Frankreich kämpfen. Andererseits wird die Forderung nach Arbeitslohn in immer größerem Umfang bevorzugt behandelt, mehr gesetzlich verankerte Privilegien, die den Arbeiter begünstigen, wenn er Gläubiger ist, wurden aus menschlichen Erwägungen auch wieder erst nach dem Tod von Marx und Engels ins Gesetzbuch aufgenommen. Beim Bankrott des Arbeitgebers hat der Arbeiter als Gläubiger eine günstige Position. Die Besserstellung des Vermieters wird in verschiedener Hinsicht vom Gesetzgeber und der Rechtsprechung in den letzten Jahren eingeschränkt. Das Hypothekenrecht ist noch sehr ausgeprägt, aber in den vergangenen Krisenjahren hat der Staat vielfach in die Rechte des Hypothekengläubigers eingegriffen und die Vollstreckungsmöglichkeit — wenn auch auf Zeit — vor allem im Hinblick auf die Landwirtschaft eingeschränkt, und zwar durch die Krisenverordnung der Hypothekenkommission und das Krisengesetz zur Hypothekenablösung. Das Gesetz über Schuldverschreibungen bedeutet ebenfalls einen Eingriff gegenüber bestimmten Gläubigern. Der Zahlungsaufschub (surséance) wurde auch mehrfach ausgedehnt, und hierbei wurde ein Zwangsvergleich ermöglicht.

Zu Marx' Zeit galt das Privatrecht vor allem für die wirtschaftlich Stärkeren. Jetzt hat es auch für die wirtschaftlich Schwächeren an Bedeutung gewonnen und wahrt mehr das Wohl der weniger Begüterten.

[42] K. Renner: Die Rechtsinstitute des Privatrechts, S. 119 (1929).

Otto Gierke sagte noch 1889 in einer Rede, die er vor der „Juristischen Gesellschaft“ zu Wien hielt: „Mehr als je hat heute das Privatrecht den Beruf, den Schwachen gegen den Starken, das Wohl der Gesammtheit gegen die Selbstsucht der Einzelnen zu schützen.“ Seitdem hat das Privatrecht eine weniger gleichgültige Einstellung gegenüber den gesellschaftlich Schwachen eingenommen und hat ihnen in der Tat immer mehr Aufmerksamkeit geschenkt.

Der Einfluß breiter Schichten im Staat und damit auch auf die Gesetzgebung, soweit sie das Privatrecht betrifft, ist viel größer geworden (Ausdehnung des Wahlrechts!). Häufig wurden zugunsten großer Gruppen von Werktätigen, den Nichteigentümern der Produktionsmittel, weitreichende gesetzliche Regelungen getroffen: so ganz allgemein (1907) für die Lohnarbeiter, die Seeleute (1930), die Handlungsagenten und Handlungsreisenden (1936), die Landarbeiter (1918), die Pächter (1937), die ja alle große Teile der Bevölkerung ausmachen. Es wurde bereits angedeutet, daß sich die Rechtsprechung (nach 1914) in verschiedener Hinsicht zugunsten des Mieters, d. h. des Benutzers, des Nichteigentümers eines Hauses, entwickelt hat; und die modernen Juristen gehen in dieser Beziehung noch viel weiter. Gesetzliche Regelungen wie das Gesetz über die Gewährung von Darlehen (1932) und die Bestimmungen über den Ratenkauf und Abzahlungsgeschäfte (1936) dienen dem Schutz vieler kleiner Leute (Arbeiter, Beamte, Mittelständler). Versicherungsgesellschaften auf Gegenseitigkeit (1866) und Genossenschaften (1876; 1925) umfassen eine große Anzahl der weniger Bemittelten. Der Ausbau des Versicherungsrechts (u. a. 1875, 1920, 1922) — in den Niederlanden noch in den Anfängen, in Frankreich schon weiter fortgeschritten — geschieht zum Vorteil der zahllosen Versicherten. Neues Recht zugunsten von Absender und Empfänger (1924) und Reisenden (1875, 1924) wurde erlassen oder ist in Vorbereitung. Die Anerkennung des besitzlosen Pfandrechts („Sicherungsübereignung“) durch die Rechtsprechung (1929) dient den weniger Begüterten, z. B. Kaffeehausbesitzern, Autobusunternehmern. Der Code Civil hatte nur wenige Bestimmungen über die Kinder und das Elternrecht und die Vormundschaft enthalten. Ihre Interessen wurden vernachlässigt. Heute wird das Kind im Privatrecht durch staatlichen Eingriff geschützt. Die Kinderschutzgesetze (nach 1901) wurden ein Segen für die Kinder aus dem Volk. In den meisten der hier aufgeführten Gebiete — und in diesem Artikel wird keineswegs der Anspruch auf Vollständigkeit erhoben — gibt es viel zwingendes Recht und, wo es solches nicht gibt, wird es auch in den Niederlanden wahrscheinlich eingeführt werden (z. B. das Versicherungsrecht). Außerdem wurde die Rechtspflege auf vielen dieser Gebiete vereinfacht, indem dem Amtsrichter hier mehr Befugnisse eingeräumt wurden.

„Die soziale Abhängigkeit einer Rasse, einer Klasse, oder eines Geschlechts erhält stets ihren Ausdruck in den Gesetzen und politischen Einrichtungen des betreffenden Landes. Die Gesetze sind der in Paragraphen formulierte Ausdruck der maßgebenden Interessen, der zum Recht eines Landes erhoben wird[43].“ Aus der sehr kurzen Übersicht, die hier im vorausgehenden geliefert wurde, geht eindeutig hervor, daß — in fast allen Fällen nach der Jahrhundertwende und meist erst nach dem Ersten Weltkrieg — das Privatrecht für andere gesellschaftliche Gruppen als zu Lebzeiten von Marx und Engels bedeutsam wurde, nämlich für die wirtschaftlich Schwächeren, die Nichteigentümer. Das Privatrecht wird „vergesellschaftet“. Das Privatrecht betrachtet das Individuum nicht länger abstrakt für sich. Der Arbeiter wird oft zusammen mit seiner Familie, Frau und Kindern in seinen tatsächlichen Lebensumständen, seiner materiellen Situation, in das Privatrecht einbezogen. Das Privatrecht wird, da es auf diesem Sektor (und natürlich auch auf anderen Sektoren, z. B. der Vormundschaft) mehr um den Menschen geht, „verlebendigt“. Wo sich das Privatrecht jetzt in größerem Umfang auf die ganze Bevölkerung erstreckt — man ist sich dessen oft noch nicht bewußt — kann man von einer „Nivellierung“, einer „Egalisierung“ oder einer „Demokratisierung“ des Privatrechts seit den Zeiten von Marx und Engels sprechen.

Es ist gar nicht anders möglich, als daß das Urteil von Marx und Engels über das Bürgerliche Gesetzbuch, das für ihre eigene Zeit in mancherlei Hinsicht so genau und zutreffend war, heute veraltet ist. Es trifft für das heute geltende Privatrecht, wie es im Gesetzbuch, den Gesetzen und der Rechtsprechung zu finden ist, nicht mehr zu. Sie selber würden sich heute wohl anders äußern. Dies ergibt sich notwendig aus ihrer eigenen Methode und Rechtsbetrachtung.

---

[43] A. Bebel: Die Frau und der Sozialismus, S. 265 (45. Aufl.).

IX.

NOCH EINMAL: MARX, MARXISMUS UND RECHT*

Man darf es jemandem, der im Jahr 1928 mit einer Dissertation über „De Marxistiese opvattingen over recht en staat" (Die marxistischen Auffassungen von Recht und Staat) promoviert hat und sich auch später noch einige Male mit den marxistischen Auffassungen von Recht und Staat befaßt hat[1], nicht übel nehmen, daß er jedesmal gespannt ist, wenn ihm ein Buch über Marxismus und Recht zu Gesicht kommt. Als 1959 die Dissertation von Hans Dahlke: „Karl Marx über das Wesen des Rechts" erschien, hat der Verfasser diesem Büchlein ins Mens en Maatschappij, Juli/August 1962, S. 261 — 264 einige Betrachtungen gewidmet.

Da heute das umfangreiche Buch „Marxisme et droit" von K. Stoyanovitch mit großem Interesse zur Kenntnis genommen wird, das als erster Teil der Bibliothèque de Philosophie du Droit erschien, wollen wir auch über diesen „exposé analytique et synthétique de la théorie marxiste du droit" einige Anmerkungen machen. Wieder einmal wird deutlich, daß die Verwendung der niederländischen Sprache, in der 1928 ein Buch wie „De Marxistiese opvattingen over recht en staat" und ein Jahr zuvor J. A. Eigeman's Buch „De wijsgeerige grondslag der Marxistische Staatshuishoudkunde en hare waarde voor den tegenwoordigen tijd" (Die philosophische Grundlage der marxistischen Volkswirtschaftslehre und ihre Bedeutung für die Gegenwart) erschienen, ein Hindernis ist. Zwar wurde das erstgenannte Buch sofort in ausländischen Zeitschriften wie der Revue de l'Institut de Sociologie (von Solvay; 9. Jg., 1929, Nr. 1), Schmollers Jahrbuch (von Bousquet,

* Nog eens: Marx, Marxisme en Recht, in Mens en Maatschappij, Sept./Okt. 1965, S. 387—389, entstanden aus Anlaß von K. Stoyanovitch: Marxisme et droit, mit einem Vorwort von H. Battifol, Paris 1964.

[1] De Wijsgerige grondslagen van de Marxistische rechts- en staatsleer, Praeadvies voor de Vereniging voor Wijsbegeerte des Rechts, 1933 (XX, Teil 1 und 2). Vgl. auch Handelingen van die Vereniging voor Wijsbegeerte des Rechts, 1937 (XXIV, Teil 2), S. 29. Jünger die Arbeit von R. Dekkers: Marxistische Rechtsfilosofie, in Rechtskundig Weekblad (Belgien), 13. Januar 1963 und H. J. Bopp: Marxismus und Rechtswissenschaft (Zürich 1963). J. Valkhoff: Marx en Engels over het Burgerlijk Wetboek, in Rechtsgeleerd Magazijn, 57. Jg., Heft 6 (1938), S. 505 f. (VIII). J. Valkhoff: De Marxistische staatsleer tegenover enkele andere staatstheorieën, in Rechtsgeleerd Magazijn, 49. Jg., Heft 1 (1930), S. 41 f.; W. v. h. R. 12125.

53. Jg., 1929, Heft III, S. 483—485) und der Zeitschrift für die gesamte Staatswissenschaft (von Sultan, Nr. 88/2, S. 394) rezensiert, zwar bezeugten ausländische Theoretiker wie Kautsky, Cunow u. a. ihr Einverständnis, aber offenkundig kennen weder Batiffol, der Stoyanovitch einleitet, noch dieser Autor selber mein Buch. Übrigens ist ihnen offensichtlich auch das zur gleichen Zeit erschienene Büchlein des Polen A. Rappoport[2], „Die Marxistische Rechtsauffassung" (1927), unbekannt, desgleichen die jüngst erschienene, oben bereits genannte und in Mens en Uaatschappij nicht besonders enthusiastisch rezensierte Dissertation von H. Dahlke. Battifol beginnt jedoch seine Einleitung mit folgenden Worten: „La bibliographie du marxisme est immense, et cependant elle ne comprend pas, semble-t-il, au moins dans les pays occidentaux, une étude d'ensemble sur la doctrine marxiste du droit. L'ouvrage de M. Stoyanovitch vient donc combler une lacune importante" (S. I). Stoyanovitch schreibt selber in seinem Vorwort: „La théorie marxiste du droit n'a pas encore été dans les pays occidentaux l'objet d'un exposé complet et approfondi", und „la théorie marxiste du droit reste insuffisamment explorée ..." (S. 4).

Stoyanovitchs Buch hat einen anderen Ansatzpunkt als meine Dissertation. Stoyanovitch beginnt nicht mit den Vorläufern der marxistischen Rechts- und Staatslehre in Italien, Frankreich und England, wenngleich er auf S. 36 kurz auf sie anspielt. Dies ist vor allem vom soziologischen Standpunkt aus in gewisser Weise zu bedauern, weil diese Vorläufer auch für die Entwicklung der allgemeinen Soziologie, der Rechtssoziologie und insbesondere auch der genetischen Rechtssoziologie bedeutsam waren: Vico, Montesquieu, Linguet, Ferguson u. a.

Stoyanovitch behandelt die verschiedenen Teilprobleme der marxistischen Rechtslehre auch nicht jedes für sich: das Verhältnis von gesellschaftlicher „Basis" und gesellschaftlichem „Überbau", den Kausalzusammenhang von Recht und Wirtschaft, die Rückwirkungen des Überbaus auf die Basis (S. 364), die Tradition, geographische und klimatische Faktoren, die Rolle bedeutender Männer. Auch dies ist vom soziologischen Gesichtspunkt aus betrachtet schade, denn diese Probleme sind für die Rechtssoziologie am wichtigsten.

Anders als Dahlke, der zu Unrecht einen Unterschied zwischen den Ideen von Marx und Engels macht[3], behandelt Stoyanovitch sie im Zusammenhang: „étant entendu que le terme ‚marxien' concerne les écrits de Marx lui-même et aussi ceux d'Engels, qui a été comme une sorte d'alter ego de Marx ..." (S. 5). Im zweiten Teil seines Buches

---

[2] Nicht zu verwechseln mit dem Sozialisten Ch. Rappoport, der u. a. der Autor des bekannten Buches über Jean Jaurès ist, das auch ins Niederländische übersetzt wurde (1915).

[3] Vgl. Mens en Maatschappij, Juli/August 1962, S. 263.

(„examen critique“) legt Stoyanovitch dar, daß Marx trotz der späteren Korrekturen den Zusammenhang zwischen Recht und Produktionsweise zu einfach und zu wenig nuanciert[4] sah. Die moderne pluralistische Wirklichkeit ist viel komplizierter, und trotz richtiger Erkenntnis anderer Faktoren, die neben den wirtschaftlichen eine Rolle spielten, nämlich der Tradition („in letzter Instanz“), der Rückwirkung des Überbaus[5], dominierte bei Marx zu sehr der Einfluß der Produktionsverhältnisse, war seine Lehre zu einseitig, wie dies in umgekehrtem Sinn später für Stammler gilt. Stoyanovitch tadelt vor allem die Spiegelbild-Theorie („reflet“, S. 111). Marx und Engels schenkten den Begriffen Norm, Gerechtigkeit und Rechtfertigung zu wenig Beachtung. „Nulle part dans son immense oeuvre il (i. e. Marx) n'a employé en effet le mot ‚justice‘ ou le mot ‚équité‘, le mot ‚juste‘ ou le mot ‚équitable‘“ (S. 115; auch 116). Marx und Engels verkannten in diesem Zusammenhang die Autonomie des Rechts (S. 118, 127, 206, 249).

Marx' ökonomische Lehren sind veraltet: die Mehrwerttheorie (S. 319), die Verelendungstheorie u. a. Auch Marx' Rechtslehre ist veraltet. Sie ist heute für die Entwicklung von Recht und Rechtswissenschaft „sans grand intérêt pratique“ (S. 1). Sie hat heute wenig Positives zu bieten. Was das Eigentumsrecht angeht, so verweise ich in diesem Zusammenhang auf meinen Zeitschriftenartikel „Nieuwe Beschouwingen over eigendom en eigendomsrecht“[6].

Stoyanovitch entwirft ein genaues Bild von Marx' Rechtsauffassungen, genauer, als ich dies seinerzeit in meiner Dissertation über die marxistische Auffassung von Recht und Staat getan habe, und kritisiert sie als Teil einer „doctrine totale“ (schon S. 2), eines „un tout indivisible“ (S. 333). Für ihn bilden Weltanschauung und Lebensbetrachtung (Philosophie; dialektischer Materialismus) mit seiner Vorstellung von der Gesellschaft (historischer Materialismus; Wirtschaft als Basis und Recht, Moral, Kunst Religion als Überbau), ein großes Ganzes. Stoyanovitch stellt die marxistische Rechts- und Staatslehre ausführlich belegt in den Zusammenhang von Persönlichkeit, Leben und Denken von Marx. Am größten ist der Einfluß Hegels. Erstaunlich ist, daß Stoyanovitch den Juristen und Hegelianer Gans nicht nennt. Marx haßte die historische Schule (Savigny, Puchta, Eichhorn und seine An-

---

[4] In den Diskussionen aus Anlaß des dritten Weltkongresses für Soziologie 1956 habe ich darauf hingewiesen: „Il existe entre l'un et l'autre une interdépendance très complexe et très nuancée“ (Transactions of the third World Congress of Sociology, Vol. VIII, 1957, S. 39).

[5] R. Stammler: Wirtschaft und Recht nach der materialistischen Geschichtsauffassung (1924). Fraga Iribarne auf dem Internationalen Soziologenkongreß in Amsterdam 1956 (Transactions of the third World Congress of Sociology, Vol. VIII, 1957, S. 39).

[6] Rechtsgeleerd Magazijn Themis 1957, S. 30.

hänger) im Hinblick auf ihren Mystizismus, ihre Irrationalität, Romantik, ihren Koservatismus und Traditionalismus[7]. Für die Entwicklung der Rechtssoziologie war diese Rechtsschule durch ihre Stellungnahme gegenüber dem abstrakten Naturrecht und ihre große Beachtung der Fakten nichtsdestoweniger von Bedeutung[8], auch auf Marx übte sie einigen Einfluß aus (S. 36): „l'historicité du droit", „le droit n'a pas d'histoire qui lui soit propre" (S. 117). Stoyanovitch macht deutlich, daß nur der junge Marx das Schwergewicht auf den Einfluß der Ideen legte (S. 35 n. 35). Wie Gurvitch, so schenkte in den Niederlanden Sinzheimer, der von 1933 bis 1945 als a. o. Professor für Rechtssoziologie an der Gemeentelijke Universiteit in Amsterdam lehrte, der Untersuchung des „Transformationsprozesses"[9], dem Verhältnis von Tatsache und Norm und dem geistigen Prozeß der „Umsetzung" von gesellschaftlichen Kräften in Rechtsnormen, vor allem am Beispiel des jungen Marx[10], besondere Aufmerksamkeit.

Stoyanovitch betont auch mehr als ich in meiner Dissertation den Klassencharakter von Recht und Staat, wiewohl der dritte, am meisten umstrittene und angegriffene Teil meiner Dissertation dieser Frage gewidmet war. Sie sind in der Tat wesentliche Bestandteile der Rechts- und Staatslehre von Marx und Engels. Stoyanovitch kritisiert sie zu Recht. Wie sehr haben sich in unseren Ländern doch Staat und Recht im 20. Jahrhundert verändert. Es gibt nicht mehr wie zu Marx' Zeiten ein Recht, das ausschließlich der Bourgeoisie (Raoul de la Grasserie), den Kapitalisten, den etablierten Bürgern (Drucker und Levenbach), dem Wohlstandsbürgertum (Bellefroid), den Arbeitgebern, dem vollstreckenden Gläubiger (Marx)[11], den Eigentümern und Rentnern (Ripert, Picard u. a.) zugute kommt.

Stoyanovitch beurteilt die marxistische Rechtslehre zu Recht als soziologisch: „une sociologie juridique sui generis". Schon Sombart sagte seinerzeit, daß Marx und Engels zur Entwicklung der allgemeinen Soziologie und der Rechtssoziologie beitrugen[12]. Stoyanovitch wirft Marx' Rechtslehre ein Übermaß an Soziologismus vor, er spricht von einem „excès de sociologisme", der „permet à Marx d'éluder le pro-

---

[7] G. Gurvitch: Sociology of Law, S. 87 und 88 (1942).

[8] Mens en Maatschappij 15. März 1949, S. 65—67.

[9] Das Transformationsproblem in der Soziologie des Rechts, in dem Sammelband „Strijdenskracht door wetensmacht", S. 45—60 (1938).

[10] De jonge Marx en de sociologie van het recht, in De Socialistische Gids 1937, S. 1—11 und 117—126.

[11] Marx in Der Achtzehnte Brumaire: „Execution", „Subhastation", „Zwangsversteigerung".

[12] Braun's Archiv XXVI (1908), S. 429—450.

blème du droit au lieu de contribuer à le résoudre". „Aus anderen Gesichtspunkten kommt die Theorie des historischen Materialismus zu einer Ablehnung der Rechtsidee", schreibt Coing in seinem Werk „Grundzüge der Rechtsphilosophie" (1950)[13]. In Marx' Auffassungen und Erklärungen ist „mehr von Soziologie als von Recht die Rede", so schrieb ich schon früher einmal[14].

[13] S. 97. Auch S. 98: „Die Existenz der Rechtsidee wird daher konsequenterweise von der orthodox-marxistischen Theorie geleugnet."

[14] Rechtsgeleerd Magazijn 1938, S. 508.

X.

MARX' BEDEUTUNG FÜR DIE RECHTSPHILOSOPHIE DIE RECHTSSOZIOLOGIE UND DAS ARBEITSRECHT*

Marx: Das Kapital

In seiner Leidener Antrittsvorlesung[1] erinnert Prof. van Esveld daran, daß im Juli 1967 hundert Jahre seit dem Erscheinen von Marx' „Das Kapital" vergangen sind. Um genau zu sein: Marx' Vorwort zu Teil I datiert vom 25. Juli 1867. Dieser Teil ist eine Fortsetzung des 1859 erschienenen Werks „Zur Kritik der politischen Ökonomie". Die drei folgenden Teile — Marx hat sie alle in dem erwähnten Vorwort angekündigt — erschienen erst später nach Marx' Tod. Die Wereldbibliotheek (ein in Amsterdam ansässiger Verlag, 1905 von Dr. Leo Simons gegründet mit dem Ziel, gute Literatur zu wohlfeilen Preisen herauszubringen, Anm. d. Übers.) vollbrachte seinerzeit durch die Herausgabe einer niederländischen Übersetzung des ersten Teils von „Das Kapital" eine große Tat. Der Geschäftsmann und marxistische Theoretiker F. van der Goes hatte sie besorgt. Es ist bemerkenswert, daß die Niederlande so viele hervorragende marxistische Theoretiker hervorgebracht haben, wie den Wissenschaftler (Astronom) Prof. Pannekoek, die Dichter Gorter und Henriette Roland Holst und nicht zu vergessen in der S.D.A.P. R. Kuyper, der als Marxist ein Fremder in dieser Partei war und dessen Schriften nach seinem Tod schnell vollkommen in Vergessenheit gerieten.

Marx' „Das Kapital" ist ein gigantisches ökonomisches Werk mit einer vorzüglichen Analyse der damaligen kapitalistischen Wirtschaftsordnung und noch immer ergreifenden Schilderungen der Lage der englischen Arbeiterklasse zu diesem Zeitpunkt, „d. h. wo die britische industrielle Prosperität ihren Höhepunkt erreichte" (Marx). Prof. Hennipman nennt Marx neben Smith, Ricardo, Marshall, Keynes u. a. einen der großen Meister, in deren Werken jeder Ökonom einmal „geschnüffelt" haben muß[2].

---

* Marx' betekenis voor de rechtsfilosofie, de rechtssociologie en het arbeidsrecht, in Sociaal Maandblad Arbeid, Juli/August 1967, S. 448—452.

[1] N. E. H. van Esveld: Sociale rechtsvorming, S. 2.

[2] Rostra Economica, Nov. 1966, S. 12.

Wenn sich Marx' Theorien vom Arbeitswert, dem Mehrwert und der (relativen) Verelendung auch als wissenschaftlich unhaltbar erwiesen haben und überholt sind, so sind seine Lehren doch ein treffendes Beispiel für eine Theorie mit begrenztem aktuellem Wahrheitsgehalt, die, als Sozialphilosophie und Ideologie für politische Bestrebungen und Bewegungen dienstbar gemacht, eine enorme Rolle gespielt hat und noch spielt.

Ähnlich verhielt es sich mit den Theorien vom Staatsvertrag im 17. und 18. Jhdt. (Hobbes, Locke, Rousseau) für die englische (glorious) und die französische Revolution. Nicht umsonst ist Moskau 50 Jahre nach der Revolution, durch die die Bolschewiken unter der Fahne des Marxismus mit einer Entwicklung, die nicht harmonisch verlief, in einem zurückgebliebenen Land (ganz anders, als Marx vorausgesagt hatte) die Macht ergriffen haben, noch voll von Standbildern, Porträts und Losungen von Marx und Engels. In China, das noch ein agrarisches Land ist, vollzieht sich die Revolution unter dem Banner Maos mit einem Schuß Marx als Sozialphilosophie, z. T. auch als Utopie. Und zu Beginn dieses Jahrhunderts Krabbes Lehre vom Rechtsbewußtsein und der Rechtssouveränität gegen Theorie und Praxis der Staatssouveränität, vor allem im Wilhelminischen Deutschland? Oder vor 100 Jahren Buys' materieller Gesetzesbegriff in der Auseinandersetzung zwischen König und Volksvertretung in den Niederlanden?

Marx und das Recht

Marx hatte ein wenig Rechtswissenschaft studiert. Er, und das gilt allgemein für die Marxisten, interessierte sich wenig[3] für das (normative) Recht, wie sehr dies auch ein wesentlicher, realer Bestandteil der Gesellschaftsstruktur ist. Weil die Marxisten das Recht als ideologischen Überbau und Spiegelbild betrachteten, erkannten sie nicht die Autonomie, die das Recht in gewissem Umfang hat. Dies gilt ganz extrem und starr für den Juristen E. Paschukanis[4], der von Stalin ausgeschaltet und liquidiert und nach Stalins Tod wieder rehabilitiert wurde, für den das Recht (formal) auf ein offenes Wirtschaftssystem mit Tausch, Gegenwert und Mehrwert beschränkt war, wohingegen es später nur noch technische Normen (für die Post, die Eisenbahn usw.) geben sollte. Das Recht wird nicht selbständig als solches gesehen, sondern immer zusam-

---

[3] Dies stellt man bei der Durchsicht von Zeitschriften wie „Neue Zeit", „De Nieuwe Tijd" usw. fest.

[4] Allgemeine Rechtslehre und Marxismus. Versuch einer Kritik der juristischen Grundbegriffe (1929). Vgl. K. Grzykowski: Soviet Legal Institutions (1962), S. 55 und 112; H. J. Bopp: Marxismus und Rechtswissenschaft (1963), S. 24; A. Bilinsky in Jahrbuch für Ostrecht Bd. III, Mai 1926, S. 69 f.; W. Luypen: Fenomenologie van het natuurrecht, Kap. I, unter 3 (1966).

men mit dem ökonomischen Substrat. Die marxistische Rechtsbetrachtung ist dann eigentlich Rechtssoziologie[5] (worüber gleich noch zu sprechen sein wird). Das ergibt sich auch aus der Zürcher Dissertation von H. J. Bopp[6]. Die Rechtssoziologie ist jedoch nur ein Teil der Rechtswissenschaft neben Rechtsphilosophie, Rechtsvergleichung und Rechtsdogmatik[7].

Bopps Betrachtungsweise der marxistischen (kommunistischen) Rechtstheorie ist originell. A. Rappoport stellte seinerzeit (1927) in seiner später von Radbruch als wertvoll bezeichneten Dissertation der marxistischen Rechtslehre vor allem Stammler gegenüber. Bopp analysiert diese Lehre ausgehend von der reinen nominalistischen Lehre des positiven Rechts, wie sie Kelsen, einer der größten zeitgenössischen Rechtsdenker, entwickelt hat. Selbst Paschukanis hat seine Verdienste anerkannt, und in den Niederlanden widmeten van Schaik, Coebergh, Barents, van Praag u. a. Kelsens formallogischer Rechtslehre verschiedene Schriften[8]. Darüber wird unter dem Stichwort „Rechtsphilosophie“ gleich noch mehr zu sagen sein. Bopps Analyse deckt im Marxismus wichtige Widersprüche auf, u. a. die Verwechselung von Sein und Sollen, von Recht und Moral (§ 14), von Geltung und Wirkung (§ 15); das Recht als Zwangsordnung (§ 7). Weiterhin werden Wissenschaft und Utopie (Idealvorstellungen und Theorie), Wissen und Glauben (in Zusammenhang mit dem Erlöschen von Staat und Recht, eine Lehre, die vor allem Engels vertritt, worauf sich heute (1967) hinter dem Eisernen Vorhang verschiedene Anschauungen stützen) und der Begriff der Gerechtigkeit (§ 9) verwechselt. Hierfür zeigt[9] der Marxismus-Leninismus wenig Interesse. Gerade in der kommunistischen Gesellschaft soll ja die Gerechtigkeit verwirklicht werden[10], jetzt betrachtet man sie als „considération artificielle“[11]. Nur J. Dietzgen, der heute fast ver-

[5] C. J. Friedrich: Die Philosophie des Rechts in historischer Perspektive (1955), S. 111; E. Fechner: Rechtsphilosophie (1956), S. 28.

[6] Marxismus und Rechtswissenschaft (1963).

[7] J. Valkhoff: Place et signification de la sociologie juridique, in Philosophy and Christianity, S. 277—293 (1965) Beitrag (III); H. Dooyeweerd in De sociologische verhouding tussen recht en economie en het probleem van het zgn. economisch recht, in Festschrift Anema-Diepenhorst, S. 230 (1949). Zur Einordnung der Rechtssoziologie vgl. auch noch: H. Kronstein: Recht und wirtschaftliche Macht, in Ausgewählte Schriften, S. 10 (1962) und M. Rehbinder: Karl N. Llewellyn als Rechtssoziologe, in Kölner Zeitschrift für Soziologie und Sozialphilosophie 33, 1965, S. 546.

[8] Vgl. den Artikel von Kelsen in ARSP 1966, S. 545 f. Vgl. auch „Law and Logic“ in der Festschrift Dooyeweerd (Philosophy and Christianity), S. 231—237 (1965).

[9] H. Kelsen: Was ist Gerechtigkeit? (1953).

[10] Vgl. u. a. G. Antalffy: Problèmes nouveaux de la théorie du droit dans l'évolution de la démocratie socialiste (Szeged 1964); Rezension von K. Stoyanovitch in ARSP 1966, L 11/2, S. 301—305.

[11] J. Bellon: Le droit soviétique (1963), S. 13.

gessene Philosoph des dialektischen Materialismus, dessen 1903 in drei Teilen erschienene Schriften bei den niederländischen Marxisten seinerzeit Anklang fanden[12], schrieb über die Gerechtigkeit.

Marx und die Rechtsphilosophie

Marx und Engels waren in ihrem Denken und Sein Anhänger des dialektischen Materialismus (Plechanow). Lenin widmete dieser Idee ein umfangreiches Werk[13]. Marx hielt stets an der Dialektik fest, auch nachdem er sich als Reaktion auf Hegels Ideen zum Primat der materiellen gesellschaftlichen Kräfte bekannte. In „Das Kapital" werden die Dialektik und auch Hegel mehrfach genannt. In den osteuropäischen Ländern gibt es Lehrstühle für Marxismus-Leninismus. Marx' Auffassung von der Gesellschaft (Soziologie, vgl. weiter unten), wovon die Auffassung von Recht und Staat nur ein Teil ist[14], läßt sich jedoch mit verschiedenen philosophischen Richtungen vereinbaren[15]. Prof. W. A. Bonger, ein marxistischer Soziologe, hat oft davor gewarnt, eine historisch-materialistische Auffassung von der Gesellschaft und den dialektischen Materialismus (Philosophie) miteinander zu identifizieren[16].

Noch ein paar Worte über den Neukantianer Kelsen, der die marxistische Rechtslehre mehr als einmal kritisierte. Es ist allerdings fraglich, ob Kelsens Rechtslehre die geeignetste Basis ist, um sich von hier aus der marxistischen Rechtslehre zu nähern, wie Bopp dies tut. Kelsen betrachtet die Rechtsnormen als positive Normen für sich, losgelöst von Soziologie, Psychologie usw., er betrachtet das Wesen der Rechtsnorm und gelangt dabei zu dem ihr zu Grunde liegenden Urbild. Eine phänomenologische Philosophie ist ein besserer Ausgangspunkt für die Kritik am dialektischen Materialismus. „Die marxistische Rechtsbetrachtung bewegt sich auf soziologischen Bahnen ..." So begann der pol-

---

[12] C. H. Ketner: Josef Dietzgen. Een socialistisch wijsgeer (1919), der bei Dietzgen eine Verwandtschaft mit dem psychischen Monismus sieht.

[13] Vgl. weiterhin auch A. Thalheimer: Einführung in den dialektischen Materialismus (1929) und I. Luppol: Lenin und die Philosophie (1929). Mens en Maatschappij, Januar 1930.

[14] Weniger genau R. Kwant: Sociale filosofie (1963), S. 156.

[15] J. Valkhoff: De wijsgerige grondslagen van de marxistische rechts- en staatsleer. Praeadvies Vereniging voor Wijsbegeerte des Rechts, Nov. 1933 (XX., Teil 1 und 2). Vgl. auch die Abhandlungen dieser Vereinigung 1937 (XXIV, Teil 2) und Twee nieuwe staatsvormen, S. 68 (1935). Vgl. in jüngster Zeit den belgischen Kenner des Sovjetrechts Prof. R. Dekkers: Marxistische rechtsfilosofie, in Rechtskundig Weekblad, 13. Januar 1963. Ned. Juristen-Blad 1963, S. 61. H. Dahlke: Karl Marx über das Wesen des Rechts (Jurist. Diss. bei Prof. Coing, Frankfurt a. M. 1959). Mens en Maatschappij, Juli/August 1963, S. 261.

[16] Prof. W. A. Bonger: Verspreide Geschriften, I, S. XXXI (1950).

nische Jurist A. Rappoport seine Einleitung[17]. Wir sahen bereits, wie der Marxist das Recht stets in Zusammenhang mit dem ökonomischen Unterbau, den antagonistischen Klassen, betrachtet, und glaubt, daß seine Existenz zum Untergang verdammt sei. Kelsens Gerechtigkeitsbegriff ist rein formal; hier wird kein Werturteil über den Inhalt des Rechts oder der Rechtsordnung in concreto geliefert. Deshalb braucht sich die marxistische Rechtslehre auch nicht gegen Kelsen zu stellen, was sie aber doch tut (z. B. Wyschinski)[18]. Bopp stellt fest, daß die marxistische Rechtslehre die „Reine Rechtslehre" neben sich als nützlich und notwendig anerkennen kann, um das Recht als Phänomen (Feudalrecht, Bourgeoisrecht, proletarisches „Recht") zu bestimmen.

Marx und die Rechtssoziologie

Marx und Engels gehören zu den bedeutenden Vorläufern der allgemeinen Soziologie, aber auch der Rechtssoziologie und vor allem der genetischen Rechtssoziologie. Schon vor ihnen gab es andere Wegbereiter, die ich in meiner juristischen Dissertation (1928) behandelt habe[19], leider nicht jedoch Stoyanovitch in seinem Buch „Marxisme et droit" (1964)[20]. Marx liefert meistens eine Synthese, das bleibt sein großes Verdienst, wenngleich die marxistische Rechtssoziologie zu einseitig, vereinfachend und zu wenig nuanciert ist, man denke z. B. an die Vernachlässigung des geistigen Prozesses der „Übersetzung", „Umsetzung" oder „Transformation" gesellschaftlicher Kräfte in Rechtsnormen oder die Überschätzung der Wirtschaft. Was den ersten Punkt angeht, so ist zu sagen, daß später Hugo Sinzheimer, den Fränkel den „Vater des deutschen Arbeitsrechts" nennt, dem Transformationsproblem[21] und den geistigen Faktoren bei der Rechtsbildung Aufmerksamkeit geschenkt hat. Sinzheimer begann in der Verbannung seine Tätigkeit als Extraordinarius für Rechtssoziologie und Soziologie des Arbeitsrechts mit einer Amsterdamer Antrittsvorlesung über das Thema „Der Mensch im Recht". Er machte die Auffassungen des jungen Marx[22] (als Junghegelianer) deutlich, Auffassungen, mit denen sich in unserer Zeit Popitz, Pollwitzer, Thier, B. Delfgaauw und R. Kwant[23] in ihren

---

[17] Die Marxistische Rechtsauffassung (1927), S. 7 und 8.

[18] H. J. Bopp: Marxismus und Rechtswissenschaft, S. 112.

[19] De Marxistiese opvattingen over recht en staat, Teil I.

[20] Mens en Maatschappij, Sept./Oktober 1965, S. 387—389.

[21] In dem Sammelband „Strijdenskracht door wetensmacht" (1938) und in Sinzheimers, nach seinem Tod (1945) von mir, leider nur als Torso, herausgegebenen „Theorie der Gesetzgebung" (1948).

[22] De Socialistische Gids, Januar und Februar 1937.

[23] Socialisme en Democratie, Januar 1967.

Arbeiten befaßt haben. Der zweite Punkt, den wir nannten, die Überschätzung der wirtschaftlichen Faktoren, ist z. T. aus den Zeitumständen zu erklären. Auch andere Denker, die keine Marxisten waren, legten zu dieser Zeit Nachdruck auf die Wirtschaft, nämlich Arnold, Leist und Dankwardt[24].

Marx und das Arbeitsrecht

Seit dem Jahr 1867, als in den Niederlanden die moderne kapitalistische Entwicklung mit dem Entstehen einer Industrie noch kaum begonnen hatte, hat sich die Gesellschaft ungeheuer verändert. Die Klassen haben sich anders entwickelt als Marx in seiner Analyse, in „Das Kapital", geschrieben hatte. Die Arbeiterklasse hat sich emanzipiert. Dadurch haben sich die Klassengegensätze und der Klassencharakter von Recht und Staat verändert. Der Staat erhielt andere Aufgaben als Lohnpolitik, Arbeitsbeschaffung usw., auch im supranationalen Bereich. Auch im Unternehmensbereich gibt es eine mehr zweckgerichtete, bisweilen sogar dirigierte Wirtschaft. Es entstand eine weniger durch das Eigentum und mehr durch die Arbeit strukturierte Gesellschaft. Das Eigentum ist in höherem Maß sozial gebunden. Verträge erhielten vielfach einen anderen Inhalt. Der Staat wurde zum pluralistischen Wohlfahrts- oder Versorgungsstaat, gleichzeitig zum sozialen Rechtsstaat (N. E. H. van Esveld, P. Badura u. a.). Die Sozialgesetzgebung (erst betraf sie den Schutz des Arbeiters, später ganz allgemein die Arbeitszeit, die Sicherheit am Arbeitsplatz usw.) und die Sozialversicherung (erst des Arbeitnehmers, später des ganzen Volkes), ließen einen neuen Bereich sozialen Rechts entstehen. Zu Marx' Zeit gab es fast kein Arbeitsrecht. In „Das Kapital" bezeichnete Marx die damalige englische Fabrikgesetzgebung als „den negativen Ausdruck des Heißhungers nach mehr Arbeit"[25], die Arbeitskraft als Marktware, die Arbeiter als alleinige Besitzer der Arbeitskraft[26], den Arbeitsvertrag als einen nur scheinbar freien Vertrag[27]. Marx setzte sich in „Das Kapital" für Gesetze zur Beschränkung der Arbeitszeit, für eine Magna Charta eines gesetzlich geregelten Arbeitstages ein[28]. Seitdem entwickelte sich in den Niederlanden, langsam, ohne Diskontinuität, ein Arbeitsrecht (privates und öffentliches Recht), so daß das Bürgerliche Gesetzbuch heute nicht mehr wie der Code von 1804 und das B.W. von 1838 ein

---

[24] Mens en Maatschappij, 1949, S. 65—88. Siehe Beitrag II.
[25] Buch I, Teil III, Kap. VIII.
[26] Buch I, Teil II, Kapitel IV.
[27] Buch I, Teil III, Kap. VIII.
[28] Ebd.

Gesetzbuch des Arbeitgebers (Marx)[29], des „patron" (Charmont) ist. Auf diese Entwicklung des positiven Arbeitsrechts hatten die marxistischen Lehren wenig Einfluß. Die damals noch vorwiegend marxistische Sozial-Demokratische-Arbeiter-Partei (S.D.A.P.) agitierte 1907 gegen den Entwurf einer gesetzlichen Regelung des Arbeitsvertrags. Für das ohne Zweifel soziologisch infiltrierte moderne Arbeitsrecht ist die marxistische Lehre „sans grand intérêt pratique"[30].

[29] Dies trotz aller Wertschätzung, die Marx und Engels für den Code Civil als Rechtssystem hatten. Vgl. Rechtsgeleerd Magazijn 1938, S. 505 f. Auch Heine bewunderte den Code (u. a. Lutetia, Brief vom 19. Mai 1841). Siehe Beitrag VIII.

[30] K. Stoyanovitch: Marxisme et droit (1964), S. 1.

XI.

HUGO SINZHEIMERS ARBEITEN IN DER EMIGRATION*

I. Als *Sinzheimer*, als Jude und als Sozialdemokrat, sich im Jahre 1933 genötigt sah, Frankfurt am Main, die Stadt, die den Juden materiell und geistig so viel verdankte, und ihre Universität, die Göring cum suis haßten, zu verlassen und er im selben Jahre aus dem nationalsozialistischen Deutschland auswandern mußte, war er bereits ein renommierter Jurist; bekannt auch in dem Lande, wo er Asyl fand, in Holland. Es ist gut, dies gleich am Anfang festzustellen, zumal *Sinzheimers* Werk in Deutschland nach dem verhängnisvollen Jahre 1933 totgeschwiegen wurde, so daß die Jüngeren nach 1945 dieses Werk kaum oder nicht kannten. *Sinzheimer* war vor 1933 ein Prominenter in der Praxis des Rechtslebens. Er war ein hervorragender Mitarbeiter an der Gesetzgebung in seinem Lande, an der Erschaffung neuen Rechts dort. Wissenschaftlich geschult, lieferte er bedeutende Beiträge zur *Praxis der Gesetzgebung*. Mit Rücksicht darauf ist es interessant, jetzt schon zu erwähnen, wie *Sinzheimer* in den letzten Jahren seines Lebens in der Emigration an der *Theorie der Gesetzgebung* arbeitete, die denn auch sein letztes, postum herausgegebenes Werk wurde. Von dieser „Theorie der Gesetzgebung“, mit dem Untertitel „Die Idee der Evolution im Recht“ (1948), werden wir noch ausführlicher sprechen. *Sinzheimer* arbeitete mit an dem Zustandekommen der Weimarer Verfassung, aber vor allem an der Herausbildung des Arbeitsrechts in Deutschland, jenes neueren, Privatrecht und öffentliches Recht enthaltenden, immer weiter spezialisierten Rechtsgebiets. Auch war er ein in ganz Deutschland bekannter Rechtsanwalt, ein glänzender Verteidiger in großen Prozessen.

II. Als großer *Rechtstheoretiker* war *Sinzheimer* Schüler u. a. von Lujo *Brentano* — Begründer und auch wichtigsten Gestalter des Arbeitsrechts in Deutschland. Mit *Potthoff* gründete *Sinzheimer* 1913 die erste Zeitschrift für „Arbeitsrecht“ in Deutschland. Georges *Gurvitch* spricht in seinem Buche „Grundzüge der Soziologie des Rechts“, in der

---

* Zuerst erschienen in RdA 1967, S. 81—87, und Sociaal Maandblad Arbeid, Mai 1967, S. 296—308 (Übersetzer nicht angegeben).

1960 erschienenen deutschen Ausgabe seiner „Eleménts de sociologie juridique“ aus dem Jahre 1940, von „wichtige Untersuchungen des Autors *(Sinzheimer)* über das Arbeitsrecht“ (S. 123). E. *Fraenkel* nannte *Sinzheimer* „den Vater des deutschen Arbeitsrechts“. Zahlreiche größere und kleinere Veröffentlichungen zeugen davon; auch ein Lehrbuch. Nicht nur dem positiven Rechte jedoch widmete *Sinzheimer* Studien; er war auch ein großer Denker über die Natur, das Wesen, die Grundlagen, den Ursprung des Rechts (Rechtsphilosophie) und über die gesellschaftlichen Hintergründe des Rechts (Rechtssoziologie). Erstere, die Philosophie des Rechts, ist ein alter Zweig der Rechtswissenschaft, und Deutschland war ein Land von Philosophen. Die zweite, die Rechtssoziologie, dagegen ist ein junger Sproß am Stamme der Rechtswissenschaft. Für Deutschland ist Rudolf von *Jherings* Werk von *Rehfeldt* in seiner „Einführung in die Rechtswissenschaft“ (1962) „die erste Rechtssoziologie“ genannt worden. Vorläufer der Rechtssoziologie aber gab es viele: in Italien *Vico;* in Frankreich *Montesquieu, Boucher d'Argis* und *De Jaucourt, Rousseau, Goguet, Raynal, Linguet;* in England *Adam Smith, Ferguson, Millar.* Ich behandelte in meiner 1928 erschienenen Dissertation über „De Marxistiese opvattingen over recht en staat“ (Die marxistischen Auffassungen über Recht und Staat) Justus *Möser, Adelung, Herder, Adam Müller,* die historische Rechtsschule, von *Raumer* und von *Stein,* während ich später (1949) in einem Aufsatz in der Zeitschrift „Mens en Maatschappij“ (Mensch und Gesellschaft) die Aufmerksamkeit auf H. *Dankwardt,* W. *Arnold* und B. W. *Leist* (die posthistorische Rechtsschule) lenkte[1]. *Sinzheimer* selber war, wie *Gurvitch* in seinem schon erwähnten Buche „Grundzüge der Soziologie des Rechts“ (1960) feststellt (S. 123), vor allem von Eugen *Ehrlich,* von *Gierke* und Max *Weber* — *Renner* möchte ich hier gleichfallls nennen — beeinflußt worden. Dies gilt namentlich für die Zeit vor 1933, als *Sinzheimer* in Frankfurt am Main Professor war („einer der großen Juristen der Frankfurter Universität“, schreibt Prof. H. *Kronstein* in seinem „Recht und wirtschaftliche Macht“, 1962). Während seines Aufenthalts als Emigrant in Holland ist *Sinzheimer* nach meiner Ansicht besonders von den modernen gedanken *Gurvitchs* selber, dessen Methode und System pluralistisch sind, beeinflußt worden, mehr als von *Ehrlich,* der ja im Grunde in seinem Denken mehr dem neunzehnten Jahrhundert angehörte.

III. Als *Sinzheimer* 1933 nach Holland kam, war hier das Arbeitsrecht nur erst im Entstehen begriffen. An der Universität Amsterdam hatte Monseigneur *Nolens* einen Lehrauftrag; im Jahre 1926 wurde Marius G. *Levenbach* Lektor des Arbeitsrechts an dieser immer fortschrittlich

[1] Siehe Beitrag II.

gesinnten Universität, gegen die der Bremer Sender nach 1933 eine abscheuliche Hetze führte. Im Jahre 1939 wurde *Levenbach,* der in einem geschriebenen Willkommen in „Rechterlijke Beslissingen Arbeidsrecht" (Gerichtliche Entscheidungen Arbeitsrecht, XIX, S. 64 [1933]), *Sinzheimer* begrüßte, Professor dieses Faches, erst noch außerordentlicher, und nach dem Kriege ordentlicher Professor. Es gab in Holland noch keine Zeitschrift für das Arbeitsrecht als Ganzes von arbeitsschützenden und sozialen Versicherungsgesetzen, wie heutzutage das „Sociaal Maandblad Arbeid" (Soziale Monatsschrift Arbeit), seit 1945. Es gab noch keinen Verein für die theoretischen und praktischen Arbeitsrechtler, wie, seit 1945, die heutige „Vereniging voor Arbeidsrecht" (Verein für Arbeitsrecht).

Als *Sinzheimer* nach Holland auswanderte, wurde eine Stiftung zur Instandhaltung eines Extraordinariats gegründet, welchen Lehrstuhl er besetzen sollte. Dies geschah vor allem auf Anregung und mit Hilfe von G. *van den Bergh,* dem Professor des Staatsrechts an der Gemeinde-Universität Amsterdam. *Sinzheimer* war diesem Juristen, der früher sozialistisches Stadtratsmitglied und Abgeordneter war, während der jährlichen Ferien im Badeort Noordwijk aan Zee begegnet. Die „Stichting tot bevordering der studie van het arbeidsrecht en de rechtssociologie in Nederland" (Stiftung zur Förderung des Studiums des Arbeitsrechts und der Rechtssoziologie in den Niederlanden) wurde von der Regierung zugelassen. Sie ernannte 1933 *Sinzheimer* zum außerordentlichen Professor der Rechtssoziologie an der Universität Amsterdam, an der damals wie heute größten Universität in Holland, und im Jahre 1936 zum außerordentlichen Professor der Soziologie des Arbeitsrechts an der Reichsuniversität Leiden, der ältesten Einrichtung für Hochschulunterricht im Lande. Die Stiftung wurde von Privatpersonen finanziert, u. a. von dem Nederlands Verbond van Vakverenigingen (N. V. V. — dem Niederländischen Verband von Gewerkschaften). So erhielt *Sinzheimer* die Gelegenheit, seine großen, tiefschürfenden Kenntnisse hinauszutragen und zu übertragen und selber die Wissenschaft nach wie vor zu betreiben.

IV. Zum ersten Male wurde ein Lehrstuhl der Rechtssoziologie gegründet, und zwar in der Fakultät der Rechtswissenschaft. Zum ersten Male wurde die Rechtssoziologie in Holland ein besonderes Studienfach in der juristischen Fakultät; ein wahlfreies Rechtsfach. Rechtssoziologische Studien trieben in Holland nur noch sehr wenige; individuell als Einzelne, und noch nicht, wie es erst in den sechziger Jahren des Jahrhunderts geschehen sollte, in Zusammenarbeit mit andern Juristen, mit Soziologen, Betriebssoziologen, Wirtschaftlern, Psychologen, Anthropologen und andern. Bereits im Jahre 1921 ließ Prof. Paul *Scholten* — nebst *Meyers* der hervorragendste niederländische Rechtsgelehrte dieses Jahrhunderts in Holland — in einem der Kolloquia Eugen *Ehrlichs* „Grundlegung einer Soziologie des Rechts", von der im Jahre 1913 die erste Auflage erschienen war, behandeln. Wohl gab es auch im neunzehnten Jahrhundert auch in Holland Vorläufer der Rechtssoziologie. In meiner kleinen Arbeit „Rechtssociologische elementen in de nederlandse rechtswetenschap van de XIXde eeuw" (1955 — Rechtssoziologische Elemente in der niederländischen Rechtswissenschaft des XIX. Jahrhunderts) behandelte ich J. *de Bosch Kemper,* B. D. H. *Tellegen,* P. W. A. *Cort van der Linden,* H. L. *Drucker,* W. J. *van Welderen Rengers, W. Modderman* und einige andere, und vor allem H. J. *Hamaker* (1844—1911). Mit Recht ist *Hamaker* der „Begründer der soziologischen Rechtsbetrachtung" in Holland genannt worden. *Sinzheimer* fing damit an, die Arbeiten von *de Bosch Kemper* und *Hamaker* zu studieren, wie u. a. in seinem Buche „De taak der rechtssociologie" (Die Aufgabe der Rechtssoziologie) zum Ausdruck kommt (S. 16 und Kapitel V). Er erlernte dazu die niederländische Sprache. Schon bald konnte er gut Niederländisch lesen und auch schon sprechen, obwohl nicht ohne deutschen Akzent. Niederländisch schreiben aber erlernte er nicht, so daß seine in deutscher Sprache abgefaßten Veröffentlichungen ins Niederländische übersetzt werden mußten. Stets half ihm bei der Arbeit seine Frau Paula Johanna *Sinzheimer-Selig,* der er seine „Theorie der Gesetzgebung" hatte widmen wollen („Meiner Frau, dem Kamerade in schwersten Stunden des Lebens").

Wie gesagt gab es in den dreißiger Jahren eine solche soziologische Untersuchung noch nicht. Es gab ebenfalls noch keine soziologischen Institute, wo „team-work" veranstaltet wird, wie heutzutage. Es fragt sich, ob *Sinzheimer,* der typisch Theoretiker-Rechtssoziologe war und auch in seinen rechtssoziologischen Studien zu Abstraktionen neigte, dazu geeignet gewesen wäre. Zwar gab es in jenen dreißiger Jahren schon ein paar rechtssoziologische Studien wie *mein* „Abortus provocatus en Strafwet" (1933 - Abortus provocatus und Strafgesetz) und etwas später G. *Cronjés* „Egskeiding, huweliks- en gesinsontbindung" (1938 - Ehescheidung, Auflösung von Ehe und Familie), beide Werke mit Hilfe und unter der Leitung von Prof. W. A. *Bonger.* Rudolf *Steinmetz* (1862—1940) war damals der große Mann, national und international, auf soziologischem Gebiete, aber dieser war mehr Ethnologe und vor allem Soziograph. *Bonger* war der erste Professor der Soziologie in Holland; und zwar in der juristischen Fakultät, wiederum der Universität Amsterdam, welche Universität des öfteren bei der Wissenschaftspflege den anderen Einrichtungen für wissenschaftlichen Hochschulunterricht das Beispiel gab.

Sinzheimer und *Bonger,* beide in ein und derselben Fakultät, mochten sich eben nicht. Sie waren sowohl als Menschen wie als Gelehrte sehr verschiedenartige Typen: anders gebildet, anders geartet, anders orientiert. *Sinzheimer,* der Arbeitsrechtsjurist und Rechtssoziologe — kam er vor allem durch dieses Arbeitsrecht zur Rechtssoziologie? — neigte mehr zur Theorie, zur Methodik, zur Deduktion und zur Abstraktion. *Bonger,* der um ein Jahr jüngere Kriminologe und Allgemeinsoziologe, war Empirist, Positivist und Realist nach Herz und Nieren, und wollte rein induktiv verfahren. Die Probleme von Rasse und Verbrechen, Prostitution, Alkohol; die Rolle der großen Männer in der Geschichte und andere Fragen faßte er rein allgemein soziologisch, wirtschaftlich-soziologisch und historisch an. Der Jurist A. *Kleyn* nannte später in „Mens en Maatschappij", 1961, S. 235, *Bonger* „den Großmeister" (der Soziologie), nachdem in der Kongreßnummer derselben Zeitschrift im Jahre 1956 eine nach meinem Geschmack einigermaßen zu geringe Würdigung *Bongers* als Soziologen zum Ausdruck gekommen war (S. 203). *Sinzheimer* besaß die germanische Neigung zur Philosophie, zur abstrakten Betrachtung. Er besaß weniger romanische Klarheit und Direktheit. Er brachte — abweichend von der naturwissenschaftlichen Ausrichtung des neunzehnten Jahrhunderts — vor allem den geistigen Momenten Interesse entgegen. Daher auch sein Interesse für den jungen *Marx,* dem er Studien widmete, was nach dem zweiten Weltkrieg H. *Popitz,* H. *Gollwitzer,* E. *Thiez,* der holländische Philosoph B. *Delfgaauw* und andere taten, wahrscheinlich ohne die Zeitschriftartikel *Sinzheimers* aus dem Jahre 1937 zu kennen. *Bonger* dagegen war viel mehr ein im Sinne des neunzehnten Jahrhunderts noch naturwissenschaftlich orientierter Kriminologe, Soziologe, Jurist. Er war praktisch-politischer Sozialist, ein revisionistischer Sozialdemokrat (S. D. A. P.). Er nannte sich einen theoretischen Marxisten und war ein Anhänger des historischen Materialismus als Gesellschafts-Betrachtung: *Marx* mit den späteren Abänderungen von *Engels.* Seine Studien waren ein wenig einseitig, wirtschaftlich-deterministisch, besonders das große — sein wissenschaftliches Kredo, worauf er immer beharrte, enthaltende — Werk „Criminalité et conditions économiques" (1905), wovon 1916 in den Vereinigten Staaten von Amerika eine englische Ausgabe erschien. *Bonger* hatte einen Abscheu vor der Philosophie. Was *Strachey* in seinem Buch „Queen Victoria" von Palmerston schreibt, stimmt auch für *Bonger:* „He had no philosophical tinctures of any kind" (Ausgabe 1946, S. 140). Ihn interessierten nur die Tatsachen, so konkret und so exakt wie nur möglich.

V. *Sinzheimer* kam in Holland in den juristischen Fakultäten der Universität Amsterdam und von Leiden wohl in ein günstiges wissenschaftliches Milieu, besonders in Amsterdam. In Leiden lehrte *Kranenburg* mit seiner empirisch-analytischen Methode und psychologisch-soziologischer Betonung das Staatsrecht, als Nachfolger von *Krabbe,* nachdem er zunächst in Amsterdam Staatsrecht doziert hatte. Paul *Scholten* war, mit seinem „Recht hinter dem Gesetz“, mit seiner freieren Urteilsfindung und Deutung, mit einem *Kantorovicz* in Deutschland, einem François *Gény* in Frankreich und einem Eugen *Huber* in der Schweiz zu vergleichen. Doch hegte *Scholten,* trotz aller Anerkennung einer Deutung der Werte vom Soziologischen her noch Bedenken gegen ein Extraordinariat für die Rechtssoziologie in der Amsterdamer Fakultät der Rechtswissenschaft. Die Gründung dieses Lehrstuhls war ohnehin auf Widerstand auch einiger anderer gestoßen, auf einen Widerstand, der in jenen Tagen noch hervorging aus Skeptizismus gegenüber oder sogar Ablehnung der Soziologie im allgemeinen oder der Rechtssoziologie im besondern. Mit Anerkennung der Rechtssoziologie als unentbehrliches und nützliches Fach, gibt es heute noch wohl eine Meinungsverschiedenheit über die Frage, ob die Rechtssoziologie zu den Rechtswissenschaften in der juristischen Fakultät oder zu den sozialen Wissenschaften in der Fakultät der sozialen Wissenschaften gehöre. Mit *Sinzheimer* optieren wir fürs erstere. Weiter gab es in Amsterdam *Levenbach,* seit 1926 Dozent des Arbeitsrechts, das dieser als das Ganze des Rechts auffaßt, das sich bezieht auf die Arbeitsverhältnisse, die persönliche Unterordnung mit sich bringen, und auf die damit unmittelbar zusammenhängenden Lebensumstände. *Sinzheimer* vertrat eine andere Auffassung über das Arbeitsrecht. Er betrachtete das Arbeitsrecht als ein die Rechtsregeln zum Schutz der Lohnarbeiter umfassendes Recht, eine Auffassung, die der des heutigen Professors N. E. H. *van Esveld,* analog ist: Rechtsregeln zum Schutze der sozial Abhängigen. Wir optieren für *Levenbachs* Auffassung. Und schließlich gab es den Kollegen *Bonger* als Professor der Soziologie in der Amsterdamer juristischen Fakultät. Von ihm und seinem Verhältnis zu *Sinzheimer* haben wir schon einiges gesagt (vgl. oben).

Am 6. November 1933 hält *Sinzheimer* als außerordentlicher Professor der Rechtssoziologie seine Antrittsrede im großen Hörsaal der Universität von Amsterdam; eine Rede, die über „Das Problem des Menschen im Recht“ handelt. In „Die Justiz“ vom Jahre 1926 hatte R. *Theilhaber* schon über „Die Wertung des Menschen im Recht“ geschrieben. Im Jahre 1927 widmete Gustav *Radbruch* — der große Zeitgenosse *Sinzheimers,* mit dem dieser auch zusammenarbeitete — seine Heidelberger Antrittsvorlesung dem Thema „Der Mensch im Recht“. In seinem Aufsatz „Der Wandel des Weltbilds“ (1928) verwies *Sinzheimer* auf die Rede von *Radbruch.* Im Jahre 1930 hatte *Sinzheimer* schon dem Thema „Der Mensch im Arbeitsrecht“ einen Aufsatz gewidmet.

VI. *Sinzheimer* ging in seiner Amsterdamer Antrittsrede, die von Prof. Dr. J. J. M. *van der Ven* im V. Band der „Politeia“ (Fasc. 1/2,

1953) eine „feinsinnige Antrittsrede" genannt wird, von einer Änderung der Rechtsauffassung über den Menschen in den verschiedenen Ordnungen aus. Im Zivilrecht wird der Mensch als ein freies Individuum anerkannt. Seine Bestimmung gründet sich nicht auf die Wirklichkeit, sondern auf einen abstrakten Begriff, der für jeden Menschen gleich gilt. Das Zivilrecht kennt keine Garantie für eine bestimmte Existenz des Menschen. In seinem Aufsatz im „Socialistische Gids" (Sozialistischer Führer) vom Januar 1937 („De jonge Marx en de sociologie van het recht" — Der junge Marx und die Soziologie des Rechts) sollte *Sinzheimer* wiederum darauf hinweisen. Im Arbeitsrecht ist dies aber anders; dieses Recht faßt den Menschen nicht als ein freies, sondern als ein abhängiges Individuum auf. Es geht nicht aus vom allgemeinen, sondern vom Klassebegriff des Menschen, ein Begriff, der aus der wirklichen Existenz des Menschen entsteht. Dieser kann sich nicht mit der Garantie für eine Anerkennung der abstrakten Freiheit begnügen, sondern braucht eine besondere Rechtsbestimmung, die durch das Arbeitsrecht verwirklicht wird. Im Gegensatz zum Zivilrecht erkennt deshalb das Arbeitsrecht das Anrecht des Menschen auf eine bestimmte reale Existenz an.

Eine neue Auffassung des Menschen bringt schließlich das Wirtschaftsrecht, das neue Recht, das entsteht und das versucht, die an und für sich stehenden wirtschaftlichen Subjekte in neuen wirtschaftlichen Einheiten zu vereinigen.

Das Wirtschaftsrecht betrachtet den Menschen als ein gesellschaftliches Wesen und reiht ihn in ein wirtschaftliches Ganzes ein. Es ist die besondere Aufgabe der Rechtssoziologie, diese Änderung zu verfolgen, um daraus den innern Begriff des Rechts und die Einsicht in die Kräfte zu gewinnen, von denen die weitere Entwicklung des Rechts abhängt. Die Änderung wird von Bewegungen verursacht, die sich im Menschen selber vollziehen. Sie entstehen aus sowohl äußern wie innern Momenten. Die äußern werden von den historischen Situationen, in denen der Mensch sich befindet, gegeben; die innern sind Resultanten des Widerstands, den der Mensch diesen Situationen bietet, wenn diese in den Kern seiner Persönlichkeit eingreifen und seine Lebenssphäre bedrohen. Wie diese Bewegung sich im Individuum vollzieht, bis sie sich in bestimmten Rechtsformen ausdrückt, die einen neuen Menschentypus und somit eine neue Rechtsordnung vermitteln, ist ein komplizierter Lebensprozeß, der von *Sinzheimer* ausführlich dargestellt wird.

VII. Es ist nicht erstaunlich, daß *Sinzheimer*, im Alter von achtundfünfzig Jahren mit den Seinigen aus seinem Vaterlande vertrieben, wo mit dem Aufkommen und der Expansion des transpersonalistischen Nationalsozialismus Wahnsinn, Unrecht und Unmenschlichkeit vorübergehend zu herrschen begannen, das Thema des Problems des Menschen im Recht wählte. Wie Prof. Dr. E. *Fraenkel* bei der Feierstunde zur Ehrung von *Sinzheimer* und Theodor *Thomas* in Frankfurt am Main am 8. Februar 1958 sagte: „Sinzheimer hat hier als seine Aufgabe als Rechtssoziologe bezeichnet, ein Menschenbild zu entwerfen, in dem alle Kulturelemente vereinigt sind, die die geschichtliche Entwicklung in der rechtlichen Entfaltung des Menschen seit der Aufklärungszeit hervorgebracht hat. An diesem letzten großen Wendepunkt seines Lebens machte Sinzheimer den Versuch, eine Synthese herzustellen zwischen dem Menschenbild, von dem das Wirtschaftsrecht ausgeht, das den Menschen als Glied des ökonomischen Prozesses erfaßt, dem Menschenbild, von dem das Arbeitsrecht ausgeht, das dem einzelnen einen Lebens- und Arbeitsraum einräumt, und schließlich dem Lebensbild, von dem das bürgerliche Recht ausgeht, das die Einzelsphäre anerkennt, in der der Mensch nur sich selbst und den geistigen Mächten gehört. Das Bestreben, diese Synthese herzustellen, bedeutete für den emigrierten Hugo *Sinzheimer* des Jahres 1933 eine Art Resümee seines bisherigen und ein Programm seines künftigen Denkens und Handelns" (Mitteilungen der Akademie der Arbeit in der Universität Frankfurt am Main, neue Folge 13, S. 24). Deshalb auch gingen wir hier ziemlich ausführlich auf die Amsterdamer Antrittsrede *Sinzheimers* ein, die Prof. G. *van den Bergh* gewidmet war.

VIII. Auch in nichtdiktatorischen und nichttotalen Staaten ist das Problem des Menschen im Recht in den modernen gesellschaftlichen Verhältnissen interessant. Im modernen demokratischen, pluralistischen „Wohlfahrtsstaat" oder lieber „Wohlstaat", mit starkem Einschreiten und Bemühen der Obrigkeit auf vielen Gebieten, mit den damit verbundenen großen Befugnissen und der Macht der Obrigkeit und ihrer Organe, den Nivellierungen, der Vermassung usw., ist die Rechtssicherheit des Individuums mit Rechtsschutz gegenüber der Obrigkeit, kurz, die Idee des Rechtsstaats, den *Sinzheimer* öfters hervorhob, aktuell. Nicht ohne Grund lebte nach dem zweiten Weltkrieg das Naturrecht wieder auf, vor allem in Westdeutschland, in verschiedenen Schattierungen. Der Mensch gewann, nicht nur im modernen Arbeitsrecht, sondern auch in ganzen Teilen des alten Privatrechts, eine viel größere Bedeutung; der Mensch — nicht abstrakt, sondern konkret — wie er lebt und arbeitet in der Gesellschaft. Der Nimwegener Ordinarius Prof. Ch. J. J. M. *Petit* widmete diesem Menschen/Thema zweimal eine Rede: die Antrittsrede vom 22. Januar 1947: „Het beeld van den mensch in de burgerlijke wetgeving" (Das Bild des Menschen in der Zivilgesetzgebung), und die Gründungstag-Rede „De Persoon in het Vermogensrecht" (Die Person im Vermögensrecht) vom 17. Oktober 1952. Der Utrechter Ordinarius Prof. J. J. M. *van der Ven*, zu dessen

Lehrauftrag auch die Rechtssoziologie gehört, veröffentlichte 1953 seinen „Beitrag über ‚Die Wertung des Menschen im Recht unserer Zeit'" in „Politeia", Teil V. — Prof. M. G. *Levenbach* hielt im Januar 1958 eine Gründungstag-Rede über „Mens en gemeenschap in het arbeidsrecht" (Mensch und Gemeinschaft im Arbeitsrecht). Außerhalb Hollands nennen wir den Aufsatz *del Vecchios* in „Universitas", Juli 1964: „Persönlichkeit und Rechte des Menschen in der Sicht der Rechtswissenschaft".

IX. Während die Amsterdamer Antrittsrede im November 1933 von *Sinzheimer* noch in deutscher Sprache gehalten wurde — nur die Schlußworte „Ik heb gezegd" wurden mit abscheulichem Akzent auf niederländisch ausgesprochen —, wurde die Leidener Antrittsrede im Jahre 1936 von ihm als außerordentlichem Professor der Soziologie des Arbeitsrechts in holländischer Sprache gehalten. Das Thema war diesmal „De achtergrond van het arbeidsrecht" (Der Hintergrund des Arbeitsrechts). Wiederum betonte *Sinzheimer* die gegenseitige Abhängigkeit geistiger und faktischer Momente bei der Rechtsbildung.

X. Nach 1934 erscheinen mehr Studien auf dem Gebiete der Rechtssoziologie, auf die ja der Lehrauftrag in Amsterdam lautete. Bereits am 7. Dezember 1934 hielt *Sinzheimer* vor einem juristischen Studentenverein einen Vortrag über „Die Aufgabe der Rechtssoziologie". In den Jahren 1909 und 1922 hatte er schon der soziologischen Methode seine Aufmerksamkeit gewidmet; auch in einem Münchener Vortrag über „Die soziologische Methode in der Privatrechtswissenschaft" und in dem Zeitschriftaufsatz „Über soziologische und dogmatische Methode in der Arbeitsrechtswissenschaft" in „Arbeitsrecht", 9. Jg. In Frankreich erscheinen dann im Jahre 1934, in den „Archives de Philosophie du droit et de Sociologie", „L'état et la société à notre époque", und in der „Annuaire de l'Institut International de Philosophie et de Sociologie juridique", der Aufsatz „La théorie des sources du droit ouvrier". In der holländischen soziologischen Vierteljahrschrift „Mens en Maatschappij" (Mensch und Gesellschaft) veröffentlicht *Sinzheimer* 1935 die Aufsätze über die Theorie des sozialen Rechts von *Gurvitch*, dem berühmten Gelehrten der Rechtsphilosophie, der Rechtssoziologie und der allgemeinen Soziologie. Diese soziologische *Theorie* des Rechts, wie *Gurvitch* sie u. a. in seiner „L'idée du droit social" und in „Le temps présent et l'idée du droit social", beide im Jahre 1931 erschienen, verkündet hatte, hat als Objekt die gesellschaftliche Einrichtung als juristische Kategorie. Das soziale Recht ist, nach *Gurvitch*, „le droit autonome de communion par lequel s'intègre d'une façon objective chaque totalité active, concrète et réelle incarnante une valeur positive". Schon im Jahre 1928 hatte *Sinzheimer* in der „Zeitschrift für soziales

Recht" einer solchen Theorie des sozialen Rechts einigermaßen kritisch gegenüber gestanden („Der Wandel im Weltbild des Juristen"). In dem zweiten Aufsatz in „Mens en Maatschappij" widmete *Sinzheimer* nun im Jahre 1935 *Gurvitchs* Theorie des sozialen Rechts, worüber in Belgien Prof. J. *Haesaert* (Gent) geschrieben hatte (Rechtskundig Weekblad 1932, S. 601—604), tiefgründige kritische Betrachtungen.

Gurvitch hat nach 1935 noch vieles veröffentlicht. Wir nannten schon seine „Eléments de sociologie juridique", wovon im Jahre 1960 eine deutsche Ausgabe „Grundzüge der Soziologie des Rechts" erschienen. In Holland hat J. D. *Dengerink* im Jahre 1960 in „Philosophia Reformata" („De structuur van het recht en de taak der rechtssociologie" — Die Struktur des Rechts und die Aufgabe der Rechtssoziologie), und auch im Jahre 1963 in „Rechtsgeleerd Magazijn Themis" (S. 63 ff.) *Gurvitchs* Ideen kritisch analysiert. In Belgien ist von Carlos *Gits*, speziell im ersten Teil seines Buches „Recht, Persoon en Gemeenschap" (Recht, Person und Gemeinschaft), einer soziologischen und existentiell-phänomenologischen Analyse der juristischen Erscheinung (1949), *Gurvitchs* Lehren und deren philosophischem Hintergrunde Aufmerksamkeit geschenkt worden.

Von den anderen Auffassungen, die nach dem Kriege in Holland und Belgien über das „soziale Recht", und dann juristisch, nach dem konkreten Rechtsinhalt eines bestimmten Rechtsstoffs, verkündet worden sind, erwähnen wir hier nur in Holland N. E. H. *van Esveld:* „Arbeidsrecht als didaktisch begrip" (Arbeitsrecht als didaktischer Begriff — 1953) und in Belgien *van Goethems* Genter Rede: „Nieuwe vormen van sociaal recht" (Neue Formen sozialen Rechts — 1950), von *Levenbach* in Holland in „Sociaal Maandblad Arbeid" (Soziale Monatsschrift Arbeit), 1951, S. 45 und 46, kritisch betrachtet; F. J. H. M. *van der Vens* Tilburger Gründungstag-Rede, 1947: „Maatschappelijk economisch recht" (Gesellschaftliches Wirtschaftsrecht). Bekanntlich kann man — anschließend an Otto *von Gierkes* bekannte Äußerung schon aus dem Jahre 1889: „Unser Privatrecht wird sozial sein oder es wird nicht sein" — soziales Recht auch auffassen als Gegensatz zu dem individualistisch gefärbten objektiven Recht aus der Zeit der französischen (1804) und auch holländischen Kodifikation (1838) des Privatrechts: die „Vergesellschaftung" des Rechts („socialisation" du droit) in der modernen Zeit.

X. *Gurvitch* hatte in Frankreich der *Aufgabe* der Rechtssoziologie bereits Aufmerksamkeit geschenkt. Im selben Jahre (1935), in dem in Leiden Karl *Mannheims* „Mensch und Gesellschaft im Zeitalter des Umbaus" erschien und *Sinzheimer* Herman *Hellers*, gleichfalls in

Leiden erschienene „Staatslehre“ in „De Socialistische Gids“ (Juni 1935) besprach, erschien *Sinzheimers* „De taak der rechtssociologie“ (Die Aufgabe der Rechtssoziologie). Das Werk besteht aus drei Teilen. Der erste Teil handelt von „dem Gegenstand“ der Rechtssoziologie. Dieser ist nach *Sinzheimer* die rechtliche Wirklichkeit, aus der das Recht neben dem normativen Recht und dem Rechtsideal besteht. Wo *Sinzheimer* keinen Unterschied für die Rechtssoziologie zwischen rechtmäßigen und unrechtmäßigen Handeln, zwischen den Rechtsquellen, zwischen Recht und Rechtsverhältnis macht, kann man (in gewissem Umfange) mit ihm einverstanden sein, wie auch seine Abgrenzung gegenüber Rechtssoziologen wie *Horváth, Gurvitch* u. a. Seine Auffassung, daß rechtssoziologisch in der rechtlichen Wirklichkeit auch nicht unterschieden werden kann zwischen Rechtsregeln und sittlichen Regeln, Recht und Sitte, lehne ich jedoch ab, mit Prof. *Dooyeweerd* in seinem Aufsatz „De sociologische verhouding tussen recht en economie en het probleem van het zgn. ‚economisch recht‘“ (Das soziologische Verhältnis zwischen Recht und Wirtschaft und das Problem des sog. ‚Wirtschaftsrechts‘ — 1949); mit Prof. J. J. M. *van der Ven* in dessen Aufsatz „Zur Aufgabe der Rechtssoziologie. Eine Auseinandersetzung mit Hugo *Sinzheimer*“ in „Archiv für Rechts- und Sozialphilosophie“, 1958 (XLIV/2), S. 244 und 245; und mit Prof. G. J. *van Brakel* in seiner Besprechung von *Sinzheimers* „De taak der Rechtssociologie“ (Die Aufgabe der Rechtssoziologie) in „Rechtsgeleerd Magazijn“, S. 58. Die Rechtssoziologie soll sich nach ihrer und nach meiner Meinung nur mit den wirklichen *rechts*relevanten Erscheinungen beschäftigen, d. h. mit denjenigen Tatsachen, die in bezug auf ein besonderes Rechtssystem in concreto relevant sind; wobei sich natürlich ergibt, daß das Recht immer schon, und in den letzten Jahrzehnten noch mehr als zuvor, sich mit der Moral beschäftigt, die gleichsam allgemach in das Recht eindringt. Die Umschreibung der Gebiete, die die Rechtssoziologie behandeln kann, ist bei *Sinzheimer* leider vage. Bei ihrer empirischen Untersuchung und Kausalerklärung wird sich die Rechtssoziologie, wie gesagt, immer auf *rechts*relevante Tatsachen beschränken müssen. Der erste Teil des Buches endet mit einem Kapitel über die rechtssoziologische Tradition in der Rechtswissenschaft (in Holland *Hamaker*, in Frankreich *Hauriou* und in Deutschland *Leist*). Diesem widmete ich später, angeregt von *Sinzheimer*, in „Mens en Maatschappij“ vom 15. März 1949, S. 65 ff. eine Studie: „Enkele wegbereiders van de rechtssociologie in het midden van de XIXde eeuw“ (Einige Wegbereiter der Rechtssoziologie in der Mitte des XIX. Jahrhunderts)[2]. Auch *Gurvitch* schenkte diesem, unter Hinweis auf *Sinzheimers* „De taak van de rechtssociologie“, in seiner „Sociology of Law“

---

[2] Siehe Beitrag II.

(1942) und in seinem Buche „Grundzüge der Soziologie des Rechts“ (1960) ein wenig Aufmerksamkeit.

Nach einer Bestimmung des Gegenstandes der Rechtssoziologie untersucht *Sinzheimer* in seinem Buche, wie dieser Gegenstand ermittelt werden kann: die Phasen der Einsicht. Während *Gurvitch* in seiner „Sociology of Law“ die Rechtssoziologie in drei Teile unterteilt, nämlich in die systematische oder Mikrorechtssoziologie; die Differentialrechtssoziologie oder juristische Typologie der einzelnen Gruppen und Gesellschaften; die genetische Rechtssoziologie, macht *Sinzheimer* hier eine Vierteilung: die deskriptive, die kritische, die genetische und die theoretische Rechtssoziologie. Die Rechtsdogmatik beschäftigt sich mit dem normativen Recht, die Rechtsphilosophie mit dem ideellen Recht, die Rechtssoziologie mit der rechtlichen Wirklichkeit, d. h. mit der reellen Anwendung und Wirkung der Rechtsregeln in der Gesellschaft. An der obenerwähnten Vierteilung der Rechtssoziologie, in deskriptive, kritische, genetische und theoretische Rechtssoziologie, durch *Sinzheimer* ist von verschiedenen Seiten Kritik geübt worden (*Gurvitch, van der Ven* c. a.). Meines Erachtens mit Recht. Es genügt, wenn man die Rechtssoziologie unterscheidet, die den Einfluß der nichtjuristischen, faktischen Erscheinungen und Verhältnisse (wirtschaftlich, technisch, sozial, kulturell) auf Entstehung, Änderung, Verschwinden des Rechts studiert, und wenn man die Rechtssoziologie unterscheidet, die gerade den Einfluß, die Wirkung des Rechts auf die tatsächlichen Zustände, Verhältnisse, Handlungen in der Gesellschaft erforscht. Erstere ist dann die genetische oder dynamische Rechtssoziologie. Letztere kann man deskriptive Rechtssoziologie nennen, wenn man nur erwägt, daß es sich dabei nicht bloß um Deskription handelt, sondern auch um Analyse, und daß es die Zustände als *rechtliche* Wirklichkeit sind, d. h. immer in Verbindung zu Rechtsnormen.

Sinzheimer erörtert die Frage des Verhältnisses zwischen den materiellen und den geistigen Triebkräften. Max *Scheler* folgend verteidigt er die eigene Bedeutung des geistigen Elements. Der Einfluß von *Gurvitch* ist auch hier unverkennbar. Im Zusammenhang mit der Wirkung des Geistes wird auf den jungen *Marx* hingewiesen (S. 125 und 126). Auf diesen sollte zwei Jahre später von *Sinzheimer* in seinen Aufsätzen über „De jonge Marx en de sociologie van het recht“ (Der junge Marx und die Soziologie des Rechts) in „De Socialistische Gids“, Januar und Februar 1937, ausführlicher aufmerksam gemacht werden. Diese Aufsätze waren eine weitere Ausarbeitung eines von ihm im Mai 1936 zu Amsterdam gehaltenen Vortrags vor der damaligen Socialistische Vereniging tot Bevordering van de Studie van Maatschappelijke Vraagstukken (Sozialistischer Verein zur Förderung des Studiums gesellschaftlicher Fragen).

Im dritten Teil des Buches „De Taak der Rechtssociologie" wird von *Sinzheimer* erörtert, welche Aussicht die Rechtssoziologie dem Ganzen der Rechtswissenschaft gewähren kann. Er weist hier schon auf die Möglichkeit eines neuen Gebietes hin: die legislative Rechtswissenschaft, die eine dreifache Aufgabe hat und drei neue Rechtswerte entstehen läßt: Anerkennung des unpersönlichen Ganzen kollektiver Prozesse neben Individuen, Anerkennung von Funktionen neben Objekten und Anerkennung der menschlichen Existenz neben der Willensaktion. *Sinzheimer* weist in einer Fußnote auf S. 145 darauf hin, daß der Gedanke einer legislativen Rechtswissenschaft nicht neu ist und nennt Gaetano *Filangieri,* dessen Werk in Italien im Jahre 1780 zu erscheinen anfing und von dem es französische Übersetzungen gibt. *Filangieri* folgte in bestimmten Stücken *Montesquieu. Sinzheimer* signalisiert auch *Filangieris* Einfluß auf *Goethe,* dem *Sinzheimer* selber, der nicht nur vielseitig, grundgelehrt wissenschaftlich, sondern auch kunstsinnig und kunstliebend war, so viel als Mensch verdankte und der darunter gebückt ging, daß sein Land, aus dem er vertrieben worden war, jetzt eine „Epoche ohne Goethe" (Wolfgang *Köppen* in „Der Tod in Rom") erlebte. In seinem letzten, postum herausgegebenen Werke „Theorie der Gesetzgebung" (1948) hat *Sinzheimer* versucht, eine rechtssoziologische und rechtsphilosophische Fundierung der legislativen Rechtswissenschaft zu geben. Das Werk, dem, wie der Untertitel übrigens lautet, „die Idee der Evolution im Recht", zugrunde liegt, ist leider unvollendet und die Ausgabe enthält nur ein Fragment eines Buches über die Theorie der Gesetzgebung. Wir kommen auf dieses letzte Werk *Sinzheimers* noch zurück.

XI. Im Jahre 1936 erschien *Sinzheimers* „Jüdische Klassiker der deutschen Rechtswissenschaft". Davon sagte E. *Fraenkel* in seiner am 8. Februar 1958 in der gemeinschaftlichen Feierstunde der Akademie der Arbeit, wo *Sinzheimer* regelmäßig Gastdozent war, und der rechtswissenschaftlichen Fakultät der Johann-Wolfgang-Goethe-Universität Frankfurt am Main, wo *Sinzheimer* Professor war, zu Ehren von Hugo *Sinzheimer* und Theodor *Thomas* gehaltenen Rede (siehe „Juristenzeitung" vom 1. August 1958), daß es das vielleicht vollendetste der Bücher *Sinzheimers* ist. Das Werk, in dem der große Anteil der jüdischen Juristen an der Bildung, dem Aufbau und Ausbau des Rechts in Deutschland zum Ausdruck kommt, ist mit Recht schon öfters als klassisch bezeichnet worden. Im Jahre 1953 erschien in Frankfurt am Main eine zweite Auflage.

XII. Nach den sieben Jahren im freien, unabhängigen Holland und den zwei Jahren im überwältigten und besetzten Holland, beide Perioden in der Landeshauptstadt und mit der Stiftungsprofessur im Universitätsmilieu, kamen für die *Sinzheimers* die drei Jahre des Untertauchens, in der Unfreiheit und der stets gefährlichen und hinfälligen Verborgenheit, bei gleichfalls alles damit riskierenden, tapferen, gastfreundlichen, befreundeten Familien. Es hat keinen Zweck, das Leben, das Erlebnis und die Mentalität von uns allen in jenen Jahren zu schildern, sicher nicht das von wohl oder nicht jüdischen Untergetauchten. Letzteres wäre auch nicht möglich. Nur diejenigen, die dies selber mitgemacht und erlebt haben, wissen darum und verstehen es. Die anderen können sich vielleicht noch einigermaßen einen Begriff davon machen, indem sie, neben natürlich Anne *Franks* Tagebuch, „La Peste" von *Camus* lesen. Wie dem auch sei, die *Sinzheimers* blieben, untergebracht bei, unterstützt und betreut von den Freunden, wohlbehalten und entrannen den Deportationen, dem Konzentrationslager, der Vernichtung, dem Tode. *Sinzheimer* verblieb die Möglichkeit weiterzuarbeiten und weiterzustudieren, und das tat er denn auch. Zeit zum Studium hatte er in jenen Jahren genug, aber die äußern und innern Umstände haben dennoch in bestimmter Hinsicht gewiß störend und nachteilig auf die Qualitäten der Studien aus jener Zeit gewirkt. Wenn ich noch denke an die hunderte und abermals hunderte Bogen mit Notizen, die nur mit größter Anstrengung später zu einem Ganzen geordnet werden konnten, an die vielen Konzepte und die verschiedenen Fassungen für die „Theorie der Gesetzgebung", aus denen mit Mühe der 1948 rekonstruierte Torso postum herausgegeben werden konnte, an die weiteren Teile, die zwei letzten Kapitel, unmöglich, so steht folgendes für mich fest: zu viel und zu lange hat *Sinzheimer*, situationsgebunden, über dieses Thema der Theorie der Gesetzgebung gegrübelt und er konnte nicht zu einem Abschluß und einer Abrundung kommen. Tragisch war *Sinzheimers* plötzlicher Tod, am Vorabend seiner Emeritierung (70 Jahre alt) im neuen Studienjahr und der feierlichen, eindrucksvollen Wiedereröffnung seiner befreiten Universität der Stadt Amsterdam im befreiten Holland, am dritten Montag im September 1945.

XIII. In der Emigration hatte *Sinzheimer* keine Gelegenheit zur Rechtspraxis mehr; keine Gelegenheit zur Beteiligung an der Gesetzgebung wie in den zwanziger Jahren; auch keine Gelegenheit zur Mitarbeit bei der Rechtsanwendung (Rechtsanwaltschaft), wie in Frankfurt am Main vor 1933, neben seiner Professur für Arbeitsrecht und Rechtssoziologie. Er mußte rein theoretisch für die Rechtswissenschaft tätig sein und dies blieb er — idealistisch, energisch und geistvoll — unter allen Umständen, für das neue Arbeitsrecht, für die junge Rechtssoziologie und für die völlig neu zu schaffende Theorie der Gesetzgebung. Zum Letzten jetzt noch einige Worte.

XIV. Das nicht vollendete Buch „Theorie der Gesetzgebung" mit dem Untertitel „Die Idee der Evolution im Recht" besteht aus zwei Teilen, nämlich Teil I „Die Grundlagen der Legislative" und Teil II „Die Legislative". Professor *Kranenburg* war in seiner Besprechung dieser „Theorie der Gesetzgebung" in „Socialisme en Democratie" (Sozialismus und Demokratie) vom Mai 1950, S. 328, mit mir einverstanden, als ich im Vorworte schrieb, daß *Sinzheimers* letztes Werk nach Entwurf, Ausdrucksweise, Form und Systematik typisch deutsch ist; dies ist einer der Gründe, weshalb ich es in deutscher Sprache erscheinen ließ, während es zugleich dadurch den deutschen Lesern der Nachkriegszeit zugänglich wurde. Auch wies *Kranenburg* in jener Besprechung auf die sowohl rechtssoziologische wie rechtsphilosophische Behandlung des Problems der Gesetzgebung hin. Auch R. L. *Drilsma* wies in seiner ausführlichen und tiefschürfenden Besprechung von *Sinzheimers* sechsundneunzig Seiten („Rechtsgeleerd Magazijn Themis", 1949, S. 536—542) darauf hin, daß der Verfasser nach einer rechtssoziologischen und rechtsphilosophischen Fundierung der legislativen Rechtswissenschaft strebte. Hierbei sei darauf hingewiesen, daß die Abstraktion dieses kleinen Buches wohl unverhältnismäßig stark ist, dadurch daß es nicht zu einem Ganzen vollendet worden ist, und daß, so Prof. H. *Nef* in seiner Besprechung in der „Zeitschrift für Schweizerisches Recht", Bd. 69, S. 94, die letzten zwei Kapitel vermutlich sich inhaltlich konkreter gestaltet haben dürften.

Sinzheimer legt seinem Werke über die „Theorie der Gesetzgebung" die „Idee der Evolution im Recht" zugrunde. Er sieht den Menschen als Bürger zweier Welten, auf bestimmte Gedanken, Umstände oder Verhältnisse reagierend, indem er diese annimmt oder ausschlägt, und sie nach einem Wertmaßstab, der sich in ihm kundgibt, beurteilt. So ist der Mensch Vermittler der höheren Werte an die reale Welt, deren Realisierung er erstreben soll; sonst trägt die Gesellschaft den Keim der Verwesung in sich. Diese Werte werden in Formen ausgedrückt, objektiviert. Auch das gesellschaftliche Leben braucht Formen. Die Formen, die das Recht verlangt, werden in der Hauptsache vom Gesetzgeber gegeben.

Das Leben bleibt jedoch nicht bei den durch das Tun und Treiben der Menschen zustande gekommenen Formen stehen; es braucht die Form, aber zugleich den Wandel der Form. An diese Dynamik des gesellschaftlichen Lebens knüpft die gesetzgebende Arbeit an. Infolge dieser Dynamik entsteht eine gewisse Inkongruenz zwischen den sozialen Verhältnissen und deren formeller Regelung. Dies kann entweder zu einem Funktionswandel geltender Normen führen, zu einer Änderung des Rechts ohne Bildung neuer Normen, von Karl *Renner* in seinem Buche „Die Rechtsinstitute des Privatrechts und ihre soziale

Funktion" (1929) meisterhaft geschildert, oder zu einer Sperrwirkung durch geltende Normen, d. h. eine hemmende Wirkung der gesellschaftlichen Kräfte durch die bestehenden Normen, wodurch ein Kampf zwischen den Angreifern und den Verteidigern der alten Normen entsteht. In dieser Beziehung des Gesetzes zur sozialen Dynamik muß sich entscheiden, welche Rolle das Gesetz im gesellschaftlichen Leben spielt. Die Verfechter der Erneuerung streben auch wieder Formen an, die dieser Erneuerung entsprechen. Das Bedürfnis nach Gestaltung geht daraus hervor, daß gesellschaftliche Bewegungen immer mit neuen Ideologien verbunden sind. Die Aufgabe des Gesetzgebers ist es, die Formtendenzen einer neuen gesellschaftlichen Bewegung zu verwirklichen. So trägt der Gesetzgeber in evolutionärer Weise zur Beseitigung der dynamischen Spannungen bei, wofür er aber mit der Idee der Evolution im Recht vertraut sein muß.

Mit Rücksicht auf den Charakter der gesetzgebenden Arbeit soll der Gesetzgeber sich die Werte vergegenwärtigen, die die neue Bewegung zu geben beabsichtigt, diese Werte in die existierende Ordnung aufnehmen und ihnen solcherweise Ausdruck verleihen, daß Anschluß an das bestehende Ganze der Gesetzgebung stattfindet. Das alles ist besonders schwierig, zumal das Bestimmen des Maßes, nach dem das Alte, bei der Aufnahme neuer Werte in das bestehende Gefüge, zurückgedrängt werden soll. Hierbei treten irrationale Momente in die gesetzgebende Arbeit, aber trotzdem ist die Entscheidung des Gesetzgebers vornehmlich rational gebunden. *Sinzheimer* gibt dann eine Charakteristik des Gesetzgebers, wobei die Frage, wo solche Menschen zu finden sind, leider unbeantwortet bleibt, weil das Werk unvollendet blieb.

XV. In seinem Beitrag zu der Sammlung Aufsätze, die im Jahre 1938 dem holländischen marxistischen Theoretiker S. *de Wolff* unter dem Titel — er hätte aus dem neunzehnten Jahrhundert stammen können — „Strijdenskracht door wetensmacht" (Kraft zum Kämpfen durch Wissensmacht), hatte *Sinzheimer* schon die Schaffung des Rechts als Ergebnis geistiger Momente und realer gesellschaftlicher Mächte beachtet: „Das Transformationsproblem in der Soziologie des Rechts" (S. 45 bis 59). In dem „Socialistische Gids" vom Jahre 1937 (S. 1 und S. 117) hatte er diesem Erschaffungsprozeß, in dem das Ideelle gebildet und verwirklicht wird und wobei Rechtsgefühl und unterscheidender Verstand — man denke an David *Humes* „sense", „reason and reflexion" — das positive Recht schaffen, auch schon berührt. Wie Carlos *Gits* in seinem „Recht, persoon en gemeenschap. Een sociologische en existentieel-phenomenologische ontleding van het juridisch verschijnsel" (Recht, Person und Gemeinschaft. Eine soziologische und existenziell-phänomenologische Analyse der juristischen Erscheinung — Leuven, 1949) feststellte, ist die Rechtswirklichkeit eine „vergeistigte Wirklichkeit" (S. 33). *Sinzheimer* wollte nun eine Transformationslehre als wissenschaftliche Grundlage für eine Theorie der Gesetzgebung und für eine legislative Rechtswissenschaft geben.

XVI. Der Lehrstuhl *Sinzheimers* ist nach der Befreiung von Holland nicht mehr besetzt worden, weder an der Universität Amsterdam noch an der Leidener Universität. Nur an der Reichsuniversität Utrecht doziert jetzt J. J. M. *van der Ven,* der, wie wir schon erwähnten, in „Archiv für Rechts- und Sozialphilosophie", 1958 (XLIV/2), S. 241—251, *Sinzheimers* Werk kritisch betrachtete, Rechtssoziologie neben der mit der Rechtssoziologie nun einmal Hand in Hand gehenden Rechtsphilosophie und das unverkennbar stark soziologisch infiltrierte Arbeitsrecht. Die allgemeine Soziologie jedoch hat sich nach dem zweiten Weltkrieg im holländischen Universitätswesen außerordentlich erweitert und vertieft. Erst in den letzten Jahren fängt man damit an, die Rechtssoziologie als besondere Aspektsoziologie mehr systematisch-wissenschaftlich zu betreiben und sind — angeregt vom Sociaal-Wetenschappelijke Raad der Koninklijke Nederlandse Akademie van Wetenschappen (Sozial-Wissenschaftlichen Rat der königlichen niederländischen Akademie der Wissenschaften — Note betreffs der Entwicklung der Rechtssoziologie in Holland, 1962) — an mehreren Universitäten und Hochschulen planmäßig praktische rechtssoziologische Untersuchungen auf verschiedenen Gebieten unternommen worden, besonders über den Einfluß des Rechts auf das gesellschaftliche Leben. *Gurvitch* nannte im Jahre 1942 in seinem Buche „Sociology of Law" *Sinzheimer* einen von „the most representatives of the sociology of Law". „In Germany" schrieb er. Dies hätte heißen müssen „en Hollande", wie H. Lévy-Bruhl in seinem „Sociologie du droit" (1964) schreibt.

In der Entwicklung der Rechtssoziologie als eines noch jungen Zweiges der Rechtswissenschaften kann man sich nicht nur in Holland, nicht nur in Deutschland, sondern in der ganzen Welt das Werk *Sinzheimers,* des unvergeßlichen, begeisternden Denkers und Gelehrten und edlen Menschen, nicht mehr fortdenken.

XII.

RECHT UND WIRTSCHAFT*

Am 8. Januar 1964 hielt der Zivilrechtler Pitlo seinen militanten Diesvortrag „Zur Verteidigung von Themis". Die Diesfeier des Jahres 1965 erhielt ihren Glanz durch den originellen Beitrag des Öffentlichrechtlers („publiciste", sagen die Franzosen) van der Hoeven über „Pseudogesetzgebung". Vor einem Jahr hörten wir die tiefschürfenden Überlegungen des Sozialwirtschaftlers Hennipman über „Die Aufgabe der Wettbewerbspolitik". Nach diesen Diesvorträgen von Juristen in der rechtswissenschaftlichen Fakultät und eines Wirtschaftswissenschaftlers in der wirtschaftswissenschaftlichen Fakultät schien es mir als Juristen in der wirtschaftswissenschaftlichen Fakultät richtig, auf dieser Lustrumfeier unserer Universität meinen Vortrag dem Thema „Recht und Wirtschaft" zu widmen. Dies Thema soll dreierlei umfassen, nämlich den Zusammenhang zwischen Recht und ökonomischen Erscheinungen in der Gesellschaft; das Verhältnis von Rechtswissenschaft und Wirtschaftswissenschaft, und zum Schluß, ganz knapp, Recht und Ökonomie als Fächer des akademischen Unterrichts.

Schon bevor es eine eigentlich selbständige Wirtschaftswissenschaft gab, stellten im 18. Jhdt. verschiedene Autoren eine Verbindung zwischen den tatsächlichen wirtschaftlichen Verhältnissen und den Normen des positiven Rechts her, und zwar Volkswirte wie auch Juristen. Adam Smith, der Begründer der sog. „naturrechtlichen" Wirtschaftslehre, unterrichtete Moralphilosophie, welche Moral, Recht und Wirtschaft umfaßte. Er tat dies unter dem Titel „jurisprudence". Leider hinterließ er hierüber kein vollständiges Werk. Der glänzende Jurist Montesquieu, ein Wegbereiter der Rechtsgeschichte, der Rechtsvergleichung und der Rechtssoziologie, stellte einen Zusammenhang zwischen Recht und Bodenbeschaffenheit, Klima und Bevölkerungsdichte, aber auch Wohlstand und Produktionsweise („le genre de vie des peuples, laboureurs, chasseurs, pasteurs") her. Karl Marx gab den Ideen Linguets vor denen Montesquieus insoweit den Vorzug, als der hochbegabte, aber weniger bekannte Linguet mehr noch als sein Zeit-

* Recht en Economie, Zwolle 1967. Vortrag aus Anlaß des 335. Geburtstages der Universität von Amsterdam.

genosse de la Brède den veränderlichen Wirtschaftsfaktoren einen Einfluß auf Recht und Staat zuerkannte. Mein Doktorvater Bonger teilte diese Vorliebe von Marx.

Nach der marxistischen Rechtslehre ist die Produktionsweise, die von den Produktionskräften bestimmt wird und zu veränderlichen Produktionsverhältnissen führt, bestimmende Infrastruktur für das Recht als Überbau des Lebens. Dem Recht als solchem pflegen und pflegten die Marxisten wenig Aufmerksamkeit zu schenken. Hess warf schon Marx „einseitige ökonomische Interessiertheit" vor. In den Augen der Kommunisten war ich 1928 ein seltsamer marxistischer Rechtswissenschaftler, als ich „über den (ideologischen) Überbau promovierte". Wenngleich der historische Materialismus eine gewisse Wechselwirkung bei diesem Kausalzusammenhang zwischen Wirtschaft und Recht anerkennt, hat doch der Spiegelbild-Gedanke, der zu dieser Zeit, wie ich früher dargelegt habe, auch bei anderen, nichtmarxistischen Autoren vorkommt, z. B. in der posthistorischen Schule[1], ein zu großes Übergewicht. Das Recht wird zu gradlinig und einseitig kausal aus den Produktionsverhältnissen abgeleitet. Paschukanis[2], der maßgebliche Sowjet-Jurist, bis ihn im Sommer 1938 der Bann Wyschinskis traf, führte alles Recht auf die ökonomischen Erscheinungen einer „Verkehrswirtschaft" und eines „Äquivalentenaustauschs" zurück. Nur in einer derartigen Gesellschaft gebe es ein dem Wesen nach normatives Recht, in einer kommunistischen Gesellschaft jedoch nicht mehr.

Im Marxismus wird dem geistigen Prozeß der Rechtsbildung zu wenig Aufmerksamkeit geschenkt. Die gewisse Autonomie eines jeden Rechtsbereichs, die Eigenständigkeit des Normativen und die allgemeine Gerechtigkeitsidee werden verkannt. Stoyanovitch moniert einen „excès de sociologisme ... qui permet à Marx d'éluder le problème du droit au lieu de contribuer à le résoudre"[3]. Coing spricht von einer „Ablehnung", einer „Leugnung der Rechtsidee"[4] im historischen Materialismus. Ich habe selber seinerzeit nachgewiesen, daß bei Marx „häufiger die Rede von Soziologie als von Recht ist"[5].

---

[1] Mens en Maatschappij, 15. März 1949, S. 65—88. Beitrag II.

[2] E. Paschukanis: Allgemeine Rechtslehre und Marxismus (1929). Vgl. K. Grzybowski: Soviet Legal Institutions, Doctrines and Social Functions, S. 51, 54—55, 112, 218, 228 und 231 (1962).

[3] K. Stoyanovitch: Marxisme et droit, S. III (1964).

[4] Helmut Coing: Grundzüge der Rechtsphilosophie, S. 97 und 98 (1950).

[5] Rechtsgeleerd Magazijn 1938, S. 508. Siehe auch Beitrag IX. Dies geht auch aus der Zürcher Dissertation von H. J. Bopp: Marxismus und Rechtswissenschaft (1963) hervor.

Genauso einseitig wie Karl Marx, den er widerlegen wollte, nur mit umgekehrtem Vorzeichen, war der Rechtsphilosoph der südwestdeutschen Schule Rudolf Stammler, der zwar als rationalistischer Denker zwischen Wirtschaft und Recht keinen kausalen, aber einen ontologischen Zusammenhang annahm, einen Zusammenhang von ökonomischer Materie und regelnder Form, eine Kongruenz oder einen Parallelismus ohne Trennung von Fakten und Normen. Auch Volkswirte wie Rodbertus und Diehl betrachteten die ökonomischen Erscheinungsformen als Erscheinungsformen des Rechts. Genauso wenig wie Stammlers Rechtslehre hat die Diehlsche sozialrechtliche Betrachtungsweise aus den ersten Dezennien unseres Jahrhunderts, derzufolge die ökonomischen Erscheinungsformen im wesentlichen vom Recht bestimmt werden, heute noch Anhänger.

Die marxistischen Anschauungen haben bestimmt dazu beigetragen, daß heute der Gedanke eines Zusammenhangs zwischen der tatsächlichen Wirtschaftsstruktur einer Gesellschaft und der normativen Rechtsordnung Gemeingut geworden ist. Jeder erkennt heute den Einfluß des Wirtschaftsgeschehens auf die Entwicklung des Rechts, das die Normierung bestimmter menschlicher Verhaltensweisen ist, und umgekehrt[6]. Wenn R. Savatier schreibt: „car la réalité économique finira certainement par l'emporter“[7], so klingt das selbst ein wenig nach historischem Materialismus. Die ökonomischen Hintergründe, Möglichkeiten und Forderungen werden als Kräfte oder Grenzen im Bereich des Rechts einkalkuliert. Bevor hierauf näher eingegangen wird, erst einige Bemerkungen über den Zusammenhang zwischen der schon alten Rechtswissenschaft und der jüngeren Wirtschaftswissenschaft, die jede ihren eigenen Gegenstand, ihre eigene Aufgabe und Methoden haben.

Nach der Anspielung auf die Verbindung von klassischer Wirtschaftsschule und Naturrecht (bei der Erwähnung von Adam Smith) müssen auch die Physiokraten mit ihrem zwar nicht juristischen, aber doch soziologisch gefärbten allgemeinen „ordre naturel“ und der Volkswirtschaftslehre als der Wissenschaft des „angewandten Naturrechts“ genannt werden[8]. In der ersten Hälfte des neunzehnten Jhdts. kann man eine starke gegenseitige Beeinflussung der historischen Rechtsschule und der historisch-ökonomischen Schule beobachten. Der Wirtschaftswissenschaftler Wilhelm Roscher setzte sich 1843 für eine Zusammenarbeit ein, angeregt durch die guten Methoden der histori-

---

[6] Vgl. E. Fechner: Rechtsphilosophie (Untertitel: Soziologie und Metaphysik des Rechts), S. 134 (1956). L. Veniamin: Essais sur les données économiques dans l'obligation civile (1930).

[7] Les métamorphoses économiques et sociales du droit civil d'aujourd'hui. Première série. Panorama des mutations, S. 303 (Anm. 252 bis) (1964).

[8] L. H. A. Geck: Zur Sozialreform des Rechts (Untertitel: Die soziale Problematik in der Rechtsphilosophie der Neuzeit), S. 14 (1957).

schen Rechtsschule. Es gibt tatsächlich vor allem methodische Berührungspunkte zwischen beiden Schulen: sie sind beide eher exakt, konkret und empirisch ausgerichtet, beide induktiv, relativistisch und zeitgebunden. Später (1862) schrieb Roscher ein Vorwort zu den „Nationalökonomisch-civilistischen Studien“ des Juristen H. Dankwardt, der — dies geht schon aus dem Titel seines früher erschienenen Buches „Nationalökonomie und Jurisprudenz“ hervor — ein neues Element in der Rechtswissenschaft anstrebte, nämlich die Wirtschaftswissenschaft als Hilfswissenschaft für das Studium der Rechte.

In den Niederlanden war der Einfluß der historischen Rechtsschule auf die Juristen größer als der erst später erfolgte und nur kurze Zeit dauernde Einfluß der historisch-ökonomischen Schule auf die Wirtschaftswissenschaftler. Quack war Anhänger der historisch-ökonomischen Schule; N. G. Pierson wurde von ihr beeinflußt, aber selbst nach seiner Meinung war ihr Beitrag zur Entwicklung der theoretischen Wirtschaftswissenschaft gering. Während in Frankreich das Zurückbleiben der Kodifizierung des Privatrechts, wie meisterhaft der Code Civil auch war, die Aufmerksamkeit der Juristen schon um 1840 auf die Wirtschaftswissenschaft als eines der „auxiliaires puissants pour la science du droit“[9] lenkte, entstand in den Niederlanden schon in der zweiten Hälfte des vorigen Jahrhunderts ein engerer Kontakt zwischen Rechtswissenschaft und Wirtschaftswissenschaft, wie aus dem Titel von Tellegens Antrittsvorlesung aus dem Jahr 1861: „Volkswirtschaftslehre und Rechtswissenschaft“ oder der Dissertation von Van Welderen Rengers im gleichen Jahr: „Betrachtungen über den Zusammenhang zwischen dem Bürgerlichen Recht und der Volkswirtschaftslehre“, hervorgeht. Hingst hatte in seiner schönen Doktorarbeit den großen Einfluß der Volkswirtschaftslehre auf die Rechtswissenschaft nachgewiesen. Modderman setzte sich später für eine Zusammenarbeit zwischen beiden Schwesterwissenschaften ein, warnte aber gleichzeitig vor einer Überschätzung der Wirtschaftswissenschaft.

Vor 50 Jahren warf Van Blom in seiner Leidener Antrittsvorlesung mit dem Thema: „Die Wirtschaftswissenschaft als juristisches Fach“ (De economie als juristenvak) die Frage auf, ob die Wirtschaftswissenschaft als Fach in der juristischen Fakultät verbleiben solle, und er hielt dies — Leiden hat gegenwärtig noch keine eigene wirtschaftswissenschaftliche Fakultät — damals für das beste. Schumpeter setzte sich 10 Jahre später für die Herauslösung des wirtschaftswissenschaftlichen aus dem juristischen Studium ein. Nachdem Courcelle-Seneuil

---

[9] Anm. der Redaktion der Revue de législation et de jurisprudence zu dem Artikel von P. Rossi: Observations sur le droit civil français considéré dans ses rapports avec l'état économique de la société (Januar—Juni 1840, S. 5).

um die Mitte des Jahres 1863 unter dem Beifall anderer[10] den Nachdruck auf die „nécessité d'enseigner l'économie politique dans les études de droit" gelegt hatte, wurde die Wirtschaftswissenschaft in Frankreich bei den Juristen aufgenommen[11]. Es ist frappierend, daß sich in dem Land, wo Wirtschaftswissenschaft und Recht auch heute noch in einer einzigen Fakultät („du droit et des sciences économiques") gelehrt werden, im Jahr 1964, also genau 100 Jahre nach der Aufnahme der Wirtschaftswissenschaft in dieses Fach, gerade ein Wirtschaftsmathematiker und Statistiker, Henri Guitton, für den Verbleib von Recht und Ökonomie in einer einzigen Fakultät ausspricht und sich dabei auf die juristischen Studien der prominenten französischen Juristen René Savatier und Jean Carbonnier[12] beruft, die die Wirtschaftswissenschaft berühren.

Wenn man die Antrittsvorlesungen der Wirtschaftswissenschaftler in unseren juristischen Fakultäten oder der Juristen in unseren wirtschaftswissenschaftlichen Fakultäten und Hochschulen durchliest, die leider nicht, wie vor kurzem die arbeitsrechtlichen, in einem Sammelband vorliegen, dann fällt einem öfter sowohl die Betonung des Nutzens der Wirtschaftswissenschaft für den angehenden Juristen wie der Rechtswissenschaft für den angehenden Wirtschaftswissenschaftler auf. Koopmans' Vorträge waren z. B. in dieser Hinsicht ein Pendant zu meinen. Offerhaus, mein geschätzter Vorgänger als Jurist in unserer wirtschaftswissenschaftlichen Fakultät, legte dabei in seiner Rede vom Jahr 1941 den Nachdruck auf den Begriff der Gerechtigkeit[13]. Zu Recht: „Denn die Gerechtigkeit ist es, die das Wertverhältnis zwischen der Individualität und dem Volksganzen bestimmt. Gerechtigkeit geht also vor Zweckmäßigkeit. Und auch die Rechtssicherheit hat den Vorrang vor der Zweckmäßigkeit. Denn Zweckmäßigkeit gestattet keine allgemeingültige Feststellung", wie Radbruch[14] treffend sagte. Genau wie Giacometti, Fechner, Guisan u. a. warnte Offerhaus vor der Zurückdrängung von Rechtsnormen durch die Erfordernisse des Wirtschafts-

---

[10] Journal des Economistes, Juli 1863. F. Rivet im Vorwort zu: Des rapports du droit et de la législation avec l'économie politique, S. II; A. Jourdan in: Des rapports entre le droit et l'économie politique ou Philosophie comparée du droit et de l'économie politique (1885).

[11] Dies geschah ohne Mißtrauen, wie etwas später ein nicht genannter Professor in La France judiciaire, 1879—1880, S. 149, feststellte.

[12] Entre le droit et l'économie, in Revue d'Economie politique, Mai—Juin 1964, S. 771.

[13] Gustav Schmoller schrieb im Jahre 1881: Die Gerechtigkeit in der Volkswirtschaft, in Jahrbuch für Gesetzgebung, S. 19—54. Edmond Villey betonte die Bedeutung des Naturrechts (Le droit dans l'economie sociale, in Revue d'Economie politique, 1963, XXVII, S. 290—303).

[14] Vorschule der Rechtsphilosophie, S. 32 (^{3}1965). C. W. Star Busmann: Doelmatigheid in rechtswetenschap en rechtspleging (Antrittsvorlesung 1917), W. J. Slagter: Rechtsvaardigheid en doelmatigheid (1961). Handelingen van de Vereniging voor Wijsbegeerte des Rechts XXXVII (1952).

verkehrs. Auch dies wieder zu Recht, aber man darf diese Gefahr eines Erlahmens, einer Verdrängung der Rechtsidee auch nicht überschätzen. Ich kann die Auffassung von Offerhaus — die von Coing[15], aber auch von anderen Juristen, die keine Kelsen-Anhänger sind, geteilt wird — daß nämlich die Rechtswissenschaft nicht zu den Gesellschaftswissenschaften gerechnet werden kann, nicht teilen. Sicherlich, sie ist zu allererst einmal eine normative Wissenschaft, aber zusammen mit niederländischen Juristen wie Enschedé, van Haersolte, Bakels und dem Wirtschaftswissenschaftler Neumann u. a. betrachte ich sie auch als Gesellschaftswissenschaft, weil ihr Gegenstand, das Recht, das die gesellschaftlichen Bezüge ordnet, genau wie die Wirtschaftswissenschaft zwischenmenschliches Verhalten betrifft. Es ist bekannt, daß unter den Wirtschaftswissenschaftlern die Ansichten über die Frage, ob die Wirtschaftswissenschaft, die ganz sicher eine empirische Gesellschaftswissenschaft ist, normativ ist, schwanken und einmal bejaht[16], einmal verneint werden[17]. Wie dem auch sei, die ökonomischen Normen haben eine andere Beschaffenheit als die Rechtsnormen, sie sind nämlich Mittel zum Zweck, wobei die Analyse von ökonomischen Erscheinungen und eine Einschätzung auf ökonomisch-politischer Grundlage nicht voneinander zu trennen sind. Ökonomische und juristische Beurteilungen können zusammenfallen, aber sie müssen nicht.

Das Recht ist der Rahmen, in dem sich die menschlichen Beziehungen, auch die wirtschaftlichen, abspielen. Es beherrscht und bestimmt die gesellschaftliche, auch die wirtschaftliche Ordnung, und zwar an erster Stelle das Privatrecht, und in dessen Bereich vor allem das Zwillingspaar Sachen- und Schuldrecht[18], das Vermögensrecht. „Car les contrats embrassent toute l'activité économique et ne sont autre chose que l'ensemble des arrangements en vue de la production, de la répartition, de la circulation et de la consommation des richesses[19].“ Das Bürgerliche Recht und das Handelsrecht sind vor allem für die Wirtschaft von Bedeutung, da sie häufig die wirtschaftlichen Verhältnisse kanalisieren und regulieren und dadurch Gleichgewicht, Harmonie und Stabilität fördern. Sachverständige Wirtschaftswissenschaftler haben dies mehr als einmal unterstrichen. Kauf- und andere Verträge als Formen des

---

[15] In Das Verhältnis der Wirtschaftswissenschaft zur Rechtswissenschaft, Soziologie und Statistik, S. 2 (1964).

[16] F. L. Polak, J. Tinbergen u. a.

[17] S. Korteweg und A. Heertje.

[18] J. J. M. van der Ven in: Handelingen van de Vereniging voor Wijsbegeerte des Rechts XXXVII, 2 (1952), S. 38.

[19] Vgl. u. a. Guitton in: Revue d'économie politique, Mai—Juin 1964. Erich Fechner spricht in seiner „Rechtsphilosophie“ von „dem von ökonomischen Interessen beherrschten Verkehrsrecht, insbesondere im Obligationenrecht“ (S. 35, Anm. 41; vgl. auch S. 91).

Güteraustauschs, Sicherheiten in Zusammenhang mit Investitionen und Krediten, Transport, Versicherungswesen, Gesellschaften, sie haben alle zwei Aspekte, einen wirtschaftlichen und einen juristischen; zwei Erscheinungsformen, die man auseinanderhalten, aber auch im Zusammenhang sehen muß. Dooyeweerd sprach von „zwei Fachwissenschaften, deren Untersuchungsgebiete in der Wirklichkeit so dicht an einander grenzen ..."

Außer dem alten Privatrecht, das durch die Tätigkeit des Gesetzgebers und des Richters regelmäßig erneuert wird, und dem Recht verschiedener neuer autonomer Gruppen, entstand — vor allem zwischen den beiden Weltkriegen und nach dem zweiten Weltkrieg — das neue sozialökonomische Recht. Im vorigen Jahrhundert und in den ersten Jahrzehnten unseres Jahrhunderts wollte man den Staat so weit wie möglich aus dem Wirtschaftsleben heraushalten und dem individuellen Unternehmer bei seiner Tätigkeit Freiheit bei der Zielsetzung, Entscheidung und Beschlußfassung lassen. Die Grenzen des staatlichen Eingreifens stehen jedoch nicht a priori fest. Inzwischen ist neben, außerhalb und über den meisten der genannten zivilrechtlichen Verträge und in allen Bereichen des Betriebslebens ein ausgedehntes und sich noch stets ausdehnendes System von Ge- und Verboten seitens des Staates für die Privatunternehmer entstanden, durch das ihr wirtschaftlich relevantes Verhalten und ihre Entscheidungen mitbestimmt werden. Diese öffentlichrechtlichen Normen, die das Wirtschaftsverhalten der einzelnen auf dem Warenmarkt und im Bereich der Dienstleistungen tätigen Volkswirtschaftler betreffen, haben einen eigenen Rechtskomplex geschaffen, den ich seit 1945 (in meinem Lehrauftrag wurde dies noch als ‚öffentliches Recht des Betriebslebens' umschrieben) als „Lehrer lehrend lernte"[20], um mit Stefan Zweig zu sprechen. Dieses dynamische sozialökonomische Recht, wofür vor kurzem in Utrecht ein eigener Lehrstuhl geschaffen wurde, kennt teilweise eigene Definitionen, Prinzipien, Kriterien und Begriffe; eigene Systematiken, manchmal eigene Interpretationsmethoden. Es ist zum großen Teil ein Recht der Institutionen, der Organisationen. Es gibt eigens hierfür geschaffene Sanktionen: ein eigenes Strafrecht für Wirtschaftsstraftaten von natürlichen und juristischen Personen. Im Hinblick auf den Rechtsschutz im sog. Wohlfahrtsstaat (Produktion in Unternehmen), einem demokratischen Rechtsstaat, gibt es eine eigene Verwaltungsgerichtsbarkeit (College van Beroep voor het Bedrijfsleven — Appellationsgericht für Fragen des Betriebslebens)[21]. Diese Gesetzgebung mit

[20] Stefan Zweig: Fouché, S. 6 und 7 (Ausgabe 1952). Julius Hyman teilt in seiner Nieuwe Oostenrijksche Muziek (S. 83) mit, daß Arnold Schönberg im Vorwort zu seiner Harmonielehre (1911) schrieb: „Dieses Buch habe ich von meinen Schülern gelernt."

direkten wirtschaftsbezogenen Zielsetzungen wird in besonders hohem Maß von der Wirtschaft determiniert. Aufgrund ihrer Beschaffenheit werden ökonomische Gesichtspunkte hier unmittelbar geltend gemacht, wobei die ökonomische Wirklichkeit berücksichtigt wird.

Die Tatsache, daß der Staat sich mehr um Wirtschaftsfragen kümmert und mehr Verantwortung für den wirtschaftlichen Wohlstand übernimmt, führt zu einer gewissen „Publizisierung"[22] des Rechts. Dies hat wiederum Rückwirkungen auf das alte gemeine Recht. So hat die öffentlichrechtliche Wirtschaftsgesetzgebung in Zusammenhang mit Transport- und Niederlassungsgenehmigungen zur Schutznormenlehre bei unerlaubter Handlung geführt. Miet- und andere Preisbindungen, Regelung des Ratenkaufs und Lohnfestsetzungen von oben schränken unmittelbar die Vertragsfreiheit ein[23]. Eine Verletzung dieser öffentlichrechtlichen Vorschriften hat zivilrechtliche Folgen: Das Zustandekommen des Vertrages ist nicht rechtmäßig. Das Problem der Nichtigkeit spielt eine große Rolle[24].

In der westlichen Gesellschaftsordnung mit ihrer Wirtschaft hat das Privatrecht noch eine zentrale Stellung. Es ist jedoch nicht mehr das gleiche wie im Jahr 1838, als das niederländische Recht kodifiziert wurde. Damals wurde das Eigentum noch als etwas Absolutes betrachtet und kaum in Zusammenhang mit der sozialen und wirtschaftlichen Realität gesehen. Rechte und Pflichten aus einem Vertrag haben eine einheitliche und ganz allgemeine Gültigkeit, z. B. für jeden Käufer und Verkäufer, sei er nun Verbraucher, Erzeuger, Kaufmann oder Privatmann, natürliche oder juristische Person. Es gibt einige allgemeine Rechtsnormen im Gesetz, die fast stets Rechtsergänzungen sind. Damit die Parteien die Modalitäten ihrer Rechtsbeziehungen selber regeln können, gibt es die Vertragsfreiheit, die mit der Freizügigkeit der klassischen Volkswirtschaftslehre korrespondiert und wodurch sich gerade „das Vertragsrecht als juristisches Verkehrsnetz für den Wirtschaftsverkehr hat gebrauchen lassen" (J. L. P. Cahen).

Inzwischen starren wir Juristen weniger als um die Jahrhundertwende nach dem „juristischen Begriffshimmel". Wir hängen nicht mehr so sehr einem Kult der Logik an und folgen nicht mehr einer juristisch-dogmatischen Methode mit „weltfremder" Begriffsbildung. Es gibt

[21] Hayecks Behauptung, daß der Wohlfahrtsstaat kein Rechtsstaat sein kann, wurde zu Recht von F. R. Böhtlingk in seiner Rede „De rechtsstaat in Nederland", S. 14 und 15 (1958), bestritten.

[22] Josserand, Lévy-Bruhl, Ripert, Radbruch u. a.

[23] J. H. Beekhuis wies in seiner Rede „Contract en contractsvrijheid" (1953) darauf hin, daß die Notwendigkeit einer in beschränktem Umfang dirigierten Wirtschaft die Vertragsfreiheit einschränke.

[24] Hoge Raad am 11. Mai 1951, N. J. 1952, Nr. 127. Ebenso die französische Cour de Cassation. Vgl. J. Carbonnier: Théorie des obligations, Nr. 117 und 118, S. 154, 155, 157 (1963).

mehr Induktion in der modernen Rechtswissenschaft. Methodologisch rückten Rechtswissenschaft und Wirtschaftswissenschaft dichter aneinander. Die Wirtschaftswissenschaftler, deren Denkweise immer weniger abstrahierend wird, brauchen sich heute weniger um juristische Methoden zu kümmern. Der moderne Gesetzgeber kennt weniger Rechtskonstruktionen. Die modernen Richter wenden seltener die grammatische, philologische und abstrakt-logische, sondern häufiger die historische und die teleologische oder funktionale Interpretationsmethode an. Ohne eine rein soziologistische „Interessenjurisprudenz" zu betreiben, müssen sie dabei die heutigen sozialen und wirtschaftlichen Praktiken berücksichtigen. Die Anwendung des Rechts ist zugleich weniger formalistisch als früher. Die tatsächlichen, auch ökonomischen Gründe für das Zustandekommen eines Vertrages und die internen Belange der Vertragsparteien, bisweilen sogar externe Belange anderer, werden heute mehr berücksichtigt. Im Hintergrund stehende gesellschaftliche, auch ökonomische Realitäten, spielen mit, und zwar sowohl bei der Rechtsfortbildung wie bei der Anwendung des Rechts. Soziale und wirtschaftliche Kriterien spielen in dem Sinn eine Rolle, daß der Richter durch sie beeinflußt wird und sie berücksichtigen muß, wobei er sich gleichwohl unter Berücksichtigung der Rechtsprinzipien, Rechtsbegriffe, Rechtskonstruktionen, Rechtsnormen und des Rechtssystems ein selbständiges, juristisch zu verantwortendes Urteil vorbehält.

Manchmal ist es der Gesetzgeber, der den Richter zwingt, die ökonomischen Hintergründe zu berücksichtigen, um zu seiner Entscheidung zu gelangen. Dies tut z. B. das Mietgesetz vom Jahr 1950; desgleichen das Pachtgesetz vom Jahr 1958[25], das in verschiedenen Artikeln vom Betrieb, den Betriebseinkünften, der Betriebsführung, den Betriebsgebäuden, der Betriebsgröße und den Betriebserzeugnissen handelt. Es will die Kontinuität eines Betriebes gewährleisten. Neben der staatlichen Preiskontrolle gibt es in beschränktem Umfang eine staatliche Kontrolle der Landwirtschaft, wobei Nutzbarmachung, Investitionen u. ä. wichtig sind. Der Staat mischt sich hier und in anderen Fällen in das Zustandekommen eines Vertrages ein. Es gibt sowohl in der Wirtschaft wie auch im Recht einen gewissen staatlichen Dirigismus: „une direction d'en haut" nennt René Savatier diesen Vorgang. Wir sprechen von dirigierter Wirtschaft und dirigierten oder normierten Verträgen[26]. In anderen Fällen zwingt der Oberste Gerichtshof (Hoge Raad)

---

[25] Das Pachtgesetz von 1937 war sozial, die Pachtverordnung von 1941 war gleichzeitig auch wirtschaftlich bedingt, das Pachtgesetz von 1958 ist dies in noch höherem Maße.

[26] Reimer Schmid: Die Bedeutung der Entwicklung von Wirtschaft und Wirtschaftsrecht für das klassische Privatrecht, in: Festschrift für Hans Carl Nipperdey I, S. 687 (1965).

den nachgeordneten Richter, sich bei seinem Urteil oft in nuancierte wirtschaftliche Einzelheiten hineinzudenken, die den Hintergrund zu einem Fall bilden. So muß aufgrund der höchstrichterlichen Entscheidung über die Dienstwohnung der Richter von Fall zu Fall unterscheiden, ob von einer Dienstwohnung im eigentlichen Sinn die Rede ist, wobei Veränderungen in der Betriebsführung, z. B. in der Landwirtschaft, berücksichtigt werden müssen.

Lassen Sie mich das Verhältnis von Recht und Wirtschaft an einem Satz aus einem Kindermärchen illustrieren, das vor etwa zehn Jahren in der Zeitung „Algemeen Handelsblad" erschien und den Titel „Birre Beer" trägt. Birre Beer sagt da an einer Stelle zu der Maus Socratef: „Was sein muß, das ist auch möglich." Oder sollte es besser heißen: „Was möglich ist, das muß auch sein?" Nein, es ist nicht so, daß das, was möglich ist, im Sinne von was de facto wirtschaftlich möglich ist, auch rechtlich sein muß; und es ist auch nicht so, daß das, was sein muß, im Sinne von was rechtlich sein muß, wirtschaftlich de facto möglich ist. Der Wirtschaftswissenschaftler muß durch seine Erfahrungswissenschaft analysieren, was realiter geschehen ist und noch geschieht (Sein) und sagen, was möglich ist oder, wenn die Unterlagen dementsprechend ausfallen, was nicht möglich ist. Der Jurist muß mit seiner normativen Wissenschaft abwägen und beschließen, was erlaubt ist oder sein soll (Sollen). Der Wirtschaftswissenschaftler stellt verschiedene faktische Möglichkeiten nebeneinander, bewertet sie und urteilt, was wirtschaftlich am nützlichsten und rationellsten für das Wirtschaftsleben ist (ökonomische Alternativen und Optima, Höchstgewinne, Prioritäten, Präferenzen). Die ökonomische Bewertung des Nutzens kann bei einem juristischen Urteil eine Rolle spielen, obwohl sie außerhalb des Gebiets der Rechtswissenschaft liegt. Es muß selbständig juristisch, nach juristischen Maßstäben, ermittelt werden, was in Anbetracht der wechselseitigen Beziehungen geschehen soll, so daß es in das Rechtssystem hineinpaßt und die Rechtsordnung möglichst harmonisch ist. Hier spielen Prinzipien wie die Gleichheit vor dem Recht, die Rechtssicherheit und die Gerechtigkeit eine Rolle. Ein Rechtsurteil wird manchmal einer wirtschaftlichen Beurteilung angepaßt werden; die Rechtsnormen können aber auch gegen wirtschaftliche Entscheidungen angehen. Das Rechtsurteil wie die wirtschaftliche Beurteilung werden übrigens auch von außerjuristischen bzw. außerwirtschaftlichen Faktoren mit bestimmt, man denke nur an die politischen.

Ökonomische Zweckmäßigkeit ist deshalb ein einflußreicher und manchmal mit bestimmender Faktor, doch das Recht ist nicht ohne weiteres der Diener der Wirtschaft, auch das sozialökonomische Recht nicht, das den Rahmen absteckt, in dem wirtschaftliche Zwecke erreicht werden sollen. Die Rechtsnormen müssen dergestalt sein, daß die Erreichung des ökonomischen Ziels möglich ist und auch befördert wird, daß dabei aber die Rechtsidee nicht gefährdet wird[27].

Das Recht wird in zunehmendem Maß eingeengt, und zwar insoweit, als die Wirksamkeit der Rechtsnormen und der juristischen Entscheidungen von gesellschaftlichen Realitäten und Gesetzmäßigkeiten, wozu auch wirtschaftliche gehören, beeinflußt wird. Eine Rechtsverordnung hat gewollte, bisweilen aber auch unvorhersehbare und ungewollte wirtschaftliche Folgen. Man muß die wirtschaftlichen Auswirkungen einer Rechtsverordnung berücksichtigen. Durch Veränderungen in den tatsächlichen wirtschaftlichen Verhältnissen und damit auch in den Vorstellungen und Ideen kann es geschehen, daß das Recht nicht mehr völlig mit der Idee der Gerechtigkeit übereinstimmt. Dann ist es kein gutes Recht mehr und muß wieder mit dieser Idee in Übereinstimmung gebracht werden. Es geht nicht nur um Merkur und Fortuna allein, sondern auch um Themis und Justitia[28]! Gerechtigkeit muß das Ziel sein!

Rechts- und Wirtschaftswissenschaft haben jede ihre eigene Begriffsbildung. So ist „Unternehmen" ein wirtschaftlicher Begriff, aber dieser Begriff kommt auch immer mehr im geschriebenen Recht vor, besonders im sog. „öffentlichen" Handelsrecht, im Steuerrecht und in der Wirtschaftsgesetzgebung. Der Begriff Unternehmen bezeichnet dann nicht immer in jedem Rechtsbereich dasselbe. Der juristische Begriff Unternehmen ist nicht immer mit dem wirtschaftlichen Begriff identisch. Das ist auch nicht nötig; beide Wissenschaften haben selbständige Definitionen und richten ihr Augenmerk dabei auf verschiedene Aspekte. Unser Handelsregistergesetz gilt für „Unternehmen", auch wenn sie (ökonomisch) gar keine Unternehmen sind; früher galt es für „Sachen", die (sachenrechtlich) keine Sachen waren; jetzt auch für „Eigentümer", die u. U. gar keine Eigentümer sind. Das ist für Nichtjuristen vielleicht etwas befremdend! In der sozialökonomischen Gesetzgebung werden gegenwärtig manchmal auch nicht auf Gewinn gerichtete Betriebe oder Unterarten von Betrieben, was den Wirkungsbereich des Gesetzes angeht, mit Unternehmen auf eine Stufe gestellt. Der Gesetzgeber sieht davon ab, für wirtschaftliche Einheiten, die im ökonomischen Sinn keine Unternehmen sind oder wofür der ökonomische Ober-

---

[27] H. C. Adams, der Präsident der American Economic Association, sprach im Jahr 1896 in einem Vortrag über „Economics and Jurisprudence" von „an economy... directed and limited by a knowledge of jurisprudence", S. 33, Ausgabe 1897.

[28] „Cependant si les données économiques exigent d'être suivies par les systèmes juridiques et si, avec leur propre force, elles arrivent à forger le droit, elles n'attentent pas à la vie des grands principes qui sont et qui restent à la base de notre société tant que l'ordre existant leur conserve toujours une réalité concrète" (V. L. Veniamin: Essais sur les données économiques dans l'obligation civile, S. 269, 1930).

begriff zu scharf ist und zu Rechtsunsicherheit führen würde, spezielle Normen zu erlassen. Der Jurist muß beurteilen, inwieweit dies im Hinblick auf den Wirkungsbereich, die Reichweite des Gesetzes, sinnvoll ist, wobei er darauf achten muß, zu welchem Zweck derartige pragmatische gesetzliche Definitionen verwandt werden. Bisweilen werfen die Wirtschaftswissenschaftler den Juristen vor, daß sie den Begriff „Unternehmen" zu chamäleonhaft oder amorph gemacht haben. Zu Unrecht. Nicht der Begriff Unternehmen wird ausgedehnt, sondern die Bereiche, für die das Gesetz gelten soll. Wenn man Begriffe wie „Verwalter" oder „Betriebsleiter" im Gesetz über die Niederlassung von Betrieben (Vestigingswet Bedrijven) und dem Gesetz über den Ratenkauf oder „Publikum" im Ladenschlußgesetz (Winkelsluitingswet) untersucht, dann muß man sagen, daß in der Wirtschaftswissenschaft die Begriffe funktionaler sind. Positivierte Rechtsbegriffe haben Rechtsfolgen; deshalb muß die Rechtsunsicherheit auf ein Minimum beschränkt werden. Die Rechtssubjekte sind direkt davon betroffen, was von den ökonomischen Definitionen nicht so gesagt werden kann.

Die Verwendung juristischer Begriffe durch den Volkswirt und ökonomischer Begriffe durch den Juristen kann gefährlich sein. Zwar haben die wirtschaftlichen Verhältnisse und Entwicklungen bisweilen einen positiven, bisweilen auch einen negativen Einfluß auf die juristische Begriffsbildung, zwar kann die ökonomische Begriffsbildung bei der juristischen oft mithelfen, aber die unter ökonomischen Gesichtspunkten, mit ökonomischen Methoden und Kriterien aufgestellten Begriffe sind nicht immer juristisch annehmbar. Bei den Parlamentsdebatten über den Entwurf des Gesetzes über die Geschenkwerbung (Wet Cadeaustelsel) wurde deutlich, in welchem Umfang Recht und Wirtschaft ihre eigenen, nicht immer deckungsgleichen Begriffe haben. In beiden Wissenschaften gibt es natürlich oft Ungewißheit, kommen Schattierungen und Meinungsverschiedenheiten über einen Begriff vor. Als Beispiele hierfür kann man die Begriffe „Unternehmen", „Kapital"[29], „Vermögen", „Frucht" und „Gewinn" nennen, im Bereich des Rechts noch die Begriffe „Sache", „Publikum" usw.

Die Verflechtung von ökonomischen und juristischen Aspekten macht in vielen Fällen eine Zusammenarbeit zwischen Volkswirten und Juristen nötig. Eine inter-disziplinäre Zusammenarbeit ist in vielen Fällen wünschenswert[30]. Die Verdam-Kommission (Unternehmensrecht)

[29] Die Anschauungen über das Kapital der Aktiengesellschaft von F. G. Scheltema, van der Heyden und Schadee einerseits und Th. W. F. Speetjens andererseits, der von den Juristen mehr Aufmerksamkeit für die Erkenntnisse der Betriebswirte forderte, jedoch wirtschaftliche und juristische Aspekte nicht scharf genug auseinanderhielt, divergieren sehr.

[30] W. L. Snijders wies in seiner Tilburger Antrittsrede (1964) auf den Nutzen der Beschäftigung mit dem Wettbewerbsrecht sowohl für Volkswirte,

setzte sich dementsprechend auch nicht nur aus Juristen, obwohl diese in der Mehrheit waren, sondern auch aus Wirtschaftswissenschaftlern, Industriellen und Bankiers, die von Wirtschaftsprüfern unterstützt wurden, zusammen. Dies war auch bei der Kommission für die Pachtgesetzgebung (van den Bergh) und der Kommission für die Miete von Betriebsräumen (Houwing) der Fall. Eine synthetische Zusammenarbeit von Wirtschaftswissenschaftler und Jurist ist oft unentbehrlich, weil sowohl praktisch wirtschaftliche Beurteilungen und Entscheidungen als auch juristische und ethische Überlegungen beide eine Rolle spielen. Es handelt sich hierbei aber nicht bloß um einen Kompromiß zwischen diesen beiden Bereichen. Es ist auch nicht so, daß der Volkswirt utilitaristisch den Inhalt festlegt und der Jurist nur juristisch-dogmatisch die Form. Der Volkswirt hat keinen vollständigen Einblick in das System, in welches das neue Recht, das ein bestimmtes wirtschaftliches Verhalten normieren und das Funktionieren des Marktmechanismusses beeinflussen soll, hineinpassen muß; er kennt die Technik der Rechtsprechung, der Rechtsanwendung usw. nicht genau. Der Jurist seinerseits ist nicht genügend mit den ökonomischen Gegebenheiten vertraut oder in ihrer Beurteilung geschult; eine derartige Wertung muß jedoch erfolgen, soll die Rechtsnorm Bestand haben.

Die moderne Wirtschaftsgesetzgebung führt „durch diesen Rückgriff auf die einem Gesetz zugrunde liegenden Verhältnisse zu einer Begegnung zwischen Wirtschaftswissenschaftlern und Soziologen, Technikern aller Art und Agronomen, zwischen Managern, Vertretern des Mittelstandes und Arbeitern", schrieb M. P. Vrij in seinem Einleitenden Artikel zu „Sociaal-Economische Wetgeving", die 1952 als „erste Zeitschrift auf der Welt auf diesem Gebiet" erschien. Auch das heutige Privatrecht führt eine derartige Begegnung herbei. Hierbei wird aber deutlich, daß der Jurist und der Wirtschaftswissenschaftler aufgrund ihrer spezifischen Ausbildung eigene Denkansätze, Methoden, Fachsprache und Argumentationen haben. Der moderne Volkswirt denkt quantitativer und bedient sich mehr der Hilfswissenschaften Mathematik und Statistik. Das juristische Denken war und ist normativer, obwohl auch im Recht auf die Dauer mehr quantitative Methoden und Techniken Anwendung finden werden. Man muß für die Probleme des anderen offen sein; eine Grundkenntnis der jeweiligen Wissenschaft ist unentbehrlich, will man einander verstehen, gerade in der heutigen komplizierten Gesellschaft, wo eine gewisse institutionalisierte Kontrolle oder eine globale staatliche Steuerung unserer Wirtschaft nötig sind. Bei der Verabschiedung der notwendigen Rechtsnormen, die das

---

Volkswirte und Juristen und bloße Juristen hin (S. 27). Th. van Leek setzte sich für eine interdisziplinäre Untersuchung der Beförderung und Regulierung des wirtschaftlichen Wettbewerbs im Gemeinsamen Markt ein (Economisch-Statistische Berichten, 25. August 1965, S. 775).

Wirtschaftsverhalten betreffen, und beim Ergreifen von staatlichen Maßnahmen, die darauf beruhen, ist eine Beratung mit der Privatwirtschaft in Form von Gutachten, Hearings und dergleichen nötig und auch oft in der sozialen und sozialökonomischen Gesetzgebung vorgeschrieben. Durch diese institutionalisierten Beratungen zwischen dem Staat, der jedesmal das öffentliche Interesse, das sich hier in concreto verwirklicht, im Auge behalten muß, einerseits, und der Privatwirtschaft, die die Interessen der Wirtschaft und der Unternehmer im Auge hat, andererseits, kann nicht nur die Effektivität von Normen und Maßnahmen gefördert, sondern auch das Maß an Gerechtigkeit vergrößert werden.

Wirtschaftswissenschaftler mit abgeschlossenem Studium spielen eine immer größere Rolle in der Gesellschaft neben und oft sogar an Stelle der Juristen. Samkalden stellte vor einiger Zeit fest, daß „der Jurist tatsächlich dabei sei, sich von anderen verdrängen zu lassen", und wies u. a. auf den Rückgang der Zahl von Juristen im Parlament hin; „les parlements où dominait jadis l'influence des juristes" (R. Savatier). Um die möglichen ökonomischen Folgen und Auswirkungen einer staatlichen Maßnahme beurteilen zu können, ist das Urteil eines Wirtschaftswissenschaftlers, das auf ökonomischen Zweckmäßigkeitserwägungen beruht, nötig. Manchmal kommt es jedoch zu verschiedenen, voneinander abweichenden ökonomischen Beurteilungen, z. B. als man daran ging, die Geschenkwerbung gesetzlich zu regeln. Danach muß noch eine normative rechtliche Beurteilung erfolgen, wobei man auch andere als rein wirtschaftliche Faktoren berücksichtigen muß, und politische und andere Machtfaktoren eine Rolle spielen, die nicht immer ganz rational zu erklären ist.

Welche Fülle neuer Termini und Begriffe gibt es gegenwärtig in unserer u. a. von Bellefroid gepriesenen Rechtssprache: „Sozialisierung" oder „Vergesellschaftung", „Veräußerlichung", „Kollektivierung", „Dynamisierung", „Publizisierung", „Deromanisierung" des Privatrechts; „Gleichstellung oder Aequalisierung" der Vertragsparteien, „heteronomer" und „normierter oder dirigierter" Vertrag; „gruppenmäßig". Zur Typisierung der Entwicklung von Recht und Wirtschaft nach dem Zweiten Weltkrieg können noch zwei weitere Neologismen hinzugefügt werden: „Ökonomisierung" des Rechts und „Verrechtlichung" der Wirtschaft. „Ökonomisierung"[31] des positiven Rechts insoweit, als die Bedeutung der Wirtschaft für eine gute Rechtsordnung und ihr Funktionieren viel größer wurde und immer mehr faktisch ökonomische sowie andere

[31] E. Fechner (Rechtsphilosophie, S. 93, Ausgabe 1956) spricht von einer „Ökonomisierung" des Rechts. J. J. M. van der Ven sprach schon 1947 in einer Rede von der „Ökonomisierung" des Rechts; diese Rede ist abgedruckt in „Van sociale politiek naar sociaal recht", 1966, S. 266.

Machtfaktoren[32] für die verschiedenen Rechtsprobleme eine Rolle spielten. Das Wirtschaftsleben ist für den Juristen mehr als nur eine Informationsquelle. Er muß heute in höherem Maße den Zusammenhang und die gegenseitige Bedingtheit von Recht und Wirtschaft achten. Pitlo trat vor drei Jahren an diesem gleichen Platz für die Kodifizierung eines in größerem Umfang sozialwirtschaftlich orientierten Rechts in nicht allzu ferner Zukunft ein.

Andererseits gibt es eine gleichfalls nicht zu leugnende und zugleich unvermeidbare „Verrechtlichung" der Wirtschaft, insoweit als das positive Recht für die Wirtschaftsordnung und ihr Funktionieren von immer größerer Bedeutung wurden. Es entstand viel neues und anders geartetes Recht, an das die Volkswirte in der Praxis gebunden sind und worauf sie bei ihren Entscheidungen im Wirtschaftsprozeß achten müssen. Die juristischen Konsequenzen des praktischen wirtschaftlich relevanten Verhaltens sind heute noch zahlreicher und einschneidender. Der Bereich des Rechts ist für den Volkswirt mehr als nur Informationsquelle. Das „wirtschaftliche Moment" ist in unserer unternehmerischen Produktionsgesellschaft, die jedoch einer globalen Ordnung untersteht, in höherem Maß als früher dem „Rechtlichen untergeordnet"[33].

A. Nussbaum stellte im Jahr 1919 die Behauptung auf, daß die Lehrsätze der Volkswirtschaft für den Juristen von geringem Nutzen seien[34]. Stimmte dies schon damals nicht, so ist es heute erst recht nicht richtig. Sowohl Makro- als auch Mikroökonomie, Sozialwirtschafts- wie Betriebswirtschaftswissenschaft sind heute für die Ausbildung des Juristen von immer größerer Bedeutung[35]. In die juristischen Fakultäten wurden neue wissenschaftliche Fächer mit stark ökonomischem Einschlag aufgenommen: Arbeitsrecht[36], Steuerrecht[37], Agrarrecht und Ordnungsrecht[38]. Abgesehen von dem allgemeinbildenden Wert für den

---

[32] Durch Kartelle, Monopole, Standardklauseln, Freizeichnungsklauseln usw.

[33] G. del Vecchio: Grundlagen und Grundfragen des Rechts, S. 128 (1963).

[34] Hermann Kantorowicz 1939 (Der Begriff des Rechts, Ausgabe Göttingen 1957, S. 42): „keine wissenschaftlich wertvollen Früchte".

[35] Im Jahre 1926 sprach in Belgien J. Haesaert schon von „der Volkswirtschaftslehre, die in vielen Fällen eine Rechtsnorm erklären kann" (La réforme de l'enseignement dans les facultés de droit). Vgl. R. Victor: Het werk van Prof. J. Haesaert, S. 179 (1963).

[36] K. H. Biedenkopf: Das Verhältnis der Wirtschaftswissenschaft zur Rechtswissenschaft im Arbeitsrecht, in Das Verhältnis der Wirtschaftswissenschaft zur Rechtswissenschaft, Soziologie und Statistik, S. 67—77 (1964).

[37] E. Loitlsberger: Die Zusammenarbeit zwischen Betriebswirtschaftslehre und Recht, in Das Verhältnis der Wirtschaftswissenschaft zur Rechtswissenschaft, Soziologie und Statistik, S. 153—171 (1964).

Juristen, der dadurch bei seinem Studium mit einer mehr empirischen Arbeitsweise und modellhaftem Denken in Berührung kommt, funktionale Analysen und quantitative Techniken kennenlernt und seinen Horizont erweitert, ist für die Aufgaben, die er später einmal in der Gesellschaft zu erfüllen hat, eine gewisse Grundkenntnis der Wirtschaftswissenschaft heute noch unentbehrlicher als früher.

Andererseits ist das Recht als Faktum bei der Analyse des Wirtschaftsgeschehens in den letzten Jahrzehnten von größerer Bedeutung geworden. Das Rechtsstudium hat für den Wirtschaftswissenschaftler einen speziellen Ausbildungswert, insbesondere das Studium des Privatrechts mit seinen strengen und festen Formen, Begriffen und Systemen, vor allem das Schuldrecht mit seinem „niveau de géneralité et d'abstraction", wie J. Carbonnier es ausdrückt[39]. Durch die juristische normative Denkweise wird der Gesichtskreis des Studenten der Volkswirtschaft erweitert. „Le rôle modérateur, coordinateur, rectificateur de la méthode juridique" ist wertvoll. Neben dem früher ausschließlich betriebenen Studium des Privatrechts führt gegenwärtig das Studium des modernen sozial-ökonomischen Rechts den Wirtschaftswissenschaftler in zahlreiche Gebiete des öffentlichen Rechts ein (Staatsrecht, Verwaltungsrecht, Strafrecht), vermittelt ihm die Kenntnis verschiedener Rechtsquellen und macht ihn mit internationalen Aspekten vertraut. Das Recht stellt zugleich unmittelbarer als die Wirtschaft einen Kontakt zu Ethik und Moral her, desgleichen zur Philosophie, mit der das Recht mehr Berührungspunkte hat als die heutige Wirtschaftswissenschaft. Für die Durchführung der Aufgaben, die der heutige Wirtschaftswissenschaftler — mit Ausnahme vielleicht des Ökonometriefachmannes — später einmal in der Wirtschaft oder der staatlichen Verwaltung übernehmen soll, sind ein gewisses Verständnis und eine gewisse Kenntnis des Rechts unentbehrlich, da seine Tätigkeit, jedenfalls was die ökonomische Seite angeht, noch mehr als früher durch Rechtsnormen bedingt wird.

Die zunehmende Formalisierung der Wirtschaftswissenschaft ändert daran nichts. Lineare Programmierung, „operational research", Planspiele und Modelle sind mathematische Techniken und Hilfsmittel für den Wirtschaftswissenschaftler. Soll ein Modell die Wirklichkeit gut wiedergeben, dann müssen die strukturellen Voraussetzungen, auch die juristischen, einbezogen werden. Da oft die Aufmerksamkeit auf partielle Modelle gerichtet ist, scheinen die juristischen Voraussetzungen

---

[38] Über das Ordnungsrecht heißt es im Aufbauplan 1961—1966 für die Universität Amsterdam: Es setzt eine gründliche Kenntnis der Wirtschaftsordnung voraus (S. 85). Vgl. P. Verloren van Themaat in Handelingen van de Vereniging voor Wijsbegeerte des Rechts XXXVII, 2 (1952) S. 24.

[39] J. Carbonnier: Théorie des obligations, S. 2 und 3 (1963).

weniger wichtig zu sein. Obendrein wird der Spielraum der exogenen und endogenen Veränderlichen von juristischen Voraussetzungen mit bestimmt.

Natürlich müssen die „jura“ für den Wirtschaftswissenschaftler und die „economics“ für den Juristen genau dosiert und didaktisch durchdacht unterrichtet werden. So wenig wie Recht auf ökonomischer Grundlage, soll Ökonomie auf juristischer Grundlage gelehrt werden, wenngleich juristisches und ökonomisches Denken einander beeinflussen. Von Zeit zu Zeit müssen die eigenen Studienanforderungen, die Abstimmung auf das Studienziel, der Inhalt und die verantwortliche Stellung des Faches im Unterrichtsprogramm neu durchdacht werden. Solange wir unser gesetzlich festgelegtes Fakultäten-System beibehalten, müssen das Recht als nichtökonomisches Fach in der wirtschaftswissenschaftlichen Fakultät und die Wirtschaftswissenschaft als nichtjuristisches Fach in der juristischen Fakultät vertreten sein. In unserer juristischen Fakultät ist seit kurzem das Fach Volkswirtschaftslehre, das früher in der Vordiplomordnung Pflichtfach war, Pflichtfach im Doktorexamen. Um so beunruhigender ist es, daß heute (1967), wo sich die Instrumente der Wirtschaftspolitik noch stärker in einem Normensystem konkretisiert haben, wo sich die Wirtschaft noch mehr in einem institutionellen Rahmen abspielt und dieser Prozeß stets mehr mit Recht zu tun hat, so daß Recht und Wirtschaft noch enger miteinander verbunden sind, vorgeschlagen wird, die drei im Vordiplom für Volkswirte mit Ausnahme der Studenten der Ökonometrie vorgeschriebenen Pflichtfächer, wozu das Recht gehört, fakultativ zu machen. Abgesehen von der unbestreitbaren, von J. Pen aufgezeigten Verarmung einer Wirtschaftswissenschaft ohne Recht, kommt mir, wenn ich den Prozeß der „Verrechtlichung“ der Ökonomie richtig sehe, dieser Vorschlag zur Abschaffung des Rechts bedenklich vor.

Hoffentlich verdächtigen mich die Kollegen der Wirtschaftsgeographie und der Wirtschaftsgeschichte bei meiner „Verteidigung von Themis“ für das Studium der Wirtschaftswissenschaft nicht des unlauteren Wettbewerbs! Mit einem Aufruf zu einer gründlichen Durchdenkung dieses Studienplanproblems — und es sollte nicht nur in Zusammenhang mit der Studiendauer gesehen werden (die in zahlreichen Fällen mehr eine „Verweildauer“ ist) — möchte ich diesen Diesvortrag beenden.

VERZEICHNIS DER EIGENNAMEN*

* Aufgenommen wurden alle im Text und in den Fußnoten vorkommenden Eigennamen, soweit es sich nicht um Autoren von zitierten Arbeiten handelt. Das Register wurde von Dr. F. R. Hausmann angefertigt.

MIX
Papier | Fördert gute Waldnutzung
FSC® C083411

Kolibri 360 GmbH
Ferdinand-Jühlke-Straße 7
99095 Erfurt, Deutschland
produktsicherheit@kolibri360.de

Druck:
CPI Druckdienstleistungen GmbH
im Auftrag der
Kolibri 360 GmbH
Ferdinand-Jühlke-Str. 7
99095 Erfurt